1596년 8월 3일부터 12월 9일까지의 사행 일기
명나라 册封使의 陪臣으로서 동행한 正使 黃愼이 겪은 일 기록
申炅의 〈再造藩邦志〉에 게재된 기록도 아울러 수록

추포 황신
일본왕환일기

秋浦 黃愼 日本往還日記

원저자 미상·申海鎭 역주

보고사
BOGOSA

머리말

이 책은 추포(秋浦) 황신(黃愼, 1560~1617)이 임진왜란의 와중에 1596년 명나라 책봉사(冊封使) 양방형(楊方亨)과 심유경(沈惟敬)을 동행한 배신(陪臣)으로서 겪었던 일을 기록한 일기를 번역하였다. 8월 3일부터 12월 9일까지 기록한 것으로서 윤 8월 5일자만 빠진 153일간의 사행 일기이다.

이 일기가 작성된 저간의 사정은 이렇다. 임진왜란 초기에 조선의 육군은 잇달아 패하였으나 수군은 잇달아 승리를 거두었으며, 각지에서 일어난 의병과 명나라 구원군 덕분에 전세가 역전되기 시작하였다. 그러하지만 전란이 점차 소강상태를 유지하자, 일본군이 제안한 강화회담이 이루어지고 있었다. 강화를 교섭하는 과정에서 명나라 황녀를 일본 왕비로 할 것, 조선 8도 가운데 4도를 할양할 것, 조선의 왕자 및 대신 한두 명을 볼모로 보낼 것 등과 같은 풍신수길(豊臣秀吉, 도요토미 히데요시)의 요구안이 있었으나, 심유경과 소서행장(小西行長, 고니시 유키나가)이 봉공안(封貢案)을 추진하였다. 곧 명나라에서 풍신수길을 책봉하여 일본 국왕으로 삼고, 일본의 입공(入貢)을 허락하는 안이었다. 명나라의 조정에서 마침내 이 안을 허락하였으니, 양방형과 심유경을 책봉 정사와 부사로 삼아 풍신수길을 일본 국왕에 봉한다는 책서(冊書)와 금인(金印)을 가지

고 일본에 건너가게 하였다. 이때 조선에서는 본의 아니게 명나라
의 뜻에 따라 황신과 박홍장(朴弘長, 1558~1598)을 통신(通信) 정사
와 부사로 임명하여 명나라의 사신을 따라가게 하였다. 동행하게
한 이면의 목적은 일본의 정세를 파악하여 그들의 재침략 가능성을
탐지하는 것이었다. 그러나 주지하듯, 풍신수길이 명나라의 사신들
은 우대하였으나 조선의 사신은 만나지도 않고 냉대하였다. 그는
처음부터 강화할 뜻도 없었거니와 자신들의 야욕이 실현되지 못하
자, 조선의 사신들을 돌려보내고 재침략을 도모하였다. 요컨대, 강
토 일부가 왜적의 수중에 있는 상황에서 명나라 사신들의 눈치를
살피고 비위를 맞추며 바다를 건너서 일본의 정세를 탐지해와야 했
던 상황이 바로 사행 일기가 작성되었던 배경이라 할 수 있다.

바로 이때 일본을 다녀온 통신정사 황신의 본관은 창원(昌原), 자
는 사숙(思叔)이다. 성혼(成渾)과 이이(李珥)에게 수학하였다. 1582
년 진사가 되었으며, 1588년 알성문과에 장원급제하였다. 그 뒤로
사헌부 감찰, 음죽 현감, 호조·병조의 좌랑을 역임하고, 1589년 사
간원 정언이 되어 기축옥사(己丑獄事) 때 정여립을 등용한 이산해(李
山海)를 논박했다가 1590년 고산 현감으로 좌천되었으며, 1591년
왕세자 책봉을 건의하였다가 탄핵당한 정철(鄭澈)의 일파로 몰려 파
직되었다. 1592년 임진왜란이 일어난 뒤 다시 기용되어 세자시강원
사서·병조 좌랑·사간원 정언 등을 지냈다. 1593년 사헌부 지평으
로 명나라 경략 송응창(宋應昌)을 전송하였고, 원접사 이항복(李恒
福)의 종사관이 되었으며, 세자 광해군(光海君)의 무군(撫軍) 시에 배
행하였다. 1594년 도체찰사 윤두수(尹斗壽)의 종사관이 되었으며,

1595년 시강원 문학이 되어 명나라 유격 심유경의 접반사로서 경남 웅천(熊川)의 왜영(倭營)에 가 왜군의 정세를 정탐하였다. 1596년 사섬시 정(司贍寺正)에서 가자(加資)되어 절충장군(折衝將軍)이 되어 다시 왜영에 머무르다가, 강화회담을 위해 일본에 가는 명나라 사신 양방형·심유경 일행을 따라 통신정사로서 일본에 다녀왔다.

황신이 통신정사로서 일본에 다녀온 여정은 이러하다. '8월 3일 부사 박홍장을 맞이하여 부산 왜영 투숙→8월 4일 부산 출발하여 절영도(絶影島) 도착→8월 5일 절영도 출발했으나 절영도 서쪽으로 회항→8월 8일 대마도(對馬島) 서포(西浦: 西泊, 니시도마루) 도착하여 서복사(徐福寺: 西福寺) 투숙→8월 10일 부중(府中: 후추, 현재의 이즈하라) 도착→8월 18일 부중포 출발했으나 대마도 내포(內浦)로 회항→8월 23일 부중포로 회항하여 서산사(西山寺: 세이잔지) 투숙→8월 25일 부중포 출발해 풍랑 만나 서해문(誓海文)을 짓고 일기도(一岐島: 壹岐島) 도착→8월 28일 반도(班島: 馬渡島) 도착→8월 29일 명호옥(名護屋) 도착→윤 8월 1일 해안 점사(海岸店舍: 要後口, 呼子) 도착→윤 8월 2일 당포(唐浦: 唐泊, 카라도마리) 도착→윤 8월 3일 남도(藍島: 아이노시마) 도착→윤 8월 4일 말을 타고 각해산(覺海山) 선수사(禪壽寺)로 이동→윤 8월 7일 선수사 출발해 말을 타고 선창으로 이동하여 적간관(赤間關: 下關, 시모노세키) 도착→윤 8월 9일 상관(上關: 가미노세키) 도착→윤 8월 10일 감부로(甘夫老: 賀室) 도착→윤 8월 11일 가망가리(加亡加里: 鎌지) 도착→윤 8월 12일 지방포(址邦浦) 도착→윤 8월 13일 새벽에 도모(都毛: 鞱浦, 도모노우라) 도착하고서 또 항해하여 저녁에 수도(水島: 手島, 테시마)

도착→윤 8월 14일 아침에 상로포(霜露浦: 下津井, 시모쓰이)에서 쉬었다가 저녁에 우창포(牛窓浦) 도착→윤 8월 15일 우창포의 본련사(本蓮寺: 혼렌지) 투숙→윤 8월 16일 무로포(無老浦: 室津, 무로쓰) 도착→윤 8월 17일 병고관(兵庫關) 도착→윤 8월 18일 계빈(界濱: 大阪府 堺市, 사카이시 일대) 도착하여 상락사(常樂寺: 長樂寺) 유숙→9월 9일 귀국하려고 계빈(界濱: 사카이시 일대)에 정박 중인 배에서 기숙→9월 10일 병고관(兵庫關) 도착→9월 11일 무로포(無老浦: 室津) 도착→9월 16일 새벽에 우창(牛倉: 牛窓, 우시마도) 도착하였다가 다시 밤중에 상로포(霜露浦: 下津井) 도착→9월 17일 병포(柄浦: 鞆浦, 도모노우라) 도착→9월 19일 가망가리(加亡加里: 鎌제) 도착→9월 20일 상관(上關) 도착→9월 23일 무론주미(無論注味: 室積, 무로즈미) 도착→9월 24일 천신포(天神浦) 도착→9월 25일 모도야마(謀道野麻: 本山, 모토야마) 도착→9월 26일 적간관(赤間關: 下關) 도착→10월 3일 이사시포(伊沙是浦: 伊崎浦인 듯) 도착→10월 4일 남도(藍島) 도착→10월 9일 낭고야(浪古耶: 名護屋) 도착→10월 13일 일기도(一岐島) 면라(綿羅: 渡良浦, 와타라우라) 도착→10월 15일 일기도 풍본포(風本浦: 勝本浦, 가쓰모토우라) 도착→10월 25일 대마도 부중(府中) 도착 서산사(西山寺) 투숙→11월 6일 서포(西浦) 도착→11월 7일 풍기군(豐崎郡: 토요사키) 대포(大浦: 오우라) 도착→11월 23일 부산 왜영 도착→12월 9일 복명하기 위해 출발'이다.

이러한 여정에서 겪었던 일, 보거나 들었던 일, 사람들을 만난 일 등을 황신이 직접 기록한 것은 아니다. 누군지는 알 수 없는 어떤 인물이 황신을 정사(正使), 통신사(通信使) 등으로 표기하면서 주로

통신정사 황신의 일정을 중심으로 작성하고 있는바, 통신사 일행
전체에 속하지는 않고 황신 또는 그 예하에 속한 인물이 아닌가 추
측될 뿐이다. 또한 정사가 알았을 것 같지도 않고 알 필요도 없는
사소한 일도 아주 세세히 기록하고 있기 때문이다. 1693년 간행된
신경(申炅, 1613~1653)의 《재조번방지(再造藩邦志)》 영주본(榮州本)
을 보아도 같은 현상이 그대로 나타나 있다. 게다가 〈일본왕환일
기〉가 1684년 간행된 황신의 문집 목판본 《추포집(秋浦集)》에 실리
지 않은 것 또한 이러한 추측을 뒷받침하는 것이라 하겠다. 그리고
1763년 일본에 사신으로 갔던 조엄(趙曮, 1719~1777)의 〈해사일기(海
槎日記)〉 10월 6일 내용에서 역대 사신들의 기록을 열거하며 '추포
가 기록한 것은 산실되어 전해지지 않으니 한스러운 일이다.(秋浦所
錄, 逸而不傳, 誠可恨也.)'라고 한 데서도 뒷받침된다.

　현전 〈일본왕환일기〉는 서발문이 없는 필사본으로 1책이며, 편
찬연대는 미상이다. 서울대학교 규장각한국학연구원에 소장되어
있는데, 겉표지는 '동사록(東槎錄)'으로 기재되었고, 속수제(首題)는
'만력병신 추동통신사일행 일본왕환일기(萬曆丙申秋冬通信使一行日
本往還日記)'로 적기되어 있다. 체제는 맨 먼저 '사행 명단'으로 309
명의 통신사 일행이 제시되어 있고, 다음으로 1596년 8월 3일부터
12월 9일까지 153일간의 '일기'가 기술되어 있으며, 끝으로 '견문록'
이 풍속·지리·의식주 등 전반에 걸쳐 매우 간단하고 개략적으로
기술되어 있다. 특히, 일기는 통신사행으로서 겪은 고난과 더불어
외교교섭에 실패한 경위 및 내력, 일본 인물들의 단편적인 모습,
지진 등이 기록되어 있다. 이 책에서는 〈재조번방지〉에 수록된 기

록의 양상도 아울러 살펴서 보다 객관성을 확보하고 다양한 시각을 탐색하도록 하였다. 〈일본왕환일기〉의 수용양상도 살필 수 있도록 국립중앙도서관 소장 〈추포 일본왕환기초절(秋浦 日本往還記抄節)〉 의 이미지도 영인하였다. 이 영인 이미지의 겉표지는 '자문록(資聞 錄)'으로 되어 있다.

이 책을 통해 16세기 당시에 일본(日本)에서 구류되거나 죽을 수 도 있는 위험을 각오하고 자신의 나라를 침입한 적국에 들어가 적정 을 탐지하고 외교교섭을 한 선현들의 활동상을 살피며, 오늘날 그 러한 역사가 되풀이되지 않도록 해야 하지 않을까 한다.

끝으로 편집을 맡아 수고해 주신 보고사 가족들의 노고와 따뜻한 마음에 심심한 고마움을 표한다.

2022년 2월 빛고을 용봉골에서
무등산을 바라보며 신해진

차례

머리말 / 3
일러두기 / 12

일본왕환일기 日本往還日記

* : 〈재조번방지〉 기록 있음

사행(使行) 명단 ··· 15

8월 ··· 22

3일* ··· 22	4일* ··· 23	5일 ··· 25	6일 ··· 27
7일 ··· 27	8일 ··· 28	9일 ··· 29	10일* ··· 29
11일 ··· 34	12일 ··· 35	13일 ··· 35	14일 ··· 36
15일* ··· 36	16일 ··· 40	17일 ··· 40	18일 ··· 41
19일* ··· 42	20일 ··· 43	21일 ··· 44	22일 ··· 44
23일 ··· 45	24일 ··· 45	25일 ··· 45	26일 ··· 49
27일 ··· 49	28일 ··· 50	29일 ··· 51	

윤 8월 ··· 53

1일 ··· 53	2일 ··· 53	3일 ··· 54	4일* ··· 55
6일 ··· 55	7일* ··· 56	8일 ··· 60	9일 ··· 61
10일 ··· 62	11일 ··· 62	12일 ··· 63	13일* ··· 64
14일 ··· 67	15일 ··· 68	16일 ··· 68	17일 ··· 70
18일* ··· 70	19일 ··· 81	20일 ··· 81	21일* ··· 82

22일 … 88   23일 … 89   24일 … 90   25일 … 90

26일 … 91   27일 … 91   28일 … 92   29일* … 92

9월 …………………………………………………………………… 99

1일* … 99   2일* … 104   3일 … 105   4일* … 106

5일* … 113   6일* … 116   7일 … 127   8일* … 129

9일 … 149   10일 … 150   11일 … 150   12일 … 151

13일 … 151   14일 … 151   15일 … 152   16일 … 152

17일 … 153   18일 … 153   19일 … 154   20일 … 154

21일 … 154   22일 … 155   23일 … 155   24일 … 156

25일 … 156   26일 … 157   27일 … 157   28일 … 158

29일 … 158   30일 … 158

10월 …………………………………………………………………… 159

1일 … 159   2일 … 159   3일 … 159   4일 … 160

5일 … 160   6일 … 161   7일 … 161   8일 … 161

9일 … 161   10일* … 162   11일 … 166   12일 … 167

13일 … 167   14일 … 169   15일 … 169   16일 … 170

17일 … 170   18일 … 171   19일 … 171   20일 … 171

21일 … 172   22일 … 172   23일* … 172   24일 … 173

25일* … 173   26일 … 174   27일* … 174   28일 … 179

29일 … 180

11월 …………………………………………………………………… 181

1일 … 181   2일 … 181   3일 … 181   4일 … 182

5일 … 182   6일 … 182   7일 … 183   8일 … 184

9일 … 184   10일 … 184   11일 … 184   12일 … 185

13일 … 185   14일 … 185   15일 … 186   16일 … 186

17일 … 186   18일 … 186   19일 … 187   20일 … 187
21일 … 187   22일 … 188   23일* … 188   24일 … 190
25일* … 192   26일 … 194   27일 … 195   28일 … 195
29일 … 195   30일 … 195

12월 …………………………………………………………………… 197

1일 … 197   2일 … 197   3일 … 197   4일 … 198
5일 … 198   6일 … 198   7일* … 198   8일 … 204
9일 … 208

견문록 ………………………………………………………………… 211

추기 …………………………………………………………………… 225

윤 8월 21일 … 225

참고자료

황신의 서계 ………………………………………………………… 229

찾아보기 / 239

[영인자료]
일본왕환일기(日本往還日記) / 374
추포 일본왕환기초절(秋浦 日本往還記抄節) / 306

일러두기

이 책은 다음과 같은 요령으로 엮었다.

01. 번역은 직역을 원칙으로 하되, 가급적 원전의 뜻을 해치지 않는 범위 내에서 호흡을 간결하게 하고, 더러는 의역을 통해 자연스럽게 풀고자 했다. 다음의 자료가 참고되었다.

　김주희 역, 「일본왕환일기」, 『해행총재』, 한국고전번역원, 1977.
　김규성 역, 『재조번방지』, 한국고전번역원, 1971.

02. 원문은 저본을 충실히 옮기는 것을 위주로 하였으나, 활자로 옮길 수 없는 古體字는 今體字로 바꾸었다.

03. 원문표기는 띄어쓰기를 하고 句讀를 달되, 그 구두에는 쉼표(,), 마침표(.), 느낌표(!), 의문표(?), 홑따옴표(' '), 겹따옴표(" "), 가운데점(·) 등을 사용했다.

04. 주석은 원문에 번호를 붙이고 하단에 각주함을 원칙으로 했다. 독자들이 사전을 찾지 않고도 읽을 수 있도록 비교적 상세한 註를 달았다.

05. 주석 작업을 하면서 많은 문헌과 자료들을 참고하였으나 지면 관계상 일일이 밝히지 않음을 양해 바라며, 관계된 기관과 여러분께 진심으로 감사드린다.

06. 이 책에 사용한 주요 부호는 다음과 같다.

　1) (　　) : 同音同義 한자를 표기함.
　2) [　　] : 異音同義, 出典, 교정 등을 표기함.
　3) "　　" : 직접적인 대화를 나타냄.
　4) '　　' : 간단한 인용이나 재인용, 또는 강조나 간접화법을 나타냄.
　5) 〈　　〉 : 편명, 작품명, 누락 부분의 보충 등을 나타냄.
　6) 「　　」 : 시, 제문, 서간, 관문, 논문명 등을 나타냄.
　7) 《　　》 : 문집, 작품집 등을 나타냄.
　8) 『　　』 : 단행본, 논문집 등을 나타냄.

07. 〈일본왕환일기〉와 관련된 연구성과는 다음과 같다.

　김경태, 「정유재란 직전 조선의 정보수집과 재침 대응책」, 『한일관계사연구』 59, 한일관계사학회, 2018.
　정은영, 「〈일본왕환일기〉의 통신사행문학적 위상 재고」, 『국제어문』 67, 국제어문학회, 2015.
　조정효, 「〈일본왕환일기〉의 사행문학적 성격 연구」, 『문창어문논집』 47, 문창어문학회, 2010.
　조정효, 「〈일본왕환일기〉의 사행문학적 성격과 의의」, 부산대학교 석사학위논문, 2011.

일본왕환일기
日本往還日記

평양(平壤)

한성(漢城)

부산(釜山)

쓰시마(対馬)

이키(壱岐)

아이노시마(藍島)

카미노세키(上関)

토모노우라(鞆浦)

무로츠(室津)

오사카(大阪)

히코네(彦根)

나고야(名古屋)

하코네(箱根)

슨푸(駿府)

오다와라(小田原)

후지산(富士山)

오오가키(大垣)

에도(江戸)

닛코(日光)

코토(京都)

효고(兵庫)

우시마도(牛窓)

카마가리(蒲刈)

아카마가세키(시모노세키)(赤間関(下関))

출처: 일본정부관광국(https://www.welcometojapan.or.kr/board/tong/)

사행(使行) 명단

정사(正使): 돈녕부(敦寧府) 도정(都正) 황신(黃愼)

부사(副使): 행상호군(行上護軍) 박홍장(朴弘長)

한학(漢學): 행상호군 박의검(朴義儉)·이유(李愉), 전 판관(前判官) 문응추(文應樞), 전 직장(前直長) 김길손(金吉孫)

왜학(倭學): 사정(司正) 박대근(朴大根), 사맹(司猛) 김덕원(金德元), 전 봉사(前奉事) 김인식(金仁軾), 전함(前銜) 이언서(李彦瑞)

의원(醫員): 전 첨정(前僉正) 장세관(張世寬)

정사 군관(正使軍官): 전 부사(前府使) 이상(李祥), 훈련원(訓鍊院) 정(正) 이봉춘(李逢春) 등 16원(員)

부사 군관(副使軍官): 입공자효(立功自效: 공을 세워 속죄한 자) 전 군수(前郡守) 김호염(金好恬), 훈련원 판관(訓鍊院判官) 유윤겸(兪允謙) 등 15원

소통사(小通事): 김언복(金彦福) 등 7명

배리(陪吏): 2명	아병(牙兵): 8명
포수(砲手): 17명	통인(通引): 3명
나장(羅將): 8명	취라치[吹螺赤]: 12명
역자(驛子): 5명	도척(刀尺): 6명
관노(官奴): 6명	정사 반당노(正使伴倘奴): 3명
부사 반당노(副使伴倘奴): 2명	수파적(手把赤): 2명

도훈도(都訓導): 김득(金得)　　　　　진무(鎭撫): 채문(蔡文)

무상(無上): 윤금동(尹今同) 등 4명

사공(沙工): 김풍금(金風金) 등 3명

선장(舡匠): 2명　　　　　　　　　　야장(冶匠): 2명

격군(格軍): 성철(成哲) 등 150명

역관 노자(譯官奴子): 13명　　　　　군관노(軍官奴): 30명

총계 일행 원역(一行員役): 309인

　정사(正使: 황신)는 을미년(1595) 여름부터 황상(皇上: 명나라 神宗)의 성지(聖旨)로 인하여 유격(遊擊) 심유경(沈惟敬)과 같이 웅천(熊川)·부산(釜山) 등지의 왜군(倭軍)의 군영(軍營)에 와서 머물러 있었고, 부사(副使: 박홍장)는 대구 부사(大丘府使)로서 바야흐로 본부(本府)에 있었기 때문에 조정에서 역관 박대근(朴大根)·이유순(李愉順)을 시켜 국서(國書)를 가지고 서울에서 경주(慶州)로 가게 하였다.

[使行座目¹]

正使敦寧都正黃愼²。副使行上護軍朴弘長³。漢學，行上護軍

1　座目(좌목): 사행의 구성원 이름을 차례로 적은 것.

2　黃愼(황신, 1560~1617): 본관은 昌原, 자는 思叔, 호는 秋浦. 1582년 진사가 되고, 1588년 알성문과에 장원으로 급제하였다. 그 뒤 감찰·음죽현감 등을 거쳐, 호조·병조의 좌랑을 역임하였다. 1589년 정언이 되어 鄭汝立을 김제군수로 임명한 李山海를 追論하였다. 1591년 建儲문제가 일어나자 鄭澈의 일파로 몰려 파직당하였다. 1592년 다시 기용되어 사서·병조좌랑·정언 등을 지냈다. 다음해 지평으로 명나라 經略 宋應昌을 접반하였다. 이어서 世子(광해군)를 따라 남하해 체찰사의 종사관이 되었다. 1596년 통신사로 명나라의 사신 楊方亨·沈惟敬

朴義儉⁴·李愉⁵, 前判官文應樞⁶, 前直長金吉孫⁷。倭學, 司正朴

을 따라 일본에 다녀왔다. 그러나 화의가 결렬되자 명나라의 내원을 청했고, 이어 慰諭使·贊劃使 등을 거쳐 전라감사에 임명되었다. 이후 전쟁으로 피폐해진 남원의 복구에 공을 세워 동지중추부사가 되었다. 1601년 대사헌이 되었으나, 鄭仁弘의 사주를 받은 文景虎가 스승인 성혼을 비난하자 이를 변호하다가 파직되었다. 1609년 호조 참판으로 陳奏副使가 되어 李德馨과 함께 명나라에 다녀와서 공조판서·호조판서 등을 역임하였다.

3 朴弘長(박홍장, 1558~1598): 본관은 務安, 자는 士任. 慶州府尹 朴毅長의 동생이다. 1580년 무과에 급제한 뒤 阿耳萬戶가 되었고, 그 뒤 선전관·제주판관을 역임하였다. 임진왜란 때에는 助防將이 되었으나 아버지의 상을 당하여 귀향하였다. 1596년 大丘府使로 있을 때 柳成龍의 추천으로 통신사의 부사가 되어 정사 黃愼과 더불어 강화의 중책을 띠고 일본에 갔다. 도요토미(豊臣秀吉)가 조선의 사절을 멸시, 국서에 답하지 않았으나 조금도 굴함이 없이 국가의 체면을 욕되게 하지 않고 돌아온 뒤 加資되었다. 그해 순천부사를 거쳐 상주목사 재임 중에 죽었다.

4 朴義儉(박의검, 생몰년 미상): 조선 중기의 역관. 行上護軍를 지냈다. 임진왜란 때 강화교섭을 위해 명나라 진영과 일본군 진영에 파견되어 외교 실무를 담당하였고, 특히 명나라 진영에서 벌어진 각종 정보를 수집하고, 일본군 정세를 탐지하여 조정에 보고하였다. 1595년 12월 명나라 장군 沈惟敬이 일본에 대한 명의 冊封使에 조선의 陪臣 2명이 동행할 것을 요청하자, 심유경의 接伴官으로 있던 黃愼이 배신으로 정해졌다. 그 무렵 일본으로부터 통신사 파견 요청이 그치지 않아 1596년 8월 講和交渉을 위해 떠난 통신사 일행의 漢學通事로 일본에 다녀왔다.

5 李愉(이유, 생몰년 미상): 본관은 金山, 자는 子和. 1593년 역관으로서 명나라 沈惟敬의 隨行通事가 되어 진주·부산 등지의 적진에 출입하였다. 명나라와 일본 사이에 화평 교섭이 전개되고 있을 때 통신사 黃愼을 수행하여 楊方亨·심유경과 함께 일본에 건너가기도 하였다. 심유경의 통사로 활약하면서도 심유경과 熊正東의 銀의 토색 요구를 거부하여 미움을 받은 일이 있을 정도로 先公後私의 정신이 탁월하였다는 평을 받았다.

6 文應樞(문응추, 생몰년 미상): 조선 중기의 역관. 判官을 지냈다. 임진왜란 때 강화교섭을 위해 명나라 진영과 일본군 진영 사이의 통역 업무를 담당하였다. 1595년 12월 명나라 장군 沈惟敬이 일본에 대한 명의 冊封使에 조선의 陪臣

大根[8], 司猛金德元[9], 前奉事金仁軾[10], 前衛[11]李彦瑞[12]。 醫員, 前
僉正張世寬[13]。 正使軍官, 前府使李祥[14], 訓鍊院正李逢春[15]等十

2명이 동행할 것을 요청하던 차 일본으로부터 통신사 파견 요청이 그치지 않자,
1596년 8월 講和交涉을 위해 떠난 통신사 일행의 漢學通事로 일본에 다녀왔다.

7 金吉孫(김길손, 생몰년 미상): 조선 중기의 역관. 直長을 지냈다. 임진왜란 때
  명나라 무장 李如松의 差備通事로 강화교섭을 위해 명나라 진영과 일본군 진영
  에 사이의 통역 업무를 담당하였다. 1595년 12월 명나라 장군 沈惟敬이 일본에
  대한 명의 冊封使에 조선의 陪臣 2명이 동행할 것을 요청하자, 심유경의 接伴官
  으로 있던 黃愼이 배신으로 정해졌다. 그 무렵 일본으로부터 통신사 파견 요청
  이 그치지 않아 1596년 8월 講和交涉을 위해 떠난 통신사 일행의 漢學通事로
  일본에 다녀왔다.

8 朴大根(박대근, 생몰년 미상): 본관은 務安. 자는 玄久. 1592년 임진왜란 때
  敵情을 정찰한 공으로 西部參奉이 되었다. 그 뒤 왕명으로 도요토미[豊臣秀吉]
  의 사신을 자주 만나 陵을 범한 적을 색출하는 등의 공으로 僉知中樞府事에
  특진되었다. 그 뒤 여러 번 사신을 따라 일본에 갔으며, 또 宣慰使를 따라 부산
  에 가서 포로로 잡힌 남녀 수천 명을 刷還하는 데 힘을 썼다.

9 金德元(김덕원, 생몰년 미상): 조선 중기의 역관. 司猛을 지냈다. 1595년 12월
  명나라 장군 沈惟敬이 일본에 대한 명의 冊封使에 조선의 陪臣 2명이 동행할
  것을 요청하자, 심유경의 接伴官으로 있던 黃愼이 배신으로 정해졌다. 그 무렵
  일본으로부터 통신사 파견 요청이 그치지 않아 1596년 8월 講和交涉을 위해
  떠난 통신사 일행의 倭學通事로 일본에 다녀왔다.

10 金仁軾(김인식, 생몰년 미상): 조선 중기의 역관. 奉事를 지냈다. 1595년 12월
   명나라 장군 沈惟敬이 일본에 대한 명의 冊封使에 조선의 陪臣 2명이 동행할
   것을 요청하자, 심유경의 接伴官으로 있던 黃愼이 배신으로 정해졌다. 그 무렵
   일본으로부터 통신사 파견 요청이 그치지 않아 1596년 8월 講和交涉을 위해
   떠난 통신사 일행의 倭學通事로 일본에 다녀왔다.

11 前衛(전함): 전직 관원.

12 李彦瑞(이언서, 1569~?): 조선 중기의 왜학 譯官. 본관은 全州, 자는 子上.

13 張世寬(장세관, 생몰년 미상): 조선 중기의 醫員. 본관은 배천(白川). 1591년
   式年試 의과에 합격하였고, 僉正을 지냈다. 1596년 8월 講和交涉을 위해 정사
   黃愼과 부사 朴弘長이 일본을 방문하였을 때, 의원으로 수행하였다.

六員。副使軍官, 立功自效[16] 前郡守金好恬[17], 訓鍊院判官兪允
謙[18]等十五員。小通事, 金彦福[19]等七名。陪吏二名。牙兵八名。
砲手十七名。通引三名。羅將八名。吹螺赤十二名。驛子五
名。刀尺六名。官奴六名。正使伴倘奴三名。副使伴倘奴二
名。手把赤二名。都訓導, 金得[20]。鎭撫, 蔡文。無上, 尹今同等

---

14 李祥(이상, 1556~?): 본관은 陝川, 자는 禎甫. 1583년 別試 무과에 합격하였
  고, 府使를 지냈다. 1596년 8월 講和交涉을 위해 정사 黃愼과 부사 朴弘長이
  일본을 방문하였을 때, 李逢春과 함께 正使軍官으로서 황신을 수행하였다.

15 李逢春(이봉춘, 1562~?): 조선 중기의 무신. 자는 子華. 高陽 거주. 1591년 別
  試 무과에 합격하였다. 1596년 8월 講和交涉을 위해 정사 黃愼과 부사 朴弘長
  이 일본을 방문하였을 때, 李祥과 함께 正使軍官으로서 황신을 수행하였다. 이
  때 관직은 訓鍊院 正이었다. 일본에서 통신사를 청하던 초기에는 무신 이봉춘
  跟隨陪臣이라는 명칭으로 수행하게 하였으나, 7월에 왜적의 정세를 잘 아는 사
  람을 보내야 한다며 柳成龍이 황신을 천거하였다.

16 立功自效(입공자효): 무슨 실수나 과오 같은 것이 있는 사람을, 어떤 일이 있는
  기회를 계기로 삼아 공을 세우는 데 스스로 노력하도록 하는 것.

17 金好恬(김호염, 1549~?): 조선 중기의 무신. 본관은 慶州, 자는 靜卿. 한양 거
  주. 1583년 別試 무과에 급제하였고, 內禁衛·郡守 등을 지냈다. 1596년 8월
  명나라 장군 沈惟敬의 接伴官 黃愼이 정사가 되고 朴弘長이 부사가 되어 일본
  과의 講和交涉을 위해 일본을 방문하였을 때, 副使軍官으로 사행에 참여하였
  다. 뒤에 德源府使를 지냈다.

18 兪允謙(유윤겸, 1557~?): 조선 중기의 무신. 본관은 杞溪, 자는 汝誠. 1594년
  單獨別試에 급제하였다.

19 金彦福(김언복, 1559~?): 조선 중기의 譯官. 본관은 慶州, 자는 子遇, 호는
  月湖. 1594년 四溟大師와 가또 기요마사(加藤淸正)와의 회담에서 통역을 하는
  등 외교 교섭에 적극적으로 참여하였다. 1595년 12월 명나라 장군 沈惟敬이 일
  본에 대한 명의 冊封使에 조선의 陪臣 2명이 동행할 것을 요청하자, 심유경의
  接伴官으로 있던 黃愼이 배신으로 정해졌다. 그 무렵 일본으로부터 통신사 파견
  요청이 그치지 않아 1596년 8월 講和交涉을 위해 황신을 正使로, 朴弘長을 副
  使로 삼아 일본에 파견하였는데, 이때 小通事로 수행하였다.

四名。沙工, 金風金等三名。舡匠二名。冶匠二名。格軍, 成哲
等一百五十名。譯官奴子十三名。軍官奴三十名。摠計一行員
役三百九人。

正使, 則自乙未夏, 因皇上聖旨, 跟同沈遊擊[21], 來駐熊川[22]·釜

20　金得(김득, 1531~?): 조선 중기의 인물. 본관은 光山, 자는 仲實. 1570년 式年
試에 합격하였고, 內禁衛를 지냈다. 1595년 12월 명나라 장군 沈惟敬이 일본에
대한 명의 冊封使에 조선의 陪臣 2명이 동행할 것을 요청하자, 심유경의 接伴官
으로 있던 黃愼이 배신으로 정해졌다. 그 무렵 일본으로부터 통신사 파견 요청
이 그치지 않아 1596년 8월 講和交涉을 위해 황신을 正使로, 朴弘長을 副使로
삼아 일본에 파견하였는데, 이때 김득이 都訓導로 수행하였다. 같은 해 11월
23일 명나라 사신이 탄 배는 바람세가 좋지 않자 20리도 가지 못하고 배를 돌려
大浦에 정박하였으나, 통신사 일행이 탄 배 4척은 길을 인도하는 왜인의 만류에
도 불구하고 도훈도 김득의 말을 듣고 노질을 재촉한 결과 그날 밤 늦게 부산에
도달할 수 있었다.

21　沈遊擊(심유격): 遊擊 沈惟敬을 가리킴. 임진왜란이 발생했을 때 조선·일본·
명 3국 사이에 강화회담을 맡아 진행하면서 농간을 부림으로써 결국 정유재란을
초래했다. 1592년 임진왜란이 발생했을 때 명나라의 병부상서 石星에 의해 遊擊
將軍으로 발탁되어 遼陽副摠兵 祖承訓이 이끄는 援軍 부대와 함께 조선에 왔
다. 1592년 8월 명나라군이 평양에서 일본군에게 패하자, 일본장수 고니시 유키
나가[小西行長]와 강화 회담을 교섭한 뒤 쌍방이 논의한 강화조항을 가지고 명
나라로 갔다가 돌아오기로 약속했다. 그러던 중 1593년 1월 명나라 장수 李如松
이 평양에서 일본군을 물리치자 화약은 파기되었다. 하지만 곧 이어 명군이 벽제
관전투에서 일본군에게 패하게 되면서 명나라가 다시 강화 회담을 시도함에 따
라 심유경은 일본진영에 파견되었다. 이후 그는 명과 일본 간의 강화 회담을
5년간이나 진행하게 되었다. 그는 고니시와 의견 절충 끝에 나고야[名護屋]에서
도요토미 히데요시[豊臣秀吉]를 만났는데, 도요토미는 명나라에 대해 명나라의
황녀를 일본의 후비로 보낼 것, 명이 일본과의 무역을 재개할 것, 조선 8도 중
4도를 할양할 것, 조선왕자 및 대신 12명을 인질로 삼게 할 것 등을 요구했다.
이에 심유경은 이러한 요구가 명나라에서 받아들여지지 않을 것으로 생각하고,
일본의 요구 조건을 거짓으로 보고했다. 즉 도요토미를 일본의 왕으로 책봉해
줄 것과, 명에 대한 朝貢을 허락해 줄 것을 일본이 요구했다고 본국에 보고했다.

山等處倭營, 副使, 則以大丘府使, 方在本府, 故朝廷使譯官朴大根·李愉順賚國書, 自京城到慶州。

명나라는 이를 허락한다는 칙서를 보냈으나 두 나라의 요구 조건이 상반되자 강화 회담은 결렬되었고, 결국 일본의 재침입으로 1597년 정유재란이 발생했다. 그의 거짓 보고는 정유재란으로 사실이 탄로되었으나 石星의 도움으로 화를 입지 않고 다시 조선에 들어와 화의를 교섭하다가 실패하였다. 이에 심유경은 일본에 항복할 목적으로 경상도 宜寧까지 갔으나 명나라 장수 楊元에게 체포되어 사형당하였다.

22 熊川(웅천): 경상남도 진해 지역의 옛 지명.

8월

3일(무술)

부사(副使: 朴弘長)가 경주(慶州)에서 국서를 받들고 호위병을 갖추어 부산(釜山)에 도착했는데, 정사(正使: 黃愼)가 일행 중에 군관 이하를 거느리고 멀리 나가 맞이하고는 이어 국서를 모시고 왜영(倭營)으로 들어갔다. 왜장(倭將) 평조신(平調信)·작우위문(作右衛門: 코니시 사쿠에몬) 등도 5리 밖에까지 나와 맞이하였는데, 말에서 내려 두 손을 모아 잡고 서서 예를 갖춘 모양이 자못 공손하였다.

初三日(戊戌)

副使自慶州[1]奉國書, 具儀衛[2], 到釜山, 正使帶一行軍官以下, 迎於遠程, 仍陪國書入營。倭將平調信[3]·作右衛門[4]等, 亦出迎於五里外, 下馬拱立, 禮貌頗恭順。

---

1 慶州(경주): 경상북도 남동부에 위치한 고을.
2 儀衛(의위): 의식을 더욱 장엄하게 보이기 위하여 대열에 참여시키는 호위병.
3 平調信(평조신): 다이라 시게노부. 柳川調信. 對馬島主 宗義智의 家臣. 豊臣秀吉 때부터 德川幕府 초까지 아들 柳川智永·손자 柳川調興 3대가 조선과 일본의 강화회담 및 외교사무를 담당하였다.
4 作右衛門(작우위문): 小西作右衛門인 듯. 코니시 사쿠에몬. 沙古雁門으로 표기되기도 한다. 코니시 유키나가(小西行長)의 부장이다.

【再造藩邦志】

그때 황신(黃愼)이 부산의 왜영에 있으면서 국서 오기를 기다리고 있었다. 조정에서 역관(譯官) 이유(李愉)와 박대근(朴大根)을 시켜 국서와 예물을 받들도록 하여 성주(星州)에 이르렀고, 부사(副使) 박홍장(朴弘長)도 성주에서 국서와 함께 부산에 가도록 하였다. 황신 등이 중간 지점까지 나가서 공경히 맞이하여 부산 왜영에 들어왔는데, 왜영의 장수 평조신(平調信)과 사고안문(沙古雁門) 등도 또한 5리나 나와 공경히 맞이하였다.

時黃愼在釜山倭營, 以待國書。朝廷, 使譯官李愉·朴大根奉國書·禮物, 至星州[5], 副使朴弘長, 亦自星州, 同國書來到。黃愼等, 祗迎于半程, 入釜山, 營將平調信·沙古雁門等, 亦祗迎于五里程。

4일(기해)

이날 날씨가 흐렸다.

저녁이 되어 정사와 부사의 일행이 배에 오르자, 평조신(平調信)도 또한 다른 배에 올랐다.

○이 행차에 경상좌수영(慶尙左水營: 동래)에서 배 1척을, 경상우수영(慶尙右水營: 거제)에서 배 3척과 온갖 물건을 아울러 갖추어 보내왔다. 통신사는 처음에 우리나라 배를 타고 바다를 건너려 했지

---

5 星州(성주): 경상북도 남서쪽에 위치한 고을.

만, 왜인들이 다투어 논의하고서 우리나라 배의 만듦새가 너무 넓어 대양(大洋)을 다니기에는 온당하지 못할 것으로 여겨 왜선을 타야만 만전을 기할 수 있다며 애써 청하니 마침내 왜선을 탔고, 짐바리들은 우리나라 배에 나누어 실었다.

대개 우리나라 배는 배 밑바닥이 너무 넓고 평평해서 거세게 출렁이는 파도에 넘나들기 불편한데, 왜선은 배 밑바닥이 닭 가슴처럼 돌출된데다 가벼이 노를 젓도록 많이 설치하여 항행(航行)이 매우 빨랐다. 그러나 너무 좁아서 쉬 흔들린데다 배 안에 판자 방을 만들어 배에서 나는 악취가 극심하였으니, 그 판자 방에 들어간 사람은 구토하거나 메스꺼워하지 않는 이가 없었으며 오랜 시간이 지난 뒤에야 진정되었다.

○ 장계(狀啓)를 올렸는데, 박대경(朴大慶)이 가지고 갔다.

○ 이날 저녁에 절영도(絶影島)에서 잤는데, 그 섬은 부산 건너편에 있다.

初四日(己亥)

是日, 陰。夕, 正副使一行上舡, 平調信亦上它舡。○是行, 慶尚左水營[6]舡一隻, 右水營舡三隻, 並俱什物遣來。通信使, 初欲乘我國舡渡海, 倭人輩, 爭以爲本國舡制太闊, 不便於大洋, 力請乘倭舡, 可保萬全云, 遂乘倭舡, 分載卜物[7]於我國舡。蓋我國舡,

---

6 慶尙左水營(경상좌수영): 東萊에 있었음. 경상우수영은 巨濟에 있었으며, 전라좌수영은 麗水에, 전라우수영은 海南에 있었다.

7 卜物(복물): 짐바리.

舡底太廣, 不便於出入風濤, 倭舡則舡底如鷄胸, 多設輕櫓, 其行
甚捷。然太狹易搖, 中設板房, 舡臭極惡, 入其房者, 無不嘔吐惡
心⁸, 久然後乃定。○有狀啓⁹, 朴大慶賫去。○是夕, 宿絶影島¹⁰,
島在釜山越偏。

【再造藩邦志】
저녁에 배를 타고 평조신과 같이 대마도로 향하였다.
丙申八月初四日。夕乘舡, 與平調信, 同向對馬島¹¹。

5일(경자)
이날은 잠깐 흐리다가 잠깐 개었다가 하였다.

날이 밝아올 무렵에 배를 출발시켜 대양(大洋)으로 나갔는데, 일
행이 모두 뱃멀미를 앓아 구토하고 쓰러졌으나 오직 군관 권극렬(權
克烈)·김난서(金蘭瑞)만은 여느 때처럼 편안히 앉아 있었다.

오후가 되자 바람세가 불순하여 절영도(絶影島)의 서쪽에 되돌아
와 정박하였다.

○통신사가 배에 오를 때, 사람들은 모두 뱃멀미할까 염려하여

---

8 惡心(오심): 가슴속이 불쾌하면서 울렁거리고 토할 듯한 기분.
9 이 장계는 《선조실록》 1596년 8월 3일 3번째 기사로 나와 있어 날짜가 어긋남.
10 絶影島(절영도): 釜山灣 안에 북서로부터 남동의 방향으로 가로놓여, 灣 안을
   동항과 서항으로 가르는 섬.
11 對馬島(대마도): 쓰시마섬. 일본 나가사키현에 딸린 섬이다.

각기 치료할 민간 처방을 가져왔다고 말하니, 이를테면 죽력(竹瀝: 대나무 진액)·산초(酸醋: 식초)·생강·생밤·생배·밀과(蜜果: 무화과) 같은 종류들로 장만해 가져오지 않은 것이 없었다.

대양(大洋) 가운데에 이르러 풍랑을 만났는데, 어지럼증으로 까무러치듯 쓰러져 몸을 가눌 수가 없으니 눈을 떠도 똑바로 볼 수 없었고 입을 벌려도 말할 수 없었으며, 구토가 그치지 않아 오장육부가 뒤집히는 듯했다. 이때는 장생단(長生丹)이나 불사약(不死藥)이 있어도 또한 입에 넣어 목구멍으로 삼킬 수 없었다. 그러나 다 토하고 나서야 비로소 생배·밀과를 조금 씹어 삼킬 수가 있었다. 대개 배고픔이 심하면 더욱 뱃멀미가 나기 때문에 모름지기 마지못할지언정 뭐라도 씹어야 하나니, 이는 바다에 배를 띄우고 탄 자가 당연히 알아야 할 것이다.

初五日(庚子)

是日, 乍陰乍晴。平明, 發舡出洋, 一行俱患水疾, 嘔吐顚仆, 唯軍官權克烈·金蘭瑞, 安坐如常。午後, 風勢不順, 還泊絶影島之西。○通信使上舡時, 人皆以水疾爲憂, 各以治療襍方[12]來言者, 如竹瀝[13]·酸醋·生薑·生栗·生梨·蜜果[14]之屬, 無不備賫矣。及到洋中, 遇風也, 眩運[15]昏仆, 肢體不得收, 開目而直視[16], 張口而

---

12 襍方(잡방): 醫書에도 없는 藥方文.

13 竹瀝(죽력): 푸른 대나무를 불에 구워 받아 낸 진액.

14 蜜果(밀과): 무화과. 8월에서 11월까지가 제철이다.

15 眩運(현운): 어지럼증.

16 直視(직시): 문맥상 '不直視'의 오기인 듯.

不能言, 嘔吐不止, 臟腑逆上。當此之時, 有長生之丹·不死之
藥, 亦不能入口下咽矣。然纔吐之後, 生梨·蜜果則稍可嚼下。
蓋飢甚, 則水疾益作, 故須黽勉而喫, 此浮海者之所當知也。

6일(신축)

이날은 잠깐 개었다가 잠깐 흐리다가 하였다.

서풍이 연이어 불어서 배를 출발시키지 못하고 절영도(絶影島)에
장막을 치게 되자, 정사(正使)는 배에서 뭍으로 내려가 일행들과 한
담하다 저물어서야 배로 돌아왔다.【협주: 김선경(金善慶)이 장계를 가지고
갔다.】

初六日(辛丑)

是日, 乍晴乍陰。西風連吹, 不得發舡, 設幄於絶影島, 正使下
陸, 與一行人閑話, 暮乃還舡。【金善慶持狀啓去.】

7일(임인)

이날은 새벽에 비가 오더니 늦게야 개었다.

바람에 막혀 배는 닻을 내리고 머물렀다. 최세심(崔世諶)이 장계
(狀啓)를 가지고 갔다.

○날이 저물자 절영도(絶影島)의 건너편에서 잤다.

初七日(壬寅)

是日, 曉雨晚晴。阻風留泊。崔世諶狀啓賫去。○夕, 宿絶影
島之越偏。

8일(계묘)

이날은 맑았다.

날이 밝아올 무렵에 배를 출발시켰는데, 바람세가 지극히 순해서 돛을 둘 다 올리고 가니 빠르기가 나는 듯했다. 일행 중에 비록 뱃멀미는 했을지라도, 구토하는 자는 전혀 없었다. 다만 높은 파도가 산처럼 일렁이는 것이 보일 뿐이었으니, 흰 물결이 공중으로 솟구치자 배가 떠올랐다가 잠기는지라 저 높은 하늘 위에 있는 듯하다가도 내려오면 저 가장 낮은 땅속에 있는 듯하기도 하였다.

저녁에 대마도(對馬島)의 서포(西浦)에 닿았는데, 왜인이 이시도마루(利時都麻婁: 西泊의 음차표기)라고 말하는 곳이 바로 이곳이다. 이 포구는 부산(釜山)과 500리 떨어진 곳이라 하는데, 포구 안에 사람들이 그다지 많이 살지는 않았으나 배를 댈 곳은 조금 평평하고 널찍하였다.

정사(正使: 황신)는 어두워지자 가마를 타고 서복사(徐福寺: 西福寺)에 올라가 묵었다. 이 사찰은 대양(大洋)을 굽어보듯 자리하였는데, 돌을 쌓아 돌계단을 만들고 널빤지로 지붕을 덮었으며 중은 겨우 수십 명쯤 있었다. 부사(副使: 박홍장)는 오한(惡寒)으로 인하여 배에서 내리지 않았다.

初八日(癸卯)

是日, 晴。平明發舡, 風勢極順, 張兩帆而行, 其疾如飛。一行之人, 雖作水疾, 並無嘔吐者。但見洪濤駕山, 白浪掀空, 舡行出沒, 則如在九天之上, 下則如在九地之中矣。夕, 抵對馬島之西浦, 倭言利時都麻婁[17]者是也。同浦去釜山五百里云, 浦中人居不甚多, 泊舡處稍平闊。正使, 昏乘轎, 登徐福寺[18]而宿。同寺俯臨大洋, 累石爲磴, 以板爲屋, 居僧僅數十人。副使, 因寒疾, 不下舡。

9일(갑진)

이날은 흐리기도 하였고 비 내리기도 하였다.

아침에 배로 내려가 닻줄을 풀었으나 미처 대양(大洋)에 나아가기도 전에 비로 인하여 되돌아와서 정박하였고, 또 서복사(徐福寺: 西福寺)에서 묵었다.

初九日(甲辰)

是日, 或陰或雨。朝, 下舡解纜, 未及出洋, 因雨還泊, 又宿徐福寺。

10일(을사)

이날은 아침에 흐리더니 늦게야 개었다.

이른 아침에 배를 출발시켜 3백 리를 갔다. 저녁이 되어서야 부중(府中: 후추, 현재의 이즈하라)에 이르렀는데, 바로 대마도주(對馬島主) 평의지(平義智)가 사는 곳이었고 평조신(平調信)의 집도 또한 이곳에

---

17 利時都麻婁(이시도마루): 西泊[니시도마리]의 음차 표기.

18 徐福寺(서복사): 西福寺로 표기됨. 조선의 통신사행이 통상 머물던 곳이다. 고려의 불화 觀經序分變相圖 등을 소장하고 있다.

있었다. 도주는 마침 국도(國都: 교토)에 갔는지라, 평조신이 통신사 일행을 인도하여 도주의 객관(客館)에 머물게 하였다. 객관은 평의지의 집까지 거리가 겨우 2~3리였는데, 건물이 그다지 화려하고 사치스럽지 않으나 정교하고 치밀하였으며 정결하여 티끌 하나도 남아있지 않았다. 섬 안의 왜인들이 외청(外廳)에 모여서 우리가 필요한 물품을 준비하였는데, 무릇 접대하는 일이 자못 더할 수 없이 공손하고 정성스러웠다. 그 음식 가짓수도 또한 우리나라의 법식에 따랐으며, 사발에 흰죽을 담고 놋 뚜껑을 덮어 들여왔는데 숟가락도 놓여 있었다.

○ 명나라 사신 심유경(沈惟敬)의 부하인 중군(中軍) 이대간(李大諫) 등도 또한 고칙(誥勅: 황제의 誥命과 勅書)을 모시고 이곳에 정박하며 우리 일행을 기다렸는데, 날이 어두워져서야 배 위로 찾아가서 중군 이대간과 인사를 나누었다.

이 섬은 그리 넓지 않은데다 사방에 산이 험하여 부중(府中)의 거주민이 겨우 3~4백 호이고, 그 나머지 8군(郡)의 거주민도 모두 1백여 호에 불과하였다. 살림집들은 보잘것없이 헐었는데, 집집이 궁핍하여 모두 토란과 쌀겨로 밥을 지어 먹었고, 비록 소장(小將: 중급무사)들일지라도 쌀밥을 온전히 먹을 수가 없었다. 모두 말하기를, 전란이 일어난 뒤로 군사들이 대거 드나들어서 이렇게 되었다고 하였다.

初十日(乙巳)

是日, 朝陰晩晴。早朝發舡, 行三百里。夕, 到府中, 乃島主平義智[19]所居, 調信[20]之家, 亦在是處也。島主則方赴國都矣, 調信

引通信一行, 寓島主客舍[21]。館距義智家, 僅二三里, 堂宇不甚華
侈, 而精緻潔淨, 不留一塵。島中諸倭, 集外廳, 以備供給, 凡接
待之事, 頗極恭款。其饌品, 亦依我國之制, 沙椀盛白粥, 覆以鍮
蓋而進之, 且具匕子。○沈天使[22]標下[23]李中軍[24]等, 亦陪詣粷,
留泊於此, 待吾行, 昏往拜李中軍於舡上。同島不甚廣, 四面山
險, 府中居民, 僅三四百戶, 其餘八郡居民, 俱不過百餘戶。屋廬
殘破, 家家窮乏, 皆以芋糠爲飯, 雖小將[25]輩, 亦不得全喫米飯。
皆言兵興之後, 大軍出入, 以致如此云。

【再造藩邦志】

대마도(對馬島)의 부중포(釜中浦: 府中浦의 오기)에 도착하였는데,

---

19 平義智(평의지): 소 요시토시. 일본 쓰시마 섬(對馬島) 島主. 1579년 형 소 요시
  준(宗義純)으로부터 도주 자리를 물려받았다. 그는 5,000명을 동원하여 고니시
  유키나가(小西行長)의 1번대에 배속되었다. 전투뿐만 아니라 유키나가와 함께
  일본측의 외교를 맡아서 강화를 모색하기도 하였다.

20 調信(조신): 平調信. 다이라 시게노부. 柳川調信. 對馬島主 宗義智의 家臣.
  豊臣秀吉 때부터 德川幕府 초까지 아들 柳川智永·손자 柳川調興 3대가 조선
  과 일본의 강화 회담 및 외교 사무를 담당하였다.

21 客舍(객사): 客館. 파견된 관리가 숙박하는 건물.

22 沈天使(심천사): 명나라 사신 沈惟敬을 가리킴.

23 標下(표하): 手下. 수족처럼 쓰는 부하.

24 李中軍(이중군): 中軍 李大諫을 가리킴. 호는 北泉. 절강 嘉興府 秀水縣 사람.
  임진년에 守備로 출병하여 오래도록 義州에 주둔하였으며, 정유년에 재차 출병
  하였다. 왜군에 대한 책략을 담당하였으며, 명나라와 조선과의 연락도 參將 胡
  澤을 도와서 맡았다

25 小將(소장): 코쇼. 小姓 또는 小性. 중급 무사를 일컫는다. 감찰, 통역 보좌,
  대조선 업무 등을 담당했다.

도주(島主) 평의지(平義智)와 평조신(平調信)의 집이 모두 그곳에 있
었다. 평의지는 마침 자기 나라의 국도(國都: 교토)에 가 있었는지라,
평조신이 이에 사신의 일행을 인도하여 평의지의 객사(客舍)에 묵게
하였다. 객사는 평의지의 집과 겨우 3리일 정도로 가까웠는데, 가
옥이 그리 번화하지는 않으나 지극히 정결하여 티끌 하나도 없었다.
돗자리는 모두 비단으로 가선을 둘렀으며, 석린(石鱗: 돌비늘)과 능
화(綾花: 마름꽃)의 무늬가 있는 종이로 벽을 발랐으며, 창과 문은
구리와 주석으로 장식하였다. 섬 안의 두왜(頭倭: 사신의 군관)들이
모두 외청(外廳)에 와 있었는데, 무릇 접대하는 예절이 지극히 공손
함을 다하였다. 음식은 모두 우리나라 법식을 따랐으니 흰 사발에
흰죽을 담고 놋 뚜껑을 덮은 데다 수저까지 놓아서 올렸다.

　평의지의 아내가 사람을 시켜서 사신에게 말을 전하기를, "가장
(家長)이 있지 않을 때 정중히 대접할 손님이 오셨고 다만 아낙들만
있어서 접대하는 예절이 형편없으니, 마음이 몹시 창피하고 부끄럽
습니다."라고 하였다. 아마도 도주(島主)의 아내는 평행장(平行長:
소서행장)의 딸로서 집안을 잘 다스렸는데, 위엄과 은혜를 아울러
베풀어 섬사람들이 두려워하였다. 섬에 사는 늙은 왜인들이 대부분
우리나라의 은혜를 고맙게 느껴 사신을 찾아와 뵙고 예전에 있었던
일을 말하면서 눈물을 흘리는 자도 있고, 그 밖의 왜인들도 또한
우리나라의 옛일을 많이 이야기하며 잊을 수 없다고 하니, 우리나
라를 쳐들어온 것은 본래 왜인들이 기뻐하는 바가 아니었다.

　심유경(沈惟敬)의 중군(中軍)으로 이씨(李氏: 이대간) 성을 가진 자
도 명나라 황제의 고명(誥命)과 칙서(勅書)를 받들고 이 섬에 와 있으

면서 우리나라 사신이 오기를 기다리고 있었다.

初十日。到對馬島釜中浦[26], 島主平義智及平調信家, 皆在其處。義智方在其國都, 平調信乃引使臣一行, 館于義智客舍。客舍與義智家, 纔三里而近, 家舍不甚繁華, 而極其精潔, 無一點塵埃。茵席[27]皆以錦絹爲純, 以石鱗綾花塗壁, 窓戶以銅錫爲飾。島中頭倭[28]皆來在外廳, 凡接待之禮, 極致其敬。飮食皆倣我國, 以白沙鉢盛白粥, 具鍮蓋, 置匙箸而進之。義智妻, 使人送言于使臣曰: "家主不在, 大賓[29]來到, 而只有婦人輩, 接待之禮, 不成貌樣, 心甚慚惡." 蓋島主妻, 卽平行長[30]女, 而能治家, 威惠並施,

---

26 釜中浦(부중포): 府中浦의 오기. 현재의 이즈하라. 《燃藜室記述》별집 제18권 〈邊圉典故〉의 '西邊/倭國'에 나온다.

27 茵席(인석): 왕골이나 부들로 만든 돗자리.

28 頭倭(두왜): 왜인들의 집단이나 조직의 두목. 일종의 군관들이다.

29 大賓(대빈): 정중한 대접을 받아야 할 손님.

30 平行長(평행장): 小西行長. 고니시 유키나가. 고니시 유키나가는 오다 노부나가가 사망한 혼노지의 변란 이후로 히데요시를 섬기면서 아버지 류사와 함께 세토나이 해의 군수물자를 운반하는 총책임이 되었다. 1588년 히데요시의 신임을 얻어 히고노쿠니 우토 성의 영주가 되었으며 1592년 임진왜란 때는 그의 사위인 대마도주 소 요시토시와 함께 1만 8,000명의 병력을 이끌고 제1진으로 부산진성을 공격하였다. 조선의 정발 장군이 지키는 부산포 성을 함락하고 동래성을 함락시켰다. 이후 일본군의 선봉장이 되어 대동강까지 진격하였고 6월 15일에 평양성을 함락하였다. 그러나 1593년 명나라 장수 이여송이 이끄는 원군에게 패하여 평양성을 불 지르고 서울로 퇴각하였다. 전쟁이 점차 장기화 되고 명나라를 정복할 가능성이 희박해지자 조선의 이덕형과 명나라 심유경 등과 강화를 교섭하였으나 실패하였다. 1596년 강화교섭이 최종 실패로 끝나자 1597년 정유재란 때 다시 조선으로 쳐들어왔으며 남원성 전투에서 조선과 명나라 연합군을 격퇴하고 전주까지 무혈 입성하였으며 순천에 왜성을 쌓고 전라도 일대에 주둔하였다. 1598년 도요토미 히데요시가 사망하고 철군 명령이 내려지자 노량해전

島中畏之。島中老倭, 多感我國之恩, 來謁使臣, 言故事, 或有涕
泣者, 其他諸倭, 亦多言我國故事, 不能忘, 來犯我國, 本非諸倭
之所喜也。沈惟敬中軍李姓者, 亦奉皇朝誥勅在此島, 留待我國
使臣。

11일(병오)

이날은 맑았다.

바람세가 좋지 않아서 그대로 머무르자, 평조신(平調信)이 여러
차례 떡·과일·생선·과자 등의 물건을 보낸 데다 술과 음식을 가져
와서 종자(從者)들에게 나누어 먹이고 격군(格軍: 뱃사공)들에게까지
두루 주었다.

○도주(島主)의 아내 또한 술과 음식·생선·과자 등을 보낸 것이
자못 많았다. 그리고 말하기를, "가옹(家翁: 부군)이 마침 이곳에 있지
않고 첩(妾: 자기의 겸칭)만이 집에 있어서 접대하는 일이 모두 예를
제대로 갖추지 못하니, 마음이 몹시 창피하고 부끄럽습니다."라고
하였다. 도주의 아내는 바로 평행장(平行長: 소서행장)의 딸이었다.

장계(狀啓)를 올렸다.

十一日(丙午)

是日, 晴。風勢不好因留, 調信累次餽送餠果魚菓等物, 且致
酒饌, 分餽從者, 遍及格軍輩。○島主妻, 亦送酒饌魚菓之屬, 頗

이 벌어지는 틈을 이용해서 일본으로 돌아갔다.

多。且致辭云: "家翁適不在此, 妾獨在家, 接待之事, 俱不成禮, 心甚慚愧."云。島主妻, 乃平行長之女也。有狀啓。

12일(정미)

이날은 맑았다.

평조신(平調信)은 떡을 보냈고, 도주(島主)의 아내는 어포(魚鮑)를 보냈으며, 8군(郡)의 수령 왜인들은 술과 음식·생선·고기 등을 바쳤는데, 일제히 뜰 아래에서 만나 보았다.

十二日(丁未)

是日, 晴。調信餉餠, 島主妻送魚鮑, 八郡[31]守倭呈酒饌魚肉等物, 齊見於庭下。

13일(무신)

이날은 흐렸다.

그대로 부중(府中: 후추, 현재의 이즈하라)에 머물러 있었다.

十三日(戊申)

是日, 陰。仍留府中。

---

31 八郡(팔군): 대마도는 가미아가타군(上縣郡)·시모아가타군(下縣郡)의 2郡과 쓰쓰고(豆酘鄕)·사스고(佐須鄕)·요라고(與良鄕)·니이고(仁位鄕)·미네고(三根鄕)·이나고(伊奈鄕)·사고고(佐護鄕)·도요사키고(豊崎鄕)의 8鄕인바, 郡은 우리나라의 面에 해당하는 듯.

14일(기유)

이날은 흐리다가 비를 뿌렸다.

도주(島主)의 휘하 사람들이 음식과 소를 바쳤다.

十四日(己酉)

是日, 陰洒雨。島主管下人輩, 呈饌牛。

15일(경술)

이날은 흐렸다.

중군(中軍) 이대간(李大諫)이 배에서 뭍으로 내려 서산사(西山寺: 세이잔지)에 올라와서는 술자리를 베풀고 초대하니, 부사(副使: 박홍장)와 함께 가서 참석하였다.

○ 서산사는 부중(府中: 후추, 현재의 이즈하라)의 서쪽에 있었는데, 정사(精舍: 불도를 닦는 집)가 대여섯 칸으로 화려하지도 않고 누추하지도 않았다. 가운데에는 감실(龕室) 하나를 설치하여 작은 불상 하나를 안치하였다. 좌우에는 위패(位牌)를 배열하였는데, 모두 승니(僧尼: 승려와 여승)로서 먼저 죽은 자들이었으니, '물고 모호 선정문 영위(物故某號禪定門靈位)'라 쓰기도 하였고, '귀진 모호 선정니 영위(歸眞某號禪定尼靈位)'라 쓰기도 하였다. 대개 승려와 여승이 부부였던 자는 하나의 위패로 되어 있었으니, 왜인들의 풍속이 그러하였다.

○ 저녁에 술자리가 파하여 돌아오니, 평조신(平調信)이 송심(松蕈: 송이버섯)과 침시(沈柿: 떫은맛을 없앤 감)를 보내왔다.

十五日(庚戌)

是日, 陰。李中軍下舡, 上西山寺[32], 排酒見邀, 遂偕副使往
參。○寺在府西, 精舍[33]五六間, 不華不陋。中設一龕[34], 安一小
佛像。左右排列神牌[35], 皆是僧尼先逝者, 或書物故[36]某號禪定門
靈位, 或書歸眞某號禪定尼靈位。蓋僧尼爲夫婦者, 共一牌, 倭
俗然也。○夕罷還, 調信餽松蕈[37]·沈枾[38]。

【再造藩邦志】

대마도에서 배를 출발시켰으나 바람세가 몹시 세차더니 성낸 파
도가 거칠게 일렁이었는데, 대양(大洋) 가운데에 이르러 닻줄이 거
의 끊어져 배가 장차 기울어지려 하자 돛대의 맨 꼭대기가 이리저리
휘어지며 바닷물 위에 닿았다. 미친 듯한 거센 파도가 산악처럼 밀
려오니 배는 마치 날뛰는 말인 듯이 오르락내리락하였는데, 거대한
자라가 물을 뿜은 듯 천지사방까지 캄캄하게 어두우니 배 안의 사람
들이 얼굴빛이 변하지 않은 자가 없었으며, 뱃사공들마저도 직접
나서지 못하고 갈팡질팡 어찌할 줄 몰랐다.

정사(正使) 황신(黃愼)이 의관을 가지런히 하고서 향을 피우고 바

---

32 西山寺(서산사): 세이잔지. 일본 나가사키현 쓰시마시 이즈하라초에 있는 사찰.
33 精舍(정사): 불도를 수행하는 절이나 승려들이 모인 곳.
34 龕(감): 龕室. 신위 및 작은 불상 등을 모셔둔 곳.
35 神牌(신패): 죽은 이를 제사 지낼 때 神主 대용으로 쓰는 패.
36 物故(물고): 사망함.
37 松蕈(송심): 소나무에서 난 송이버섯.
38 沈枾(침시): 따뜻한 소금물 등을 이용하여 떫은맛을 제거한 감.

다에 맹세하는 글을 즉석에서 지었는데, 그 글은 이러하였다.

승냥이와 호랑이가 우글거리는 속에서 사명을 띠고 이미 2년이
나 보냈는데, 교룡(蛟龍)의 소굴에서 다시금 8월의 뗏목 곧 사행선
(使行船)을 탔나이다. 목숨 바치는 것을 달갑게 여겨 머리를 조아
리며 스스로 맹세하나이다. 삼가 생각건대, 나 황신은 난세를 만나
서 나라 위해 일할 것을 다짐하여, 비록 아무리 험하고 어려운 일이
라도 두루 겪었지만 자기 고장에서든 오랑캐 나라에서든 실행할
수 있겠나이까. 다행히 붉은 충정이야 변함이 없으리니 저 하늘에
맹세해도 부끄러움이 없을 것인데, 4천 리 사행길이라 하여 어찌
감히 털끝만큼인들 수고로움을 꺼리겠사옵니까. 30년 동안 쌓은
공부가 바로 오늘에서야 힘을 얻었으니, 진실로 나랏일을 쉬고 그
칠 수가 없는 것은 신하 된 도리로서 당연한 일이 아니겠사옵니까.
곧장 바람에 돛을 달고 멀리 일본 땅으로 가는 길이니, 진실로 사직
을 편히 하고 나라를 이롭게 할 수 있다면 죽음 또한 사양치 않겠지
만, 만일 혹시라도 왕명을 욕되게 하고 절조를 잃게 된다면 산다
한들 또한 무슨 보탬 있겠사옵니까. 삼가 바라건대, 성스러운 신령
은 이 지극한 정성을 굽어살피소서. 아마도 이 말이 거짓이 아님은
하늘도 아시려니와, 만약 한 가지 생각이라도 나태해진다면 신령은
나를 죽이소서.

황신이 이 글을 바다 가운데에 던졌다. 잠시 뒤에 바람이 그치고
물결이 잠잠해지자 고래 떼들이 멀리 달아났다.

날이 저물어서야 일기도(一岐島: 壹岐島)에 도착하였는데, 그 섬

은 대마도와의 거리가 5백 리였으며, 둘레가 겨우 대마도의 반쯤
되었고 거주민이 겨우 100여 호 정도이었다. 평행장(平行長: 소서행
장)이 부장(副將)을 보내어 명나라 황제의 칙서(勅書)를 이곳에서 맞
이하였다.

　十五日。自對馬島發船, 風勢甚緊, 怒濤洶湧, 及至洋中, 帆繩
幾絶, 舟將傾側, 檣頭³⁹屈曲, 而接于水上。駭波狂浪, 如山如岳,
船若奔馬, 或高或下, 巨鰲噴水, 天地晦冥, 舟中之人, 莫不失色,
梢工袖手⁴⁰, 蒼黃罔措。正使黃愼, 整其衣冠, 焚香誓海, 口占⁴¹
其辭, 辭曰:「豺虎叢中, 旣持二年之節⁴², 蛟龍⁴³窟上, 又乘八月
之槎⁴⁴。捐軀是甘, 稽首自誓。伏念愼, 遭時板蕩⁴⁵, 許國驅馳⁴⁶,
雖險阻艱難, 備嘗之矣, 然州里蠻貊⁴⁷可行乎哉? 賴有衷赤之不

---

39 檣頭(장두): 돛대의 맨 꼭대기.
40 袖手(수수): 어떤 일에 직접 나서지 않고 버려둠.
41 口占(구점): 초고를 만들지 않고 즉석에서 글귀를 지음.
42 豺虎叢中, 旣持二年之節(시호총중, 기지이년지절): 황신이 중국 使臣 沈惟敬
　의 접반사로 부산의 倭陣中에 있었음을 이르는 말.
43 蛟龍(교룡): 고대 전설상에 깊은 물 속에 살며 홍수를 일으킬 수 있다는 동물.
44 八月之槎(팔월지사): 星槎. 사신의 행차. 《博物志》 권10에 의하면, 어떤 사람
　이 바닷가에 살면서 해마다 음력 8월이 되면 어김없이 뗏목이 떠오르는 것을 보고,
　그 뗏목에 양식을 가득 싣고 수십 일 동안 갔더니 멀리 宮室에는 베 짜는 아낙들
　이 많고 물가에는 소를 끌고 와 물을 먹이는 사내가 있었는데 그가 돌아와서
　占術로 유명한 嚴君平에게 물어보았더니 "모년 모월 모일에 客星이 牽牛星을
　범하였다."라고 한 고사에서 유래하였다.
45 板蕩(판탕): 정치를 잘못하여 나라가 어지러워짐을 이르는 말.
46 驅馳(구치): 나랏일을 위하여 분주히 돌아다님.
47 州里蠻貊(주리만맥): 《논어》 〈言行篇〉의 "말은 충실하고 믿음직스러워야 하고,

渝, 可質上蒼而無愧, 四千里行役, 何敢一毫憚勞? 三十年工夫, 正宜今日得力, 固王事之靡鹽, 抑臣節之當然。直掛風帆, 遙指日域, 苟可安社利國, 死且不辭, 如或辱命失身[48], 生亦何補? 伏願靈聖, 鑑此忱誠。庶斯言之不誣, 天有知也, 倘一念之或怠, 神其殛之。」黃愼以其辭投之海中。俄而, 風止波靜, 鯨鯢遠遁。夕, 到一岐島[49], 其島距對馬五百里, 周回僅如對馬之半, 而居民僅百餘戶。平行長遣副將, 迎皇勅于此地。

16일(신해)

이날은 아침에 개었더니 늦게야 비가 왔다.

평조신(平調信)이 송이버섯과 밤을 보내왔다.

十六日(辛亥)

是日, 朝晴晚雨。平調信餽松蕈及栗。

17일(임자)

이날은 흐리고 비가 왔다.

행동은 돈독하고 정중해야 한다. 그러면 이민족의 나라에서도 실행될 수 있다. 말이 충실하거나 믿음직스럽지 못하고 행동이 돈독하거나 정중하지 못하면 자신이 사는 동네라 한들 실행될까?(言忠信, 行篤敬, 雖蠻貊之邦 行矣. 言不忠信, 行不篤敬, 雖州里, 行乎哉?)에서 나오는 말.

48 失身(실신): 失節. 절개를 잃음.

49 一岐島(일기도): 壹岐島. 이키노시마. 對馬島 남쪽에 있는 섬으로, 나가사키현(長岐縣.)에 속해 있음.

평조신(平調信)이 떡을 보내왔다.

군관(軍官) 강영일(姜英一)이 전후의 장계(狀啓)를 가지고 떠나 본
국으로 돌아갔다.

十七日(壬子)

是日, 陰雨。調信餉餅。○軍官姜英一[50], 賫前後狀啓, 發還
本國。

18일(계축)

이날은 흐렸다.

아침에 부중포(府中浦)를 떠나 배를 띄우고 대양(大洋)으로 나갔
지만, 바람과 파도가 매우 세차서 어쩔 수 없이 내포(內浦)로 되돌아
와 정박하였다. 이곳은 부중(府中)까지의 거리가 거의 20여 리에 이
르렀고, 인가가 극히 드물었다.

부사(副使: 박홍장)와 함께 승려의 암자에 머물렀는데, 평조신(平
調信)이 배·밤·은구어(銀口魚)·송이버섯 등을 보내왔다.

十八日(癸丑)

是日, 陰。朝離府中浦, 開舡出洋, 風濤甚緊, 不得已回泊于內
浦。此距府中幾至二十餘里, 人家極稀罕。偕副使, 寓僧舍[51], 調
信餉梨栗·銀口魚·松蕈之屬。

---

50 姜英一(강영일, 1574~?): 본관은 晉州, 자는 華夫. 아버지는 姜玉祥이다. 1591
년 별시에 급제하였다.

51 僧舍(승사): 승려가 불상을 모셔 놓고 불도를 닦으며 교법을 펴는 곳.

19일(갑인)

이날은 잠깐 흐리더니 바람세가 순하지 못했다. 평조신(平調信)이 무릇 일고여덟 차례나 사람을 보내어 문안하였고, 게다가 계속해서 생선·고기·과자·과일 등을 보내왔다.

十九日(甲寅)

是日, 午陰, 風勢不順。調信凡七八遭, 差人問候, 且連續饋魚肉菓果等物。

【再造藩邦志】

낭고야(郞古耶: 나고야)에 도착하였는데, 곧 관백(關白)이 군사를 점고하는 곳이었다. 산 위에 성을 쌓았는데, 성밖에는 삥 둘러 구덩이를 파고서 바닷물을 끌어들여 그 구덩이에 가득 채웠고, 성안에는 5층 대(臺)를 쌓아 올렸는데 그 만듦새가 극히 정교하였으니, 이는 왜장(倭將) 정성(正成: 寺澤正成)의 진영(鎭營)이었다. 이때 정성은 국도(國都: 교토)에 가 있어서 그 부장(副將)이 대신 지키고 있었다.

사신들이 처음으로 배를 대고서 멀리 갯가를 바라보니, 우리나라 여인이 자주 저고리에 남색 치마를 입고 서 있었다. 일행이 모두 눈길을 모아 주시하였으나 어떤 사람인지 알지 못하여, 이윽고 가까이 가서 물어보니, 스스로가 말했다.

"유 정승(兪政丞)댁 여종으로 왜인에게 사로잡혀왔는데, 중국 사신 휘하 사람이 은(銀)으로 속전(贖錢)을 치르고서 저를 이곳에 데려다 두고는 왜경(倭京: 교토)에 갔습니다."

상하(上下) 서로 옛 친지를 만난 듯이 보았다.

十九日。至郎古邪[52]，卽關白[53]點兵[54]之處。山上築城，城外環
塹，引海水，盈滿其塹，城中築五層之臺，其製極巧，倭將正成[55]
所鎭也。是時，正成往國都，其副將代守矣。使臣，初泊舟也，望
見浦邊，有我國女人，紫衣藍裳而立。一行人，皆注目視之，不知
是何人，旣近問之，則自言：“兪政丞家婢，爲倭所攄，天使票下
人，以銀贖之，置于此處，而往倭京者也。”上下見之，如逢故知。

20일(을묘)

이날은 맑았다.

낮에 중군(中軍) 이대간(李大諫) 등을 만나보고 조촐한 술자리를
마련하였다가 저녁에 파하고 돌아왔다. 평조신(平調信)이 떡·과일
·생선을 보내왔고, 또 술과 음식을 보내왔다.

二十日(乙卯)

是日，晴。午，往見李中軍等，設小飮，夕罷還。調信饋餠果

---

52 郎古邪(낭고야)：多古屋(나고야). 일본 중부의 대표적인 도시.

53 關白(관백)：일본에서 왕을 내세워 실질적인 정권을 잡았던 막부의 우두머리.

54 點兵(점병)：한 사람씩 이름을 불러 가며 군사의 수효를 조사함.

55 正成(정성)：小西行長 휘하의 寺澤正成. 테라자와 마사시게. 곧 寺澤廣高(테라
    자와 히로타카)이다. 아버지 寺澤廣政(테라자와 히로마사)과 함께 풍신수길을
    섬겼다. 1592년부터 임진왜란을 즈음하여 히젠 나고야 성의 건축을 담당했고,
    그 공으로 풍신수길의 측근이 되어 출세했다. 또, 무역통제와 조선에 있는 일본
    군의 보급과 병력수송등의 임무를 맡았다. 고니시 유키나가와 함께 소위 무단파
    에게 미움을 받았다. 풍신수길 사후, 도쿠가와 이에야스에게 접근하여, 1600년
    세키가하라 전투에서는 동군에 속했다.

魚, 又送酒饌。

21일(병진)

이날은 맑았다.

평조신(平調信)이 음식과 소·생선·과자·소금·장 등을 보내왔다. 중군(中軍) 이대간(李大諫)이 우리 일행을 만나보러 왔다. 낮에 평조신이 다시 떡·생선을 보내왔다. 중군 이대간도 바다에 제사를 지내고서 제사 지낸 고기를 보내왔다.

二十一日(丙辰)

是日, 晴。調信送饌牛·魚菓·鹽醬等物。李中軍來見。午, 調信再餽餅魚。李中軍祭海, 致胙肉[56]。

22일(정사)

이날은 맑았다.

평조신(平調信)이 술과 음식을 보내며, 4척의 뱃사공들에게 나누어 먹이라고 청하였다.

二十二日(丁巳)

是日, 晴。調信送酒饌, 請分饋四舡格軍輩。

---

56 胙肉(조육): 제사 지내고 나서 모든 祭官에게 나누어 주는 고기.

23일(무오)

이날은 맑았다.

새벽에 배를 출발시켜 부중포(府中浦)로 되돌아가 정박하였는데, 저녁에 서산사(西山寺: 세이잔지)에서 자게 되자, 평조신(平調信)이 생선·과일·밤을 보내왔다.

二十三日(戊午)

是日, 晴。曉發舡, 還泊府中浦, 夕宿西山寺, 調信送魚果栗。

24일(기미)

이날은 흐리고 비가 오더니, 한밤중이 되어서야 비로소 개었다.

평조신(平調信)이 떡·생선·과자를 보내왔고, 도주(島主)의 아내도 두 차례나 생선과 과자를 보내왔다.

二十四日(己未)

是日, 陰雨, 夜半始晴。調信送餠魚菓, 島主妻, 兩送魚菓。

25일(경신)

이날은 맑았다.

아침에 배를 출발시켜 대양(大洋)에 나갔으나 바람세가 몹시 사납더니 세찬 물결이 거칠게 일렁이었는데, 대양(大洋) 가운데에 이르러 닻줄이 바람에 견디지 못하고 거의 끊어지려 하자 배가 기울어져 전복될 뻔하니 돛대의 맨 꼭대기가 이리저리 휘어지며 돛대의 끝이 바닷물 위에 서로 닿았다. 세찬 파도가 물거품을 뿜어대니 배 안이 비 오는 듯하였고, 배는 오르락내리락 날뛰는 말인 듯하니 배 안의 사람들이 얼굴빛을 잃지 않은 자가 없었다.

정사(正使: 황신)는 그래서 바다에 맹세하는 글[誓海文]을 지어 해신(海神)에게 맹세하였으니, 그 글은 이러하였다.

만력(萬曆) 24년 병신년(1596) 8월 25일 경신(庚申) 조선 통신사(朝鮮通信使) 아무개는 감히 동해(東海)의 신께 고하나이다. 삼가 아뢰옵건대 승냥이와 호랑이가 우글거리는 속에서 사명을 띠고 이미 2년이나 보냈는데, 교룡(蛟龍)의 소굴에서 다시금 8월의 뗏목 곧 사행선(使行船)을 탔나이다. 목숨 바치는 것을 달갑게 여겨 머리를 조아리며 스스로 맹세하나이다. 삼가 생각건대, 아무개는 난세를 만나서 나라 위해 일할 것을 다짐하여, 비록 아무리 험하고 어려운 일이라도 두루 겪었지만 자기 고장에서든 오랑캐 나라에서든 실행할 수 있겠나이까. 다행히 붉은 충정이야 변함이 없으리니 저 하늘에 맹세해도 부끄러움이 없을 것인데, 4천 리 사행길이라 하여 어찌 감히 털끝만큼인들 수고로움을 꺼리겠사옵니까. 30년 동안 쌓은 공부가 바로 오늘에서야 힘을 얻었으니, 진실로 나랏일을 쉬고 그칠 수가 없는 것은 신하 된 도리로서 당연한 일이 아니겠사옵니까. 곧장 바람에 돛을 달고 멀리 일본 땅으로 가는 길이니, 진실로 사직을 편히 하고 나라를 이롭게 할 수 있다면 죽음 또한 사양치 않겠지만, 만일 혹시라도 왕명을 욕되게 하고 절조를 잃게 된다면 산다 한들 또한 무슨 보탬 있겠사옵니까. 삼가 바라건대, 성스러운 신령은 이 지극한 정성을 굽어살피소서. 아마도 이 말이 거짓이 아님은 하늘도 아시려니와, 만약 한 가지 생각이라도 나태해진다면 신령은 나를 죽이소서. 삼가 고하나이다.

잠시 뒤 바람세가 그치고 물결이 잠잠해지자, 배들이 아무 탈 없
이 갔다.

일기도(壹岐島)·평호도(平戶島)·장기시(長岐市)

날이 저물어서야 일기도(一岐島: 壹岐島)에 도착하였는데, 이곳은
대마도와의 거리가 5백 리였으며, 둘레가 겨우 대마도의 반쯤 되었
고, 눈에 보이는 거주민이 겨우 300여 호이었다. 이곳은 평행장(平

行長: 小西行長)의 부하인 부장(副將) 비란도주(飛蘭島主: 平戶島主) 법인(法印, 협주: 왜인의 말로 好吾印)이 겸하여 관할하는 곳이라 하였다. 평행장이 소장(小將)을 보내어 이곳까지 와서 명나라 황제의 고명(誥命)과 칙서(勅書)를 이곳에서 맞이하였다.

듣자니 일본의 국도(國都)와 가까운 여러 곳에 지진이 크게 일어났는데, 건물과 집들이 무너져서 깔려 죽은 사람이 거의 만여 명에 이른다고 하였다.

二十五日(庚申)

是日, 晴。朝發舡出洋, 風勢過猛, 驚浪洶湧, 到中洋, 帆索不勝風, 幾欲絶, 舡欹幾覆, 檣竿上頭, 曲如鉤, 竿頭與海濤相接。浪沫噴濺, 舡中如雨, 舡行奔突, 有如馬, 舟中之人莫不失色。正使乃作誓海文, 以誓海神曰:「維萬曆二十四年丙申八月二十五日庚申, 朝鮮通信使某, 敢昭告于東海之神。伏以豺虎叢中, 旣持二秊之節, 蛟龍窟上, 又乘八月之槎。捐軀是甘, 稽首自誓。伏念某遭時板蕩, 許國驅馳, 雖險阻艱難, 備嘗之矣, 然州里蠻貊, 可行乎哉? 賴有衷赤之不渝, 可質上蒼而無媿, 四千里行役, 何敢一毫憚勞? 三十年工夫, 正宜今日得力, 固王事之靡鹽, 抑臣職之當然? 直掛風帆, 遙指日域, 苟可安社利國, 死且不辭, 如使辱命失身, 生亦何益? 伏願靈聖, 俯鑒忱誠。幸斯言之不誣, 天有知也, 倘一念之或怠, 神其殛之。謹告。」俄而, 風勢偶稍定, 舡行無恙。夕, 到一歧島, 此距對馬五百里, 周回比對馬之半, 所見居民, 僅三百餘戶也。是平行長手下副將飛蘭島[57]主法印[58]【倭言好吾印】所兼管云。行長, 差小將來此, 迎候[59]誥勅。聞日本國畿甸[60]

各處地大震, 屋宇壞頹, 壓死者至萬餘人云。

26일(신유)

이날은 맑았다.

그러나 거세게 바람이 불어서 배를 출발시킬 수가 없었다. 평조신(平調信)이 배[梨]를 보내왔다.

二十六日(辛酉)

是日, 晴。大風, 不得發舡。調信送梨。

27일(임술)

이날은 맑았다.

그러나 바람에 막혀 그대로 머물렀다. 아병(牙兵) 박응량(朴應亮)이 장계(狀啓)를 가지고 갔다.

二十七日壬戌

---

57 飛蘭島(비란도): 히라도. 平戶島. 일본 규슈 나가사키현 북서부에 있는 섬.

58 法印(법인): 松浦鎭信(1549~1614)을 가리킴. 마쓰우라 시게노부. 마쓰우라 가문의 26대 당주로, 平戶島의 초대 번주다. 임진왜란 당시 그는 가라쓰 앞바다에 있는 전략상 요충지 壹岐島에 가쓰모투조(勝本城)를 쌓고 조선 침공의 嚮導 역할을 했다. 동생, 아들과 함께 고니시 유키나가(小西行長)의 제1부대로 참여해 전쟁의 서막을 올린 이후 7년 동안 울산성, 순천성 전투 등을 포함해 24번의 전투에서 모두 승리했다고 한다. 法印은 승려로서 將倭가 된 자의 官等이다.

59 迎候(영후): 마중 나감. 出迎함.

60 畿甸(기전): 나라의 수도를 중심으로 그에 가까운 행정 구역을 포괄하는 지역.

是日, 晴。阻風仍留。牙兵[61]朴應亮, 賫狀啓去。

28일(계해)

이날은 맑았다.

아침에 배를 출발시켜 모두 먼저 갔으나 바람세가 순하지 못하여 정사(正使: 황신)가 탄 배는 선체가 커서 빨리 갈 수 없었다. 날이 저물어서야 반도(班島: 馬渡島)에 정박하였는데, 이 섬은 명호옥(名護屋: 나고야)과의 거리가 6~7리라 하였다.

마도도(馬渡島)·명호옥어항(名護屋漁港)·호자항(呼子港)

---

61 牙兵(아병): 지방의 감영·병영, 중앙의 軍門에 소속되어 각 기관의 대장을 수행하는 기간병

二十八日(癸亥)

是日, 晴。朝發舡, 皆先去, 而以風勢不順, 正使所乘舡體大, 不能快行。夕, 泊班島[62], 島距名護屋[63]六七里云。

29일(갑자)

이날은 맑았다.

날이 밝아올 무렵 배를 출발시켜 늦게서야 명호옥(名護屋: 왜인의 말로 浪耶 지방)에 이르렀다. 이곳에는 관백(關白)이 군사를 동원할 때 관소(館所)의 건물이 있었는데, 산을 따라 성을 쌓아서 매우 험준하고 견고하였으며, 그 성을 삥 둘러 구덩이를 파고서 바닷물을 끌어들여 채웠으며, 성안의 사방에 돌을 쌓아 돌계단을 만들어 그 위에 5층 누각을 만들었다. 이곳은 일기도(一岐島: 壹岐島)와의 거리가 130여 리로 비란도(飛蘭島: 平戶島)·오도(五島: 고토)와 서로 마주하였는데, 지역이 사방으로 자못 광활한데도 인가가 극히 빽빽하게 모여 있었고 가게와 점포들이 고기비늘처럼 이어져 마을을 이루었으니, 대마도(對馬島)나 일기도에 비할 바가 아니었다.

62　班島(반도): 馬渡島. 사가현(佐賀縣) 카라츠시(唐津市)의 지명.

63　名護屋(명호옥): 나고야. 浪古耶라 표기하기도 한다. 佐賀縣 북부 東松浦 반도 북단의 해안을 따라 발달한 고을. 중세에는 松浦党의 일족인 名護屋氏의 본거지이었다. 풍신수길이 조선 침략 때 이 지역에 本營을 두고 성을 축조하였다.

명호옥성(名護屋城)·호자(呼子)·당진항(唐津港)

○ 여기서부터 동쪽으로는 육지를 따라 배를 부릴 것이라서 다시는 대양(大洋)을 건너지 않는다고 하였다.

二十九日(甲子)

是日, 晴。平明發舡, 晩至名護屋【倭言浪耶地方】。是處有關白調兵時館宇, 因山爲城, 甚峻而固, 環其城鑿壕, 引水貯之, 城中四面, 累石爲階, 上爲五層樓。此距一歧一百三十餘里, 與飛蘭島·五島[64]相望, 地方頗廣闊, 人居極稠盛, 其市廛樓店, 鱗次成村。非對馬·一歧之比。○ 自此以東, 則緣陸行舡, 更不涉大洋云。

---

64 五島(오도): 고토. 나가사키시(長崎市)의 북서 해안에 있는 열도.

윤 8월

1일(을축)

이날은 흐렸다.

저녁에 배를 타고 5리 정도 이동하여 해안 점사(海岸店舍, 협주: 왜인의 말로 요후쿠[要後口: 呼子] 지방)에 정박하였다.

一日(乙丑)

是日, 陰。夕, 上舡移泊五里許海店【倭言要後口[1]地方】。

2일(병인)

이날은 맑았다.

아침에 배를 출발시키고 노를 저어 갔는데, 밤이 깊어서야 당포(唐浦, 협주: 왜인의 말로 加羅都麻婁. 唐泊)에 도착하여 묵었다.

二日(丙寅)

是日, 晴。朝發舡櫓行, 夜深到唐浦[2]【倭言加羅都麻婁也】, 留宿。

---

1 要後口(요후구): 요부코. 呼子. 일본 사가현(佐賀縣) 카라츠시(唐津市)에 있는 포구.

2 唐浦(당포): 카라도마리. 唐泊. 후쿠오카현(福岡縣) 이토시마 반도 끝에 위치한 포구.

남도(藍島) · 마도(馬島) · 소창항(小倉港)

3일(정묘)

이날은 맑았다.

아침에 배를 출발시켜 오후가 되어서야 남도(藍島: 아이노시마)에 도착해 정박하였다. 섬에는 관백(關白)의 관소(館所) 건물이 있었는데, 왜장 평위문(平衛門)이 머물며 지킨다고 하였다.

三日(丁卯)

是日, 晴。朝發舡, 午後到泊藍島[3]。島有關白館宇, 倭將平衛門留守云。

---

3 藍島(남도): 아이노시마. 후쿠오카 현(福岡縣) 北九州市 小倉北區에 속한 섬.

4일(기사)

이날은 비가 왔다.

바람세가 순하지 못하여 배를 출발시킬 수 없었다. 저녁이 되어
서야 마침내 말을 타고 각해산(覺海山)의 선수사(禪壽寺)로 이동하여
임시로 있었는데, 사찰 곁에는 민가(民家)가 극히 번성하였다.

四日(己巳)

是日, 雨。風勢不順, 不得發舡。夕, 遂乘馬, 移寓覺海山之禪
壽寺[4], 寺傍民居極盛。

【再造藩邦志】

사신 일행이 비로소 녹옥도(綠玉島)에 도착하여 선수사(善修寺: 禪
壽寺)에서 묵었다.

閏八月初四日。使臣一行, 始到綠玉島, 宿於善修寺。

6일(경오)

이날은 맑았다.

바람세가 순하지 못하여 그대로 머물렀다.

初六日(庚午)

是日, 晴。風勢不順, 仍留。

---

4 禪壽寺(선수사): 후쿠오카 현(福岡縣) 遠賀郡 芦屋町의 覺海山에 있는 사찰.

남도(藍島)·하관항(下關港)

7일(신미)

이날은 맑았다.

아침에 선수사(禪壽寺)에서 출발하여 말을 타고 선창에 이르러서 드디어 배를 타고 적간관(赤間關, 협주: 일명 下關)에 도착하였다. 이 적간관은 바닷길의 목구멍과 같은 곳에 있어서 각처에 왕래하는 배들이 반드시 모두 이곳을 거쳐 가야 했는데, 형세가 극히 험하고 좁았으며 거주민 또한 빽빽하게 모여 있었다.

바닷가에 두 산이 서로 마주하고 그 가운데는 넓은 들인데, 지난날 평수길(平秀吉: 풍신수길)이 명지(明智: 明智秀光, 아케치 미쓰히데)와 이곳에서 대적하여 대규모의 전쟁을 치르고서 이기고는 드디어 명지를 죽이고 스스로 관백(關白)이 되었다고 하였다.

初七日(辛未)

是日, 晴。朝自禪壽發, 乘馬到舡所, 遂乘舡到赤間關【一名下關[5]】。關在海路咽喉之地, 各處往來之舡, 必皆經由是處, 形勢極阻險, 民居亦稠盛。海畔兩山相對, 中爲廣野, 前日平秀吉[6]與明智[7]對陣於此, 大戰得勝, 遂殺明智, 自立爲關白云。

【再造藩邦志】

선수사(善修寺: 禪壽寺)에서 말을 타고 장차 선창으로 가려는데, 사찰 곁에는 인가가 매우 많았다. 우리나라에서 사로잡혀 온 사람이 거의 5천여 명에 이르렀는데 반수 이상이 경성(京城) 사람으로 사찰 문밖에 빙 둘러서서 사신이 문밖으로 나오기를 기다렸다가 만나 부르짖었으니, 큰 소리로 '비통하나이다. 상전(上典)님, 상전님!' 【상전은 우리나라의 방언에 그 주인을 부르던 칭호이다.】라고 외쳤다. 그 부르짖는 소리가 극히 애처롭고 슬퍼서 차마 들을 수가 없었는데, 간혹 흐느껴 우느라 말을 하지 못하는 이들은 모두 말을 붙들고 울었다. 갯가까지 뒤쫓아와서 일행이 배를 타고 떠나가는 것을 보았

---

5 下關(하관): 시모노세키. 일본 혼슈(本州) 야마구치현(山口縣)에 있는 도시. 서부 일본의 육해 교통의 십자로에 해당하는 위치에 있다.

6 平秀吉(평수길): 豊臣秀吉(도요토미 히데요시, 1536~1598). 일본 전국시대 최후의 최고 권력자. 밑바닥에서 시작해서 오다 노부나가에게 중용되어 그의 사후 전국시대의 일본을 통일시키고 關白과 天下人의 지위에 올랐다. 전국시대를 평정한 그는 조선을 침공해 임진왜란을 일으켰으나 실패하였다.

7 明智(명지): 明智秀光. 1582년 당시 최고 권력자이자 일본 통일을 앞두고 있던 오다 노부나가(織田信長)의 가신이었지만 반란을 일으키자, 풍신수길이 이를 진압하였다.

는데, 바지를 걷어 올리고 발을 적시며 얕은 물 속으로 들어오기에 이르러 무릎까지 빠지는데도 서서 멀리 바라보며 통곡하니, 일행의 상하가 비참해하지 않은 이가 없었다.

날이 저물어서야 적간관(赤間關: 下關, 시모노세키)에 정박하니, 이 곳은 바닷길의 도회(都會: 길목)로 일명 하관(下關)이라 하였다. 각처에 가는 배가 모두 이곳을 거쳐서 가야 했으며, 형세가 극히 험했고 인가가 빽빽하게 모여 있었다. 바닷가에 두 산봉우리가 문같이 서로 마주하고 그 가운데는 넓은 들이 있는데, 지난날 평수길(平秀吉: 풍신수길)이 명지(明智: 明智秀光, 아케치 미쓰히데)와 서로 전쟁을 치르고서 명지를 죽인 곳이었다.

서리(書吏)였던 오명수(吳命壽)란 자가 임진년(1592)에 포로로 잡혀 와 이곳에 있었는데, 사신 행차의 배가 닻을 내리고 머문다는 것을 듣고서 사신에게 나아가 만나 뵙고 고국 향한 마음과 고향 그리는 마음을 말할 적마다 눈물을 흘렸으니, 아무리 미천한 자일지라도 그 마음씨가 가상하였다. 오명수가 또 말했다.

"김 목사(金牧使)의 따님이 지금 우창(右倉: 牛倉)이란 곳에 있는데, 역시 고국을 그리워하며 조선 사람을 보고자 합니다."

사신이 곧바로 포수(砲手) 한감손(韓甘孫)을 보내어 그 여인이 있는 곳을 찾아보게 하니 그 여인이 과연 그곳에 있었으나, 풀어헤친 머리에 때가 덕지덕지 낀 얼굴인데다 낡은 옷에 이가 많았고 몰골이 초췌하여 차마 볼 수가 없었는데, 울면서 한감손에게 말했다.

"왜적에게 사로잡혀 온 이후로부터 빗질하고 낯 씻은 적이 없었나이다. 늘 빨리 죽기만 원하였으나 죽지 못하였으며, 차고 있는 칼을 뽑아서 목을 두 번 찔렀으나 또한 죽지 못했으며, 물에 빠지려 했으나 그 기회를 얻지 못했나이다. 일찍이 왜(倭)를 위하여 물을 길었으니 온갖 고초를 견디기가 어려웠나이다."

이어서 자신의 목을 찔렀던 곳을 보여주는데 과연 칼자국이 있었 다. 한감손이 돌아와서 그 실상을 말하니, 들은 사람은 모두 눈물을 흘렸다.

初七日。自善修寺, 騎馬將到舟次[8], 寺傍人家甚盛。我國被虜 人, 幾至五千餘名, 太半京城人, 環立寺門外, 俟使臣出門, 拜謁 號慟, 大聲呼曰: "痛矣。上典上典【我國方言呼其主之稱也】." 其 聲極哀楚不忍聞, 或有哽咽不成聲, 俱持馬足而哭。追至浦渚, 觀 其乘船發行, 褰裳濡足, 至入淺水, 沒膝而立, 望見慟哭, 一行上 下, 無不慘然。夕, 泊赤間關, 此關海路都會, 一名下關。各處行 船, 皆由此地經過, 形勢極險, 人家稠密。海邊兩峰, 相對如門, 其內有廣野, 秀吉曾與明智相戰, 殺明智之地也。書吏吳命壽者, 壬辰被虜, 來在此地, 聞使臣之行來泊, 進謁于使臣, 心向本國, 思念故鄉, 淚隨言零, 雖是下賤, 其情可嘉。命壽且言: "金牧使 之女, 方在右會[9]地, 亦思本國, 欲見朝鮮人矣." 使臣卽遣砲手韓 甘孫, 尋其所在, 則其女果在其處, 而蓬髮垢面, 敝衣多虱, 形容 憔悴不忍見, 哭謂甘孫曰: "自爲賊被虜以來, 未嘗梳洗。每願速 死而不得死, 拔佩刀, 再度刎頸, 而亦不死, 欲墮水而不得其便。

---

8 舟次(주차): 배가 머무르는 곳.
9 右會(우창): 牛倉. 일본 중남부의 愛知縣 新城市에 있는 지명.

嘗爲倭汲水, 艱楚難堪." 因示其自刭處, 果有刀痕矣。甘孫還,
言其狀, 聞者墮淚。

8일(임신)

이날은 맑았다.

늦게야 배를 출발시켜 밤새도록 150리를 갔다.

初八日(壬申)

是日, 晴。晚發舡, 達夜行一百五十里。

하관시(下關市, 시모노세키시)·상관정(上關町, 가모노세키정)

9일(계유)

이날은 맑았다.

새벽에 배를 출발시켜 날이 저물어서야 상관(上關: 가미노세키)에
도착하였다. 상관은 하관과 똑같이 번성하였으며, 관소(館所)의 건
물이 매우 널찍하였다. 수왜(守倭) 모리(毛利: 모리 데루모토)는 대장
(大將)으로서 지위가 높은 자로 마침 국도(國都: 교토)에 있었으니,
대수왜(代守倭)가 접대하면서 자못 마음을 다하여 술과 음식을 바쳐
매우 풍족한 것이 다른 곳보다 배나 되었는데, 바로 모리가 분부한
것이라 하였다.

初九日(癸酉)

是日, 晴。曉發舡, 夕到上關[10]。關與下關一㨾繁盛, 館舍甚宏
敞。守倭毛利[11], 是大將位高者, 方在國都, 代守倭接待, 頗盡心
呈酒饌, 甚豐厚倍於它處, 乃毛利所分付云。

---

10 上關(상관): 가미노세키. 山口縣 남동부에 있는 세토나이카이[瀨戶內海]의 서
    부에 위치한 지명.

11 毛利(모리): 毛利輝元. 모리 데루모토. 일본 센고쿠시대부터 에도시대 전기의
    다이묘. 세키가하라 전투에서는 서군 총대장으로 옹립되었다. 에도시대 조슈번
    초대 번주이기도 하다. 임진왜란 때에는 자신의 주력부대를 파견했다. 이런 공
    적으로 1597년 히데요시로부터 숙부 고바야카와 다카카게(小早川隆景)와 함께
    오대로에 임명되었다. 주로 후방 지역인 경상도에서 머물렀으며 요충지였던 성
    주목의 성주성을 점령하고 개령에 본진을 두어 성주성 전투에서 자신의 휘하
    장수인 가쓰라 모토쓰나를 지원하여 3차례의 조선군의 탈환 시도를 막아냈지만
    보급이 갈수록 줄어들면서 전세가 불리해져 성주성에서 철수하였다. 지금의 부
    산광역시 지역에 부산왜성, 자성대 등을 쌓았고 지금까지 남아 있다. 1598년
    음력 8월 풍신수길이 임종을 맞이할 즈음 그의 아들 도요토미 히데요리(豊臣秀
    賴)의 보좌를 부탁받았다.

10일(갑술)

이날은 맑았다.

아침에 평조신(平調信)은 통신사가 탄 배가 너무나 커서 빨리 가기에 어려워지자 마침내 작은 배로 바꾸어 타게 하였다. 오후에 배를 출발시켜 날이 저물어서야 왜인의 말로 감부로(甘夫老)라는 지방에 이르러 선상에서 잤다.

군관(軍官) 백운영(白雲英)이 장계(狀啓)를 가지고 갔다.

初十日(甲戌)

是日, 晴。朝調信以通信使所乘舡過大, 難於快行, 遂換乘小舡。午後發舡, 夕到倭所言甘夫老[12]地方, 宿舡上。軍官白雲英, 賫狀啓去。

11일(을해)

이날은 맑았다.

일찍 출발하였으나 어제 바꾸어 탄 배가 너무 좁고 작아 흔들리고 편하지 못하여 낮에 우리나라 배로 바꾸어 타고서 날이 저물어서야 왜인의 말로 가망가리(加亡加里: 鎌재)라는 지방에 이르렀는지라, 포구에 정박하고 선상에서 잤다.

이곳에는 관백(關白)의 다방(茶房)이 있는데, 극히 정결하다고 하였다. 수왜(守倭)가 술과 음식을 바쳤다.

---

12 甘夫老(감부로): 加無老인 듯. 賀室.

十一日(乙亥)

是日, 晴。早發, 昨所換舡, 太狹而小, 動搖不安, 午換乘我國
舡, 夕到倭所言加亡加里[13]地方, 留泊宿舡上。是處有關白茶房,
極精潔云。守倭呈酒饌。

12일(병자)

이날은 아침에 맑더니 낮에는 흐렸다.

일찍 배를 출발시켜 돛을 펴고 가는데, 고래 한 마리가 배 곁을
따라 질주하듯이 지나갔다. 고래와의 거리가 겨우 반장(半丈: 1.5m)
정도였는데, 그 길이는 배와 맞먹었고, 모양은 거북이와 같았으며,
등 위에는 서까래와 같이 굽은 것이 있었다. 뱃사람들이 손사래를
치며 소리 내지 못하도록 하고서 한참 지난 뒤에야 말했다.

"이는 고래 중에서도 작은 것이다."

날이 저물었는데 도모(都毛: 鞱浦, 도모노우라)에 도착하기까지 미
처 20리쯤 미치기도 전에 역풍(逆風: 맞바람)이 자못 거세어지고 소
나기가 섞여 내려서 어둠을 틈타 간신히 작은 섬에 정박하였으니,
지방포(址邦浦)라 불렀다.

十二日(丙子)

是日, 朝晴午陰。早發舡, 張帆而行, 有一鯨從舡傍, 奔突而

---

13 加亡加里(가망가리): 鎌刈. 蒲刈. 에도시대 아키국(安藝國)에 속하고, 현재의
히로시마현(廣島縣) 구레시(吳市) 시모가마가리초 시모지마(下蒲刈町 下島).

過。相去僅半丈許，其長竟舡，狀如龜，背之上有物如橡而曲。
舟人搖手，禁人聲，良久乃曰：“此，鯨之小者也.”夕，到都毛[14]，
未及二十里許，逆風頗緊，驟雨交作，乘昏艱泊小島，名址邦浦。

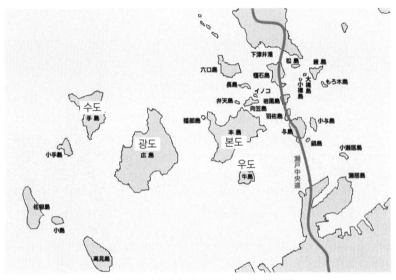

수도(手島)·광도(廣島)·본도(本島)·우도(牛島)

13일(정축)

이날은 맑았다.

새벽에야 비로소 도모(都毛: 鞱浦, 도모노우라) 지방에 이르러 배를

---

14 都毛(도모): 刀毛로도 표기됨. 鞱浦. 도모노우라. 일본 히로시마현 후쿠야마시
누마쿠마 반도 남단에 있는 항구와 그 주변 해역을 일컫는다.

정박시켰다. 아침에 배를 출발시켰으나 날이 저물자 바람이 순하지 못하여 작은 섬에 배를 대고서 묵었는데, 그 이름은 수도(水島: 手島, 테시마)라 하였다.

十三日(丁丑)

是日, 晴。曉始到都毛地方, 泊舡。朝發舡, 夕風不順, 泊宿小島, 其名水島[15]。

【再造藩邦志】

황신(黃愼) 등이 수도도(水途島: 手島)에서 배를 출발시켜 우창(右倉: 牛窓) 땅으로 향하였는데, 중국 사신은 왜의 국도(國都)에 먼저 가 있다가 차관(差官) 왕륜(王倫)을 보내어 중도에서 맞이하였다. 왜장 평행장(平行長)·정성(正成: 寺澤正成)·평의지(平義智)·아리마(阿里麻) 등이 각기 부장(副將)으로 하여금 사신 일행을 맞이하도록 보내왔는데, 배에서 내려 본련사(本連寺: 혼렌지)에 가 유숙하였다.

이곳에도 사로잡혀온 우리나라 여자가 있었으니, 왜인 아이를 시켜 편지를 보내왔는데, 그 편지는 이러하였다.

조선국 사신 일행께 공경히 올립니다. 저는 전 영천군수(前榮川郡守) 김 아무개의 딸인데, 변란 초기에 흉적의 손에 붙잡힌 몸이 되었으나 스스로 죽지 못하고 모진 목숨을 부지한 지 지금까지 이미

---

15 水島(수도): 手島. 테시마. 히로시마 섬(廣島)에서 내륙 쪽인 오카야마현(岡山縣) 남서부 아사쿠지시(淺口市) 방향에 있는 섬.

5년이 되었습니다. 지금까지 치욕을 참고 죽지 않은 뜻은 양친이 모두 살아 계시니 반드시 한번 서로 만나 슬프고 괴로운 소회를 죄다 털어놓은 뒤에라야 죽어도 여한이 없을 것이기 때문입니다. 매번 이러한 심정을 주인 왜(倭)에게 간곡히 빌었더니, 그렇게 하라고 또한 이미 허락하였습니다. 이번에 다행스럽게도 사신 행차가 마침 제때 이곳에 오셨으니, 이는 하늘이 돌아갈 길을 터주신 것으로서 제가 다시 살아서 돌아갈 기회입니다. 꼭 바라옵건대 여러분께서는 저의 애달픈 사정을 불쌍히 여기어 주시면 다행이겠습니다. 만약 데려가 주신다면 마땅히 사포(沙浦: 오사카인 듯, 五沙浦)에 나가서 기다리겠으며, 혹시 중도에 좇아가 따라갈 수도 있습니다.

그 왜인 아이가 이 편지를 올리고는 또 말했다.

"김씨(金氏)가 날마다 울면서 주인에게 본국에 돌아가 죽을 수 있도록 해달라고 청하였는데, 주인도 이를 애달파하고 저를 시켜 이 편지를 전하게 하였습니다. 만약 데려가신다면 주인 왜가 돌려보낼 것은 여심의 여지가 없습니다."

정사(正使: 황신)가 역관을 시켜 답장을 쓰도록 하면서 그 여자를 데려갈 뜻을 밝혔다.

十三日。黃愼等, 自水途島發船, 向右倉地, 天使先往倭國都, 遣差官王倫, 迎于中路。倭將平行長·正成·平義智·阿里麻[16]等,

---

16 阿里麻(아리마): 阿里馬로도 표기됨. 아리마 하루노부(有馬晴信)인 듯. 센고쿠 시대에서 에도시대 전기까지 활동한 다이묘이자 번주이다.

各遣副將來迎使臣一行, 而下舟, 往本連寺[17]止宿。此地有我國被擄女子, 遣一童倭以書來。其書曰:「敬上朝鮮國使臣一行。妾前榮川郡守金某之女, 變初爲毒手所得, 不能自死, 頑命已經五年于玆矣。至今, 忍辱不死之意, 蓋以兩親俱在, 必欲一番相見, 說盡哀苦之懷, 然後死亦無恨。每以此情, 懇乞主倭, 亦已許之。今幸使行, 適於此時, 臨此地, 此天開歸路, 而是妾再生之時。萬望諸位, 矜憐妾之哀情, 幸甚。若欲率去, 則當往俟于沙浦, 或於中路, 追及耳。」其童倭進此書, 且言:"金氏每日涕泣, 請于主倭, 歸死本國, 主倭亦哀之, 使俺傳此書。若欲率去, 則主倭送歸無疑矣。正使使譯官答書, 諭其率去之意。

14일(무인)

이날은 맑았다.

새벽에 배를 출발시켰는데, 명나라 사신 심유경(沈惟敬)의 차관(差官) 왕륜(王倫)과 왜장 행장(行長)·정성(正成: 寺澤正成)·의지(義智)·유마(有摩: 阿里麻, 有馬晴信)와 세 봉행(奉行) 등을 만났다. 차왜(差倭) 5명이 와서 접대하였다.

아침에 잠시 상로포(霜露浦: 下津井)에서 쉬었다가, 날이 저물어서야 우창포(牛窓浦)에 도착하여 선상에서 묵었다.

---

17 本連寺(본련사): 혼렌지. 나가사키의 우시마도(牛窓) 항에 있는 절. 조선통신사의 접대 장소로 사용되었던 절로 항구를 한눈에 조망할 수 있다. 또한 參勤交代大名의 숙소였다.

十四日(戊寅)

是日, 晴。曉發舡, 遇沈天使差官王倫及倭將行長·正成·義智·有摩·三奉行[18]等, 差倭五員來接。朝暫歇霜露浦[19], 夕到牛窓浦[20], 宿舡上。

15일(기묘)

이날은 바람에 막혀 그대로 머무르다가 뭍에 내려가 본련사(本蓮寺: 혼렌지)에서 잤는데, 밤에 지진이 발생하였다.

十五日(己卯)

是日, 阻風仍留, 下陸, 宿本蓮寺, 夜地震。

16일(경진)

이날은 맑았다.

이른 아침에 배를 출발시켰다. 멀리 바라보니 서남쪽 사이의 큰 바다 가운데에 고래 떼가 한꺼번에 수면 위로 뛰어올랐다가 이내

---

18 三奉行(삼봉행): 江戸幕府의 寺社奉行·勘定奉行·町奉行. 일본 關白의 보좌역으로 중요한 직책을 가진 직명이다. 곧, 增田長盛, 石田三成, 大谷吉을 가리킨다.

19 霜露浦(상로포): 下津井. 시모쓰이. 오카야마현 구라시키시에 있는 항구.

20 牛窓(우창): 오카야마현(岡山縣) 세토우치시(瀬戸内市) 우시마도초(牛窓町) 우시마도. 에도시대에는 備前國에 속하였고, 예로부터 사이고쿠(西國, 규슈지방 등) 항로의 항구로 번영하였다.

사라지곤 하면서 질주하며 장관을 펼치는데 몇천 마리나 되는지 알
수가 없었다. 오직 아침 햇살이 빛나고 아찔하게 펼쳐지는데 높이
가 10여 리나 되는 파도가 치솟으며 일으킨 흰 물거품이 하늘에 닿
아 요란스레 맞부딪쳐 튀는 듯한 것이 보였으니, 볼진대 정신이 황
홀하고 머리끝이 곤두섰으나 참으로 천하에 기이한 광경이었다. 날
이 저물어서야 왜인의 말로 무로포(無老浦: 무로쓰, 室津)라는 곳에
도착했는데, 밤에 지진이 발생하였다.

○ 여기서부터 사개(沙蓋: 오사카)까지는 전혀 배를 댈 곳이 없어
조금이라도 모진 바람을 만나면, 배가 뒤집혀 가라앉을까 두렵다고
하였다.

十六日(庚辰)

是日, 晴。早朝, 發舡。望見西南間大海中, 羣鯨一時出沒, 奔
突作戲, 不知其幾千。唯見朝日照耀, 霏屑眩旋, 上下十餘里, 波
濤起立, 白沫接天, 碻豗澎湃, 見之精神怳惚, 毛髮竦然, 眞天下
奇觀也。夕, 到倭所言無老浦[21], 夜地震。○ 自此至沙蓋[22], 并無
泊舡之所, 稍遇惡風, 覆沒可畏云。

---

21 無老浦(무로포): 無老注인 듯. 무로쓰. 室津. 효고현(兵庫縣) 다쓰노시(たつの
市) 미쓰초무로쓰(御津町室津). 에도시대에는 하리마국(播磨國)에 속하였고,
하리마나다(播磨灘)에 면해있는 항구도시로 고대부터 알려진 세토나이카이(瀨
戶內海)의 중요한 항구이며, 특히 사이고쿠다이묘(西國大名)의 참근교대(參勤
交代)의 상륙지가 되어 번영하였다.

22 沙蓋(사개): 오사카. 大阪. 일본 혼슈 오사카만에 면한 제2의 도시. 1496년 이
곳에 오사카 고보유(大阪御坊)가 세워진 데서 유래된다. 고보유는 절(寺)이나
승려를 높여서 부르는 말이다.

17일(신사)

이날은 맑았다.

밝을 무렵에 배를 출발시켜 어두워져서야 병고관(兵庫關)에 도착
하였다.

十七日(辛巳)

是日, 晴。向曉, 發舡, 昏到兵庫關[23]。

18일(임오)

이날은 맑았다.

일찍 떠나 오후가 되어서야 계빈(界濱: 사카이시 일대)에 도착하니,
행장(行長: 소서행장)·의지(義智: 平義智) 등이 각기 소장(小將)을 파
견하여 영접하였고, 행장의 동생 또한 와서 마중하였으며, 경직(景
直: 平景直)은 술과 과일을 보내왔다. 명나라 두 사신(使臣: 양방형과
심유경)이 나룻가에 나와서 고명(誥命)과 칙서(勅書)를 맞이하였는
데, 명나라 사신 심유경이 보낸 사인(舍人: 측근자)이 왜인과 같이
와서 말하기를, "북을 치고 피리를 부는 것을 멈추지 말라."라고 하
였다. 마침내 뭍에 내리니, 평조신(平調信)이 먼저 와 있다가 뱃머리
에서 영접하였다.

통신사가 드디어 고명(誥命)과 칙서(勅書)를 모시고 명나라 사신

---

23 兵庫關(병고관): 兵庫津으로도 표기됨. 일본 神戶항의 전신으로 大阪灣 북서
부, 和田곶 동쪽에 있는 만의 활처럼 구부러진 부분에 있는 항구.

양방형(楊方亨)의 아문(衙門)에 도착하고서 이어 명나라의 두 사신에게 절하니, 천사(天使: 명나라 사신)들은 대청 위에서 예를 행하도록 하고는 양 천사(楊天使: 양방형)가 말하기를, "오늘은 우선 관사(館舍)에서 쉬고, 한가한 때를 살펴 다시 만나 이야기합시다."라고 하였다. 마침내 사례하고 물러 나와 그대로 부사(副使: 박홍장)와 함께 심 천사(沈天使: 심유경)의 아문으로 갔는데, 심 천사가 양 천사의 아문에서 되돌아와 있었는지라 마침내 예를 행할 수 있게 해달라고 청하자, 심 천사가 말하기를, "양 노야(楊老爺: 양방형)의 아문에서 방금 서로 보았으니, 지금은 우선 인사치레는 그만둡시다."라고 하였으나, 답하기를, "양 노야의 아문에서 양 노야에게 예를 행했으니, 지금 노야의 아문에 와서도 다시 인사드리는 예를 행하지 않을 수 없습니다."라고 하였고, 심 천사가 인사를 받고 읍(揖)하였다. 내당(內堂)으로 맞아들어가서 차 마시기를 마치자, 심 천사는 오는 길에 접대받은 일들을 두루 물었고, 정사(正使: 황신)는 심 천사에게 묻기를, "이곳의 사정은 지금 어떠합니까?"라고 하니, 심 천사가, "다시금 별다른 일이 있지 않소이다."라고 운운하였다.

드디어 사례하고 나와서 상락사(常樂寺: 長樂寺)의 중방(中坊)에 머물렀다. 사찰은 저자의 복판에 있는데, 한 마을을 꽉 차지하여 방들이 매우 많았으나 단청(丹靑)을 하지 않았다. 중방은 사찰의 서편에 있는데, 처마와 기둥은 모두 무늬 있는 괴목(槐木)으로 만들어진데다 구리와 주석으로 꾸몄으며, 방사(房舍: 수행승의 방)가 정결하였다. 다만 일본은 온돌방을 들이지 않기 때문에 대마도에서부터 일행들이 늘 마루방에 쉬고 묵었는데, 처음에는 편안하지 않았으나 한참 지나면서 자연스레 익숙해졌다.

이날 저녁에 평의지(平義智)가 은화(銀花: 약재 인동덩굴꽃) 및 술 10통을 보내왔다.

十八日(壬午)

是日, 晴。早發, 午後到界濱[24], 行長·義智等, 各差小將迎接, 行長弟亦來迓, 景直[25]送酒果。兩天使出迎誥勅於津頭, 沈天使差舍人, 同倭子[26]來言: "勿停鼓吹." 遂下陸, 平調信先到迎接於舡頭。通信使遂陪誥勅, 到楊天使[27]衙門, 仍拜兩天使, 使令行禮於廳上, 楊天使曰: "今日姑歇館舍[28], 候閑再來說話." 遂辭退, 仍與副使, 往沈天使衙門, 則沈天使, 自楊天使衙門追回, 遂請行禮, 沈天使曰: "纔相見於楊老爺衙門, 今姑免拜也." 答以楊老爺

---

24 界濱(계빈): 현재 일본 大阪府 堺市(사카이시) 일대를 가리키는 말. 16세기 이래 발달한 상업도시이며, 通信使의 使行路 상에 위치한 곳이었다.

25 景直(경직): 平景直. 일본 江戶시대 對馬島 島主의 家臣. 임진왜란 후 조선과 일본의 관계 개선에 큰 역할을 한 인물로, 조선과 일본이 국교를 재개한 1609년 己酉約條 체결에 지대한 공을 세운 인물이다.

26 倭子(왜자): 중국의 고대에서 일본인을 칭했던 말.

27 楊天使(양천사): 명나라 사신 楊方亨을 가리킴. 1595년 임진왜란 당시 명나라가 일본과 강화를 위해 파견한 사신 가운데 한 명이다. 강화를 통해 일본과의 전쟁을 끝내기로 결정한 명나라는 豊臣秀吉을 일본 국왕으로 책봉하는 사신 파견을 결정하였다. 이때 일본으로 향하는 사신의 부사로 차출된 인물이 양방형이다. 1596년 4월 4일 정사 李宗城이 부산에 있던 일본군 진영을 탈출하는 사건이 발생하자 명나라 조정은 양방형을 정사에 임명하였다. 양방형은 일본으로 건너가 풍신수길과 강화를 위한 회담을 가졌지만, 명나라와 일본이 원하는 것에 차이가 있어 강화는 이루어지지 않았다. 이 일로 결국 그는 탄핵을 당하였다.

28 館舍(관사): 외국 사신을 머물러 묵게 하는 집.

衙門, 則爲楊老爺行禮, 今到老爺衙門, 不可不再行拜禮。沈天
使受之仍揖。入內堂, 喫茶訖, 沈天使具問一路接待諸事, 正使
問於沈天使, 曰: "此間事體, 今如何耶?" 天使曰: "再沒有別樣
事。"云云。遂辭出, 寓常樂寺[29]之中坊。在市廛中央, 彌滿一里,
房室甚夥, 而不施丹艧[30]。中坊則在寺之西偏, 軒楹皆以文槐爲
之, 飾以銅錫, 房舍潔淨。但日本之不設突房, 故自對馬以後, 一
行長在板房歇宿, 初不安穩, 久乃自然慣習矣。是夕, 義智送銀
花[31]及酒十桶。

【再造藩邦志】

계빈(界濱: 사카이시 일대)에 도착하니, 평행장(平行長: 소서행장)·
평의지(平義智) 등이 각기 소장(小將)을 파견하여 영접하였고, 명나
라의 두 사신도 와서 황제의 칙서를 바닷가에서 맞이하였다. 명나
라 사신 심유경(沈惟敬)은 미리 가정(家丁) 1명을 보내와 말하기를,
"뭍으로 내릴 때 가각(笳角: 갈대로 만든 피리)을 불며 선도하면서 그
치지 않음은 체면이 없는 일이다."라고 하였다.

사신이 이미 뭍에 내려서 황제의 칙서를 모시고 명나라 사신 양
방형(楊方亨)의 아문(衙門)에 도착하고서 이어 양 천사(楊天使)를 뵈

---

29 常樂寺(상락사): 長樂寺(초라쿠지). 오사카부(大阪府) 사카이(堺市) 쿠마노초
(熊野町) 동쪽에 있는 절.

30 丹艧(단화): 고운 빛깔의 빨간 흙.

31 銀花(은화): 金銀花. 인동덩굴꽃을 약재로 가리키는 말. 열을 내리고 해독제로
쓰며 악성 종기·옴·이질·대장염·인두염·결막염 등에 내복약으로 쓰인다.

었다. 천사들이 읍(揖)하고는 대청에 올라가 서로 인사하는 예식을 마치자 웃으며 황신(黃愼)에게 말하기를, "끝내 이번 사행을 면하지 못할 것이었다면, 어찌 우리 일행과 함께 오지 않았소."라고 하자, 황신이 대답하기를, "그때는 미처 국왕의 명령을 받기 전이었는지라, 지금에서야 쫓아왔소이다."라고 하니, 양 천사가 말하기를, "우선 관소(館所)로 돌아갔다가 틈이 있는 날에 다시 만나 이야기합시다."라고 하였다.

황신이 바로 사례하고 물러 나와서 부사(副使) 박홍장(朴弘長)과 함께 명나라 사신 심유경의 아문에 가니, 심 천사가 양 천사의 아문에서 방금 돌아와 있었다. 두 사신이 예를 받아달라고 청하자, 심천사가 말하기를, "이미 양 천사의 아문에서 보았으니, 예는 그만두는 것이 좋겠소."라고 하였으나, 황신이 대답하기를, "양 노야(楊老爺: 양방형)의 아문에 나아가서는 양 노야에게 예를 행했으니 노야의 아문에 와서도 노야에게 예를 행해야 할 것인데, 지금 예를 행하지 않는다면 매우 옳지 아니합니다."라고 하였고, 심 천사가 이에 예를 받고 돌아보며 읍(揖)을 하였다. 내청(內廳)으로 맞아들여 차를 함께 마시고는, 이윽고 오는 길에 접대받은 예들을 물었다. 황신이 자세히 대답하고는 이윽고 심 천사에게 묻기를, "근래의 사정이 어떠합니까? 감히 묻나이다."라고 하니, 심유경이 대답하기를, "별다른 일은 없소이다. 다만 황제의 칙서와 조선 사신들을 기다렸는데, 지금 모두 도착하였으니 일이 반드시 매듭지을 수 있을 것이오."라고 하였다.

황신 등이 이에 사례하고 물러 나와서 상락사(常樂寺: 長樂寺)의 중방(中坊)에 머물렀다. 그 사찰은 큰 저자 가운데에 있으면서 한 마을로 잇닿아 있었다. 소위 중방이라고 하는 것은 사찰의 서쪽에 있는데, 기둥과 들보가 모두 회목(檜木)으로 만들어진데다 구리와 주석으로 꾸몄다. 청사(廳舍)는 지극히 정결하였으나 다만 온돌방이 없고 마루방뿐이었는데, 마루방 안에 거처하자니 처음에는 극히 편하지 않았으나 한참 지나면서 습관이었던 것처럼 익숙해졌다.

제왜(諸倭: 명나라 거주 왜인)가 모두 말하기를, "지난달 8일 일본 국도(國都: 교토) 근처의 여러 고을에 지진이 일어나지 않는 날이 없었는데, 관백(關白)이 거처하는 집 또한 다 무너졌다. 관백이 마침 5층의 누대에 있었는데, 생각지도 않은 지진이 일어나 누대가 기울어지며 허물어져 그 안에 있던 궁녀 4백여 명은 죄다 깔려 죽었고 관백은 겨우 몸만 빠져나왔다. 명나라의 두 사신이 묵었던 객관 또한 무너졌는데, 명나라 사신들은 부축하고 나와 간신히 죽음을 면하였으나 양 천사 휘하의 천총(千摠) 김가유(金嘉猷)와 심 천사 휘하의 주벽(朱璧) 및 가정(家丁) 4명이 모두 죽었다. 또 풍외주(豐外州: 豊後, 현재 오이타현)의 지진이 더욱 심하였는데, 어느 큰 마을 하나가 있었으니 인가가 거의 3, 4천 호쯤 되었다. 그곳의 땅이 갑자기 함몰하여 큰 호수가 되었고, 산 위에 있던 큰 소나무가 겨우 그 나뭇가지 끝만 드러냈다. 그 마을에 살던 자는 남녀노소를 막론하고 빠져서 죽은 자가 몇천 명이었으며, 살아남은 자라야 겨우 5, 6백 명이었는데 막 물속으로 빠져들어 갈 적에 마치 무엇이 집어던지는 듯하더니 자기도 모르게 느닷없이 이미 산봉우리 위에 있게 되어 살아날 수 있었다."라고 하였다.

사신들이 지나다니던 지역 또한 지진이 일어난 곳이 있었는데, 산마루가 모두 갈라지고 곳곳에 땅이 꺼져서 웅덩이나 호수가 되어 있었다. 제왜(諸倭: 명나라 거주 왜인)가 또 말하기를, "땅이 터지고 갈라진 곳에는 모두 흐린 물이 팥죽처럼 흘러나왔는데, 그 냄새가 아주 고약해서 사람이 가까이 갈 수 없었다. 또 깃털이 하늘에서 비 오듯 내리는 변이 있었는데, 그 깃털은 5가지 빛깔로 인가에 간혹 그것을 보관해둔 자도 있다."라고 하였다.

왜인들 대부분 말하기를, "이 모두는 근래에 없던 변고로 일본이 장차 무슨 재변(災變)이 생기려고 이러는지 모르겠다."라고 하였으나, 유독 포로로 잡혀 온 우리나라 사람 염사근(廉思謹: 廉士謹)이란 자만 극언하기를, "일본이 큰 바다 가운데에 있어 지진이 일어나는 재변은 옛날부터 있었던 것이니 우려할 것이 못 된다."라고 하였다. 염사근은 곧 왜학 생도(倭學生徒)로서 복건 순무어사(福建巡撫御史) 유방예(劉芳譽)가 일컬은 수재(秀才) 염사근이란 자이다.

그의 아비 염해일(廉海逸)이란 자는 젊었을 때 한 친구와 서로 형제처럼 친했다. 그 친구가 죽었으나 자식이 없었고 그의 아내는 아름다운데다 젊었으며, 친척이 별로 없었고 사방의 이웃들도 돌봐주는 자가 없었는지라, 염해일이 힘써 친구의 초상을 치렀다. 친구의 아내가 그 은혜에 감격하여 친척과 다름없이 대하였으나, 염해일이 그로 인하여 서로 몰래 사통하고 그 집에 출입할 때마다 그 남편의 신위(神位)가 있는 방안의 병풍 뒤에 숨어 있었다. 친구의 아내는 아침저녁으로 친히 제수(祭需)를 차려 죽은 남편에게 제를 지내며 극진히 애통해하였다. 제를 다 지낸 뒤에는 곧바로 그 제사상 앞에서 음식을 먹으며 차마 죽은 남편의 곁을 떠날 수 없다고 스스로 말하면서도 그만 밥과 국을 가만히 병풍 너머로 염해일에게 주었다. 어떤 때에는 사람이 없는 틈을 타서 대낮에도 교합(交合)하고 어떤 때에는 밤새도록 나오지도 않았는데, 자기 말로 살아 있을 때처럼 죽은 남편 곁에서 잔다고 하였다. 그러나 그럭저럭 세월이 흘러 애정이 더욱 깊어진 뒤에는 방종한 짓을 자행하고도 거리낌이 없다가 계집종들에게 발각되어 법사(法司)에 고발하였다. 법사에서 그 죄를 나란히 다스리고서 놓아주었는데, 그로 인하여 부부가 되어 염사근과 딸 하나를 낳았다.

임진왜란 초기에 이르러 왜적이 경성(京城)에 쳐들어오자, 사근은 곧 그의 누이동생을 왜장 장성(長成)에게 바쳤다. 장성은 곧 관백(關白)으로부터 친히 신임을 받아 실권을 쥐고 창동(倉洞)에 와서 있던 자이다. 염사근이 그 어미와 누이동생을 데리고 왜장 장성을 따라 바다를 건너 일본에 와서 바야흐로 병고관(幷古關: 兵庫關)에 살고 있었는데, 우리나라 사신이 왔다는 소식을 듣고 곧 사신을 뵈러 왔다. 그러나 그가 말하는 것이 장황하고 허풍스러웠는데, 겉으로는 비록 고국을 생각하는 체하나 속으로는 실로 일본을 위하는 것이었으니, 그 정상이 지극히 통한스러웠다.

어느 날 밤, 황신(黃愼)이 집에 돌아갈 징조인 꿈을 꾸고서 아침에 일어나 시 1구를 종이에 써서 책상 위에 두었다. 그 시는 이러하였다.

이미 몸을 나라에 허락했건마는 　　　　　　　　　已將身許國
되레 꿈에선 집으로 돌아가누나. 　　　　　　　　　猶有夢還家

이날 천총(千摠) 왕륜(王倫)이 와서 만나보고 한숨지으며 탄식하여 말하기를, "우리 집은 더욱 멀어서, 꿈에도 못 가는구나!"라고 하였다.

十八日。到界濱, 平行長·平義智, 各遣小將來迎, 兩天使亦來迎皇勑于海濱。沈天使惟敬, 先使家丁一人來言:"下陸時, 以筳角前導不止, 無軆面也。"使臣旣下陸, 陪皇勑, 進至楊天使邦亨[32]衙門, 因謁楊天使。天使揖而上堂, 行禮畢, 笑謂黃愼, 曰:"若不能終始免此行, 盍亦同吾輩行乎?"愼答曰:"其時未及受國王之命, 今始追來耳。"楊天使曰:"姑歸館所, 暇日更來打話也。"愼乃辭去, 與副使朴弘長, 同詣沈天使惟敬衙門, 沈天使纔從楊天使衙門歸。兩使請禮, 沈天使曰:"旣見於楊衙門, 免禮可也。"愼答曰:"進楊老爺衙門, 則爲楊老爺行禮, 進老爺衙門, 則爲老爺行禮, 今不爲之禮, 則甚不可也。"沈乃受禮, 顧而行揖。迎入內廳啜茶, 因問一路接待之禮。愼詳答之, 因問沈天使:"近來事情, 何如? 敢問之。"惟敬曰:"別無他事。只等待皇勑及朝鮮使臣, 今皆來到, 事必有結矣。"愼等因辭退, 寓于上樂寺中房。其寺在大市中, 連亘一洞中。所謂中房者, 在寺之西, 棟樑皆以檜木爲之, 以銅錫飾之, 廳舍極精潔, 而但無溫堗, 只有板房, 寢處其中, 初極不平, 久後成熟如慣習矣。諸倭[33]皆言:"去月初八日, 日本國

---

32 楊天使邦亨(양천사방형): 天使 楊邦亨. 또한 楊方亨으로도 혼재되어 표기되는
    데, 이 한자표기가 맞다.

33 諸倭(제왜): 중국의 〈明史〉에서 倭浙江, 倭福建, 倭廣東 등의 倭가 등장하는
    데, 이들을 '諸倭'라 표기함. '諸倭'와 '倭'가 구분되어 사용하고 있어서 유의할

都近處諸郡, 地震無日無之, 關白所處之家, 亦皆壞塌。關白方
在五層樓上, 不意地震, 傾倒壞毀, 其中宮女四百餘人盡壓死, 關
白僅以身免。兩天使所館亦壞, 天使扶出僅免, 楊天使千摠金嘉
猷, 沈天使票下朱璧及家丁四名, 皆死。又豐外州[34], 地震尤甚,
有一大村, 人居幾三四千戶。其地忽陷爲大澤, 山上長松, 僅露
其梢。村居者, 無論老幼男兒, 陷死者幾千數, 所餘纔五六百名,
方其陷溺之時, 如有物擧而擲之, 不知不覺之中, 已在峯上, 故得
生。"使臣經過之地, 亦有地震處, 山脊皆裂, 處處陷爲坎澤。諸
倭亦言:"地之坼裂處, 皆出濁水如豆粥, 其臭極惡, 人不能近。
又有雨毛之變, 其毛五色, 人家或有藏之者。"倭多言:"此皆近古
所無之變, 未知日本將有何變而如此?"而獨有我國被虜人廉思
謹[35]者, 極言:"日本在大海之中, 地震之變, 自古有之, 不足爲

필요가 있다.

34 豐外州(풍외주): 豊後. 분고우. 지금의 大分縣(오이타현)의 대부분을 차지하는
    지역. 일본 규슈지방의 북동부에 위치하는 현이다. 본문의 내용은 이른바 '慶長
    豊後(게치쵸분고우) 지진'을 일컫는다. 黃愼은 선조에게 "兵庫 지역은 산이 주
    저앉아 호수가 되었고, 豊後 지역은 집 4~5천호가 모두 땅에 묻혔고 높은 언덕
    만 남았습니다. 그 지역은 모두 큰 바다로 변했습니다. 8월부터 9월까지 20여일
    동안 연일 지진이 일어났습니다. 근처 집의 벽은 완전한 곳이 하나도 없었습니
    다."(《선조실록》 1596년 12월 21일)라고 보고하였다. 이 지진은 1596년 8월 8일
    교토(京都) 지역에서 발생해 10월 중순까지 계속되었다. 당시 전체적으로 수만
    명이 죽었고, 풍신수길이 머물던 후시미성(伏見城)도 무너져 성안에 있던 700
    여 명이 죽었고, 풍신수길은 간신히 살아남았다. 이로 말미암아 정유재란을 일
    으켰다고 보는 견해도 있다.

35 廉思謹(염사근):《선조실록》1596년 11월 10일 2번째 기사에 의하면 '廉士謹'으
    로도 표기됨. 이때 명나라 심유경과 일본 고니시 유키나가(소서행장)가 맺은 강
    화안 항목에 '명나라 황녀를 일본의 後妃로 삼을 것, 勘合印을 복구할 것, 조선

憂."思謹卽倭學生徒也, 福建巡撫御史劉芳譽[36], 所謂秀才廉思
謹者也。是其父廉海逸者, 少時與一友人, 相切如兄弟。其人死
而無子, 其妻美而且少, 親戚單弱, 四隣無顧見者, 海逸力辦其
喪。其妻感其恩, 待之無異親戚, 而海逸因與潛通, 出入其家, 每
伏於其夫几筵所在房中屛風後。其妻朝夕, 親自治其祭具, 祭於
亡夫, 極致其哀。祭後因在其前食飮, 自謂不忍離亡夫左右, 乃
以飯羹, 潛越屛風, 以給海逸。或乘其無人之際, 白晝交合, 或達
夜不出, 自言如生時在亡夫側止宿云。而荏苒[37]歲月, 情意益密,
後乃放縱無忌憚, 爲婢輩所覺, 呈于法司[38]。法司幷治其罪而放
之, 因爲夫婦, 生思謹及一女。至壬辰變初, 賊入京城, 思謹卽以其
妹納于倭將長成。長成卽關白親信用事[39], 而來止倉洞[40]者也。思
謹率其母妹, 隨長成渡海入日本, 方在幷古關[41], 聞我國使臣之

8도 중 4도를 할양할 것, 조선 왕자 및 대신 12명을 인질로 삼을 것' 등이 있었으
면서도, '명나라는 일본의 조공과 상호무역을 받아들이고, 풍신수길은 왕으로
책봉되기를 원하는 것'으로 양국에 보고하였다. 이러한 사실을 알게 된 염사근이
중국 상인 黃加 일행을 통해 史世用에게 전달하려 했으나 전달하지 못했는데,
황가가 중국 복건성으로 건너가 泉州府에 전달했다. 곧 巡按 劉芳譽에게 전달
되어 명나라 조정에 보고되었다. 그리하여 유방예는 염사근을 秀才라 불렀다고
한다.

36 劉芳譽(유방예, 생몰년 미상): 명나라 관료. 河南 開封府 陳留縣 출신이다.
1583년 과거에 급제하여 진사가 되었다.

37 荏苒(임염): 차츰차츰 세월이 지나감.

38 法司(법사): 조선시대 사법 업무를 담당하던 관서. 형조·사헌부·한성부·의금
부·장례원 등을 가리킨다.

39 用事(용사): 用事者. 권력을 장악한 자.

40 倉洞(창동): 서울특별시 도봉구에 있는 동네 이름.

來, 卽來謁使臣。而其言張皇侈大, 外雖爲向慕本國, 而內實爲
日本地, 其情狀極可痛也。一日夜黃愼, 夢得歸家之兆, 朝起書
一句于紙, 置之牀上。其詩曰:"已將身許國, 猶有夢還家."是日,
王千摠倫來見, 喟然太息曰:"吾家益遠, 夢亦不到矣."

19일(계미)

이날은 아침에 맑았다가 오후 늦게야 잠깐 비가 내렸다.

아침에는 평의지(平義智)와 현소(玄蘇)가 만나보러 왔고, 낮에는
행장(行長: 소서행장)과 평조신(平調信)이 관백(關白)의 처소로 갔으
며, 저녁에는 경직(景直: 平景直)이 감·석류·배 등 과일을 보내왔다.

지진이 일어났다.

十九日(癸未)

是日, 朝晴晚午雨。朝義智·玄蘇來見, 午行長·調信往關白所,
夕景直送杮榴梨等果。地震。

20일(갑신)

이날은 맑았다.

아침에는 경직(景直: 平景直)이 만나보러 왔다. 밤에는 지진이 일
어났다.

---

41 幷古關(병고관): 兵庫關.

二十日(甲申)

是日, 晴。朝景直來見。夜地震。

21일(을유)

이날은 맑았다.

아침에는 명나라 사신의 휘하 각 관원을 가서 만나보고 이어 심천사(沈天使: 심유경)를 뵈니, 내당(內堂)으로 맞이해 앉게 하여서 조용히 이야기를 나누었다. 저녁에는 평의지(平義智)가 만나보러 왔다.

二十一日(乙酉)

是日, 晴。朝往見天使標下各官, 仍拜沈天使, 使迎坐內堂, 談話從容。夕, 義智來見。

【再造藩邦志】

명나라 사신 심유경(沈惟敬)을 만나보러 가니, 심유경이 맞아들이고 앉은 다음에 조용히 이야기를 나누다가 이내 자기에게 그간 일어났던 일과 우리나라에서 박대했던 일을 말하는데 자못 원망하는 뜻이 있었다. 황신(黃愼)이 두세 번 거듭 물러가겠다고 청하였으나, 심유경은 번번이 만류하며 황신에게 말했다.

"이곳에는 근래에 지진이 일어나는 재변(災變)이 일어나지 않는 날이 없으니, 빨리 나가 피하지 않으면 깔려 죽는 것을 면할 수 없소."

황신이 웃으면서 대답했다.

"이는 하늘이 일본(日本)을 혐오하여 이와 같은 재변으로써 보여주는 것이니, 조선(朝鮮)과는 본래 아무런 연관이 없어서 배신(陪臣)

이 두려워할 것이 없소이다."

심 천사(沈天使: 심유경)가 크게 웃으며 말했다.

"참으로 이는 하늘이 행하는 일이나, 나의 입장에서 말하자면 길한 것을 찾아 따르고 흉한 것을 피하지 않을 수가 없소. 명나라 사람 또한 죽은 자가 많이 있으니 경계하고 조심해야 하오."

이어서 또 말했다.

"배신(陪臣: 황신)은 이곳에 있으면서 별다른 일이 없을 터이니, 틈이 있는 날이면 자주 와서 이야기합시다."

황신이 작별하고 객관(客館)의 처소로 돌아왔다. 이를 증명하는 시가 있다.【협주: 시는 전해지지 않는다.】

이날 천총(千摠) 왕륜(王倫)이 황신을 만나보러 와서 말했다.

"조선(朝鮮)이 비록 대패했다고는 하나 오히려 부유하다 할 만하고, 왜국(倭國)이 겉으로는 부유한 것 같지만 속으로는 실상 빈곤하니, 근래 군량을 공급하는 일에 지쳐서 장차 지탱하지 못할 상태인 것 같소이다."

그때 또 포로로 붙잡혀 온 우리나라 부녀자 17명이 오사포(五沙浦: 大阪) 왜장(倭將) 중세(重世)의 집에 있으면서 각기 저마다 편지를 보내왔다. 그 중의 편지 하나는 곧 경성(京城)에 살았던 사대부 집안의 딸의 것으로 내용이 처참하며 마음에 맺힌 것이 있었는데, 사리에 통달하였지만 한 번 죽지 못했을 뿐만 아니라 그 몸을 욕되게 하였으니 애석한 일이었다. 그 편지는 이러하였다.

저는 아무 고을의 아무 마을에 사는 아무개의 딸입니다. 임진년 (1592) 변란 초기에 부모를 따라 피란하였는데, 부모는 저의 손을 잡을 때마다 울면서 말하기를, "내가 죽는 것은 애석하지 않으나 우리 딸을 어떻게 하겠는가?"라고 하고는 이어서 마주 앉아 통곡하였습니다. 그때 저는 비록 입으로야 말하지 못했으나 심장이 찢어지는 것만 같아서 마음속으로 생각하기를, '살아서 부모에게 효도하지 못할 것이라면, 어찌 빨리 죽지 않아서 마침내 부모에게 근심을 끼치랴?' 하였습니다. 뜻밖에도 적병이 산골짜기를 수색하는 것이 더욱 다급하였는지라, 저와 부모는 각기 저마다 달아나 숨었습니다. 어느 날 아침에 흉적의 붙잡힌 몸이 되었으나 스스로 죽지 못하였고, 그만 서로 헤어진 뒤로는 영영 하늘로부터 버림을 받았으니 소식인들 어찌 통할 수 있었겠습니까? 하늘이여! 하늘이여! 저에게 무슨 죄가 있어서 저를 이처럼 애통하고 참혹하게 합니까? 부모가 이미 돌아가셨으면 그만이나 혹시라도 지금까지 살아 계신다면, 부모를 연모하고 자식을 슬피 생각하는 마음이 어느 때인들 그칠 수가 있겠습니까? 천지간에 어찌 이처럼 애통하고 가련한 일이 있겠습니까? 남의 나라에 구금되어 있은 지 이제 5년이 되어가는데도 구차하게 목숨을 부지하고 스스로 죽지 않은 것은 다만 살아서 고국으로 돌아가 우리 부모를 다시 보려는 것이니, 오직 이것만 바랄 뿐입니다. 부모가 만약 이미 돌아가셨다면, 비록 부모가 사셨던 집이라도 한번 보고 죽은들 무슨 여한이 있겠습니까? 그러므로 날마다 아침 해가 솟아오를 때나 밤마다 달이 밝을 때는 하늘을 향해 축원하고 해와 달을 향해 기도하며 생각하기를, '지금의 세상에서 우리 부모를 뵐 수나 있을까? 부모는 지금 어느 곳에 계실까? 이때 부모께서 나를 생각하는 정은 반드시 내가 부모를 사모하는 정과 같을 것이다. 하늘이 반드시 나의 이 뜻을 살펴주신다면, 어찌 살아서 돌아가 서로 만날 때가 없겠는가?'라고 하였습니다. 지금 삼가 듣건대 두 나라 사이의 강화를 위하여 통신사(通信使)가 명나라 사신을 따라서 이곳에 오셨다고 하니, 이는 제가 다시 살아서 돌아갈 기회로 하늘이 과연 사람의 정을 이루도록 뜻하신 것입니다. 참으로 곤경에서 건져내어 구출해주시는 은덕을 입어 고향 땅에 돌아가서 부모와 만나볼 수 있게 된다면, 이는 참으로 나를 낳아준 은혜와 다름이 없습니다. 제가 비록 부모를 섬기는 예로 할지라도 그 은혜를 다 갚기에 부족할 것입니다. 또 듣건대 포로로 붙잡혀 온 사람이 이번 사신의 행차에 따라서 돌아가는 자가 많다고 하였습니다. 저는 하나의 버려진 몸이니, 비록 우리나라에 돌아갈지라도 진정 반드시 사람들에게 용납되지 않을 것을 알고 있습니다. 그러나 다만 소원은 부모를 한번 만나보는 것이니, 그날 곧장 죽더라도 달갑게 여길 따름입니다. 저의 애달픈 사정을 살펴주시면 다행이겠으니 천만번 바라는 바입니다.

일행들이 이 편지를 보고서 그녀를 가련하게 여기지 않는 자가 없었고, 눈물까지 흘리는 자도 있었다.

어느 날 4경(四更: 새벽 2시 전후)에 지진이 일어났다. 그 소리가 우레와 같았는데 서쪽으로부터 동쪽으로 지나갔다. 기와지붕이 요동치며 장차 무너질 듯하였으니, 사람이 발을 땅에 붙일 수가 없었다. 정사(正使: 황신)는 옷으로 몸을 가리고서 방 밖에 나와 서 있고, 군관(軍官)들은 몹시 놀라서 밖으로 달려 나갔고, 역관(譯官) 이유(李

愉)는 두 손으로 하늘을 떠받치듯이 달려 나갔으니, 대개 집이 무너
질까 두려웠기 때문이었다. 역관 이언(李彦)이 밖으로 달려 나갈 때
병풍에 깔렸는데, 집이 이미 무너져 자신을 짓누르는 것으로 여기
고서 사지(四肢)를 약간 움직여 그렇게 되는지를 살피고는, 자신이
비록 집에 깔리기는 했으나 죽는 지경에 이르지 않았다고 마음속으
로 기뻐하였다. 군관 김경원(金敬元)은 본래 겁이 많았는데, 놀라서
뛰어나올 때 미처 큰 문을 열 겨를이 없어 작은 들창으로 나왔다.
그 나라의 들창은 모두 구리철사로 만들었는데, 황급한 즈음에 저
도 모르게 그리로 뛰어나왔으니 어떤 사람의 소행인지 알지 못하여
사람들에게 물었으나 모두 응답하지 못하였다. 양가죽 한 조각이
뚫어진 들창의 동사 위에 걸려 있는 것을 보고서야 비로소 김경원의
소행임을 알았으니, 김경원이 평상시에 양모 갖옷을 입고 있었기
때문이다.

이때 관백(關白)이 산성주(山城州)에서 명나라 사신을 만나려고
하였으나 지진으로 관사(館舍)들이 거의 다 허물어졌기 때문에, 오
는 초하룻날 오사포(五沙浦: 大阪)에 찾아와서 명나라 사신을 만나보
려 하였다.【협주: 일본 초하루는 곧 우리나라의 초이틀이다.】

二十一日。往見沈天使惟敬, 迎入座旣定, 從容打話, 因言自
己前後事蹟及我國薄待之事, 頗有恚恨之意。愼再三辭退, 惟敬
更留之, 而謂愼, 曰: "此地近有地震之變, 無日無之, 不可不急出
避之, 以免其壓也." 愼笑而答曰: "此天之所以惡夫[42]日本, 而示

---

42 惡夫(오부): 혐오함. 싫어함.

之以如此之變, 朝鮮本無干涉, 陪臣無所畏也." 沈天使大笑曰:
"誠是天之所爲, 然以吾身言之, 則趨吉避凶, 不可不爲. 天朝人
亦有多死者, 可以戒謹也." 因又曰: "陪臣在此, 別無他事, 暇日
可以數來談話也." 愼乃辭退館所. 有詩爲證曰.【詩逸】

是日, 王千摠來見愼, 因言曰: "朝鮮雖極蕩敗, 而猶可謂之富
實, 倭國則外若富實, 而內實貧乏, 近來疲於供給, 將有不支之
狀." 其時又有我國被擄婦女十七人, 在五沙浦倭將重世家, 各以
書來投. 其中一書, 卽京裏士夫之女, 言辭悽惋, 通達事理, 但不
能一死, 以辱其身, 惜哉. 其書曰: 「妾某郡村居姓某名某女也.
壬辰變初, 隨父母避亂, 父母每執妾手, 涕泣言曰: "吾之死不足
惜, 而其如吾女何?" 因對坐痛哭. 當時, 妾雖口不能言, 而心腸
如割, 內自思曰: '生不能孝於父母, 則胡不遄死, 而乃以遺父母
之憂乎?' 不意賊兵, 搜山谷益急, 妾與父母, 各自奔竄. 一朝爲
毒手所得, 不能自死, 旣已相訣之後, 永自絶矣, 音信何能得通?
天乎天乎! 妾有何罪, 使妾若是之哀痛慘毒乎? 父母旣死則已矣,
若或至今生存, 則其戀慕哀思, 何時可已? 天地間, 豈有如此可
痛可憐之事乎? 拘在他國, 今將五歲, 而苟存性命, 不能自決者,
只欲生還故國, 見我父母, 惟是之望而已. 父母若已死, 則雖父
母所居之家, 欲一見之, 死亦何恨? 故每朝日出之時, 每夜月明
之處, 向天而祝, 向日月而禱, 因念: '今世其能得見吾父母乎? 父
母今在何地? 此時念我之情, 必與我思父母之情, 同矣. 天必能
察我此意, 豈無生還相見之時?' 今者竊聞, 兩國講好, 通信使跟
隨天使, 來臨此地云, 此是妾再生之日, 天意果遂人情也. 誠荷
救出拯溺[43]之德, 歸我故地, 得與父母相見, 實是與生我之恩, 無

異也。妾雖以事父母之禮, 其恩不足以盡酬也。抑又聞之, 被擄
人今從行次, 還歸者多。妾則成一棄人, 雖得還我國, 固知必不
容於人類。而但所願一見父母, 則其日卽死, 甘心焉耳。幸察妾
哀矜之情, 千萬是望。」一行人見之者, 無不矜憐, 有出涕者。一
日, 四更地震。其聲如雷, 自西向東。屋瓦搖動, 若將傾倒者, 人
足不能着地。正使以衣蒙身, 出立房外, 軍官輩驚噪出走, 譯官
李愉, 以兩手支撑空中而走出, 蓋恐屋之崩頹也。譯官李彦, 出
走之際, 爲屛所壓, 以爲屋已崩頹壓己上, 微動四肢, 以審其然
否, 內自喜其雖爲屋之所壓, 不至於死也。軍官金敬元, 素多㤼,
當其驚出之時, 未及開正戶, 直自小窓而出。其國窓戶, 皆以銅
絲爲之, 蒼黃之際, 不覺其突出, 不知何人所爲, 問諸人, 皆不
應。見羊皮一片, 掛于毁窓銅絲上, 始知敬元之所爲也, 蓋敬元
常時着羊裘故也。時關白欲於山城州[44], 見天使, 以地震館宇, 摧
陷幾盡, 將於初一日, 來至五沙浦, 見天使。【日本初一日, 卽我國
二日】

22일(병술)

이날은 맑았다.

날이 저물자 전 기고(錢旗鼓)가 만나보러 왔고, 왜장(倭將) 안국사

---

43 拯溺(증닉): 물에 빠진 사람을 구한다는 뜻으로, 위급한 상황을 타개하는 것을
말함.

44 山城州(산성주): 일본의 京都府 남쪽 지역을 일컫던 옛 지명.

(安國寺: 安國寺惠瓊)가 우리나라 사내아이 2명을 시켜 사신을 만나
보게 보내왔다.

二十二日(丙戌)

是日, 晴。夕錢旗鼓[45]來見, 倭將安國寺[46], 使我國童男兩人來
見。

23일(정해)

이날은 맑았다.

채(蔡)·전(錢)·왕(王) 등 3명의 천총(千摠)이 찾아와서 만났고, 항
독리(項督理)가 찾아와서 만났으며, 심 천사(沈天使: 심유경)가 술
100통과 건어(乾魚) 100다발을 보내와서 종자(從者)들에게 먹이도
록 보냈다.

二十三日(丁亥)

是日, 晴。蔡錢王三千摠來見, 項督理來見, 沈天使送酒百桶·
乾魚百束, 饋從者。

---

45 旗鼓(기고): 旗鼓官. 전장에서 군대를 지휘하고 명령하는데 쓰는 깃발과 북을
    맡아 보는 벼슬.

46 安國寺(안국사): 안코쿠지 에케이(安國寺惠瓊)인 듯. 일본 廣島縣의 安藝지방
    에 있는 安國寺라는 절의 주지였는데 정유재란 때 6번대 部長으로 참전한 인물
    이다. 참고로 姜沆의 〈看羊錄〉에서는 安國寺西堂이란 승려가 나오는데, 조선
    에서 玄蘇라고 부르는 자임을 밝히고 있다.

24일(무자)

이날은 흐리다가 잠깐 비가 왔다.

저녁에 행장(行長: 소서행장)이 술 10통과 쌀밥·건어(乾魚) 등의 물품을 보내왔다. 지진이 일어났다.

二十四日(戊子)

是日, 陰午雨。夕, 行長送酒十桶·米食·乾魚等物。地震。

25일(기축)

이날은 맑았다.

이 천총(李千摠)이 찾아와서 만났고, 부사(副使: 박홍장)와 함께 심천사(沈天使: 심유경)의 아문(衙門)에 가서 그저께 음식 보내준 것을 사례했다.

낮에 안국사(安國寺: 安國寺惠瓊)가 다시 2명의 사내아이를 보내와서 통신사를 만나게 하였으니, 그 가운데 1명은 김추(金樞)의 아들 김흥매(金興邁)였는데, 그의 아우 김흥달(金興達)이 안예주(安藝州: 히로시마의 서쪽지역)에 있다고 하였다.

○ 날이 저물었을 때 진주(晉州)의 소성(小姓: 侍童)이었던 강(姜)이라는 자가 마침 정성(正成: 寺澤正成)의 처소에 있다가 찾아와 사신을 만나고는 고향 생각하는 것을 스스로 금하지 못하자, 통신사가 말하기를, "네가 돌아가려고 생각하는 것처럼 모름지기 늘 정성(正成)이 보고 있는 앞에서 울며 간청하면 반드시 보내도록 허락할 것이다."라고 하니, "네."라고 대답하였다.

二十五日(己丑)

是日, 晴。李千摠來見, 偕副使往沈天使衙門, 謝再昨致餼。午, 安國寺復使兩童子來見通信使, 其一金樞[47]子金興邁, 其弟興達在安藝州[48]云。○夕, 有晉州[49]小姓姜者, 方在正成處, 來謁見, 思鄕不自禁, 通信使曰: "汝若思歸, 須長在正成面前泣懇, 則必許送." 云云, 對曰諾。

26일(경인)

이날은 저녁에 흐렸다가 밤에 비가 왔다.

서 상공(徐相公)과 왕 천총(王千摠: 왕륜)이 찾아와서 만나보았다.

二十六日(庚寅)

是日, 夕陰夜雨。徐相公·王千摠來見。

27일(신묘)

이날은 맑았다.

평의지(平義智)가 찾아와서 만나보았다. 밤에 지진이 일어났다.

二十七日(辛卯)

是日, 晴。平義智來見。夜地震。

---

47 金樞(김추, 생몰년 미상): 본관은 淸風, 자는 子中. 김덕무의 둘째아들이다. 李珥와 成渾의 문인이다.

48 安藝州(안예주): 일본의 廣島縣 서쪽 지역을 일컫던 옛 지명.

49 晉州(진주): 경상남도 남서부에 있는 고을.

28일(임진)

이날은 맑았다.

전 기고(錢旗鼓)가 술·닭·생선 등의 물품을 보내왔다. 듣건대 관백(關白)이 어계(御界, 협주: 곧 오사개(五沙蓋: 大阪)이다.)에 왔는데, 9월 1일에 명나라 사신과 서로 만나보려 한다고 하였다.

二十八日(壬辰)

是日, 晴。錢旗鼓迻酒鷄魚等物。聞關白來御界【卽五沙蓋也.】, 欲於九月初一日, 與天使相見云。

29일(계사)

이날은 비가 왔다.

저녁에 평조신(平調信)이 박대근(朴大根)을 불러서 일렀다.

"금방 행장(行長)·정성(正成: 寺澤正成)이 관백(關伯: 關白의 오기, 이하 동일)의 처소에서 돌아와 말했는데, '관백이 말하기를, '당초에 우리가 중국과 통하려 하였으나 조선이 막고서 그 사정을 전하여 주지 않더니, 군대를 일으킨 후에 심 유격(沈遊擊: 심유경)이 두 나라를 조정하여 전쟁을 그치게 하려는 데에 이르러서는 도리어 조선이 주본(奏本: 아뢰는 글)을 올려서 그것이 불가하다는 것을 극구 늘어놓았고, 또한 심 유격이 일본과 한마음이라면서 번번이 미워하였다. 이 천사(李天使: 李宗城)가 탈출해 간 것도 조선 사람들이 겁주고 선동했기 때문이었고, 책사(冊使: 양방형)가 이미 바다를 건너오는데도 조선에서는 기꺼이 관원을 파견하여 따라오게 하지 않다가 이제야 비로소 느지막하게 보내온데다 왕자(王子)를 보내오지도 않았으니, 일마다 우리를 경멸하는 것이 심하였다. 지금은 파견해온 사신을 만나보게 허락할 수가 없고, 내가 마땅히 먼저 천사(天使)를 만나본 뒤라야 한다. 우선 조선 사신을 머물러 있게 하고 병부(兵部: 명나라 부서)에 품첩(稟帖: 보고문서)을 보내어 조선 사신을 늦게 보내온 까닭을 살핀 뒤에 바야흐로 만나보게 허락하겠다.'라고 한다. 대사(大事)가 거의 이루어지려는데 갑자기 이런 불화가 생겨 지극히 우려할 만하니, 모름지기 이 뜻을 통신사에게 고하고 시급히 심 천사(沈天使: 심유경)를 찾아가 만나서 있는 힘을 다해 잘 말하도록 하여 관백의 노여움을 풀도록 하는 것이 좋겠다. 심 천사(沈天使)가 내일 마땅히 먼저 오사개(五沙蓋: 大阪)에 가서 관백을 만나 노여움을 풀도록 권유한 뒤에 되돌아오면, 양 천사(楊天使: 양방형)와 같이 다시 가겠다.'라고 하였소."

날이 어둑해지자, 평조신(平調信)이 요시라(要時羅)를 보내와서 말하기를, "심 노야(沈老爺: 심유경)께서 내일 마땅히 관백(關白)을 찾아가 만나볼 수 있도록 이미 행장(行長: 소서행장)·정성(正成: 寺澤正成)을 시켜 이 뜻을 가지고 먼저 가서 관백에게 고하도록 하였으니, 그 회보를 기다렸다가 심 노야께서 마땅히 가야 할 것이오."라고 하였다. 정사(正使: 황신)가 박대근(朴大根)을 시키자, 그로 말미암아 자기 마음대로 대답했다.

"내가 이미 이 뜻을 가지고 통신사에게 전하니, 통신사께서 말씀하기를, '내가 부산을 떠나올 때 이미 3가지의 계책을 정하였으니, 강화하는 일의 상황이 만약 시원스레 결단된다면 일을 마치고 곧 돌아가는 것이 한 가지 계책이요, 일의 상황이 혹시 변하여 구류하려고 든다면 1년이든 10년이든 구류하는 대로 두는 것이 한 가지 계책이요, 일의 상황이 크게 순탄하지 못한다면 비록 모질게 해를 끼치더라도 피하지 않는다는 것이 한 가지 계책이다. 오래전부터 이와 같은 일이 있을 줄 알고 있었는지라 이제는 괴이할 만한 것도 없으니, 굳이 심 천사(沈天使: 심유경)를 찾아갈 것이 없고 다만 그들에게 맡겨두는 것이 옳다.'라고 했소이다."

요시라가 잠자코 한참 있다가 드디어 사례하고 갔다.

二十九日(癸巳)

是日, 雨。夕, 平調信招朴大根, 謂曰: "即刻行長・正成, 自關白處回還言: '關伯曰: '當初, 我欲通中國, 而朝鮮遏不爲通情, 反至動兵之後, 沈遊擊欲調戢[50]兩國, 而朝鮮上本[51], 極陳其不可, 且以沈遊擊, 爲與日本同心, 每每惡之。李天使[52]之出去, 亦因朝

---

50 調戢(조즙): 지나치거나 모자람이 없이 물건을 알맞게 거두어들임.

51 上本(상본): 아뢰는 글을 올리는 것.

52 李天使(이천사): 명나라 사신 李宗城을 가리킴. 조선에서 임진왜란이 일어나자 천거를 통해 도독첨사에 임명되었다. 고니시 유키나가, 심유경의 공작으로 거짓 강화 협상이 진행되는 와중에 도요토미 히데요시를 일본 국왕에 책봉하기 위한 정사가 되어 일본에 사신으로 파견되었다. 1595년 4월에 한양으로 들어왔고 일본군에게 사람을 보내 바다를 건너 돌아가라고 재촉했으며, 9월에 부산에 도착해 고니시를 만나려고 했지만 고니시는 만나러 오지 않고 일본으로 귀국했다가 관백(히데요시)에게 보고해 결정이 내려진 후에 사신을 맞이하겠다고 했다. 어느 사람이 일본에서는 봉작을 받을 의사가 없는 데다 자신들을 유인해 가두어 욕을 보이려고 한다고 하자, 이종성은 이를 두려워해 밤중에 평복 차림으로 변장해 일본군의 진영을 탈출해 함께 온 사람과 짐을 모두 버린 채로 도망갔다. 이종성이 달아나자 그 뒤를 이어서 사신으로 파견되었던 부사 양방형이 정사에 임명

鮮之人恐動, 冊使旣渡海, 而朝鮮不肯差官跟來, 今始緩緩來到,
且不遣王子來, 事事輕我甚矣. 今不可許見來使, 我當先見天使
後. 姑留朝鮮使臣, 稟帖[53]兵部, 審其來遲之故然後, 方爲許見.'
云. 大事垂成, 而忽此生梗[54], 極爲可慮, 須以此意告通信使, 急
須往見沈天使, 使之盡力措辭, 以解關白之怒可也. 沈天使明日
當先往五沙盖, 見關白, 勸解後廻還, 同楊天使再往.'云矣." 昏,
調信使要時羅[55]來言: "沈老爺明當往見關白, 已令行長·正成, 將
此意, 先往告關白, 候其回報, 沈老爺當去."云矣. 正使使朴大
根, 自以己意答之曰: "我已將此意, 傳於通信使, 信使曰: '我離
釜山時, 已決三條計, 事體若快, 則竣事[56]卽返, 一計也, 事體或
變, 欲爲拘留, 則任留一年十年, 一計也, 事體大不順, 則雖加兇
害, 亦所不辭, 一計也. 久知會有此等事, 今不足怪, 不須往見沈
天使, 只任它可也.'云矣." 要時羅嘿然良久, 遂辭去.

【再造藩邦志】

평조신(平調信)이 역관(譯官) 박대근(朴大根)을 불러서 말하기를,

되었다.

53 稟帖(품첩): 조선시대 외국의 관서나 관원에게 보낸 일종의 편지 형식의 글.

54 生梗(생경): 두 상대 사이에 말썽이 생겨 틈이 벌어짐.

55 要時羅(요시라, ?~1598): 임진왜란 당시 고니시 유키나(小西行長)가 부대에 소
   속된 무관. 조선과 명나라에서 파견한 사신들의 접대와 통역을 담당하였다.
   1594년 경상우병사의 진(鎭)에 드나들면서 거짓 귀순하면서 첩자 활동을 벌였
   다. 그 뒤 1597년 삼도수군통제사 이순신을 모함하고 하옥하게 하였다. 그 결과,
   원균을 통제사로 삼으면서 칠천량 해전의 패배를 불러오고 말았다.

56 竣事(준사): 사업을 끝마침.

"평행장(平行長)과 정성(正成: 寺澤正成)이 방금 관백(關白)의 처소에서 와 관백의 말을 전하기를, '내가 중국과 통하려 하였으나 조선이 가로막고서 그 사정을 전하여 주지 않더니, 두 나라가 전쟁하게 된 뒤로 심 유격(沈游擊: 심유경)이 두 나라를 서로 사이좋게 하려는데도 조선이 명나라 황제에게 아뢰어 일본과 화친할 수 없다고 하였으며, 또 심 유격이 우리나라와 한마음이라면서 번번이 미워하였다. 이 천사(李天使: 李宗城)가 탈출해 간 것도 조선 사람들이 또한 그를 겁주고 선동하여 도망하게 하였으며, 이번에 중국 사신이 바다를 건너온 지 이미 오래되었는데도 조선 사신은 이제야 뒤쫓아온데다 왕자(王子)를 보내오지도 않았으니, 일마다 우리를 속였다. 지금 조선 사신을 접대하게 허락할 수가 없고, 내가 먼저 천사(天使)를 본 뒤라야 한다. 조선 사신을 구류해 두고 병부(兵部)에 문서를 보내어 그들이 나중에 온 까닭을 물은 뒤에 그 사신을 보겠다.'라고 한다. 대사(大事)가 거의 이루어지려는데 이렇게 순조롭지 못하니, 나는 매우 우려스럽소. 반드시 이 뜻을 사신에게 자세히 고하고 시급히 심 천사(沈天使: 심유경)를 찾아가 만나서 상의하여 잘 말하도록 하여 관백의 노여움을 풀게 한 뒤, 다시 양 천사(楊天使: 양방형)와 같이 가서 보는 것이 좋겠소."라고 하였다.

이날 저녁에 평조신(平調信)이 또 요시라(要時羅)를 보내어 박대근에게 일러 말하기를, "심 노야(沈老爺: 심유경)께서 내일 이른 아침에 장차 관백을 찾아가 만나게 하려고 이미 행장(行長: 소서행장)과 정성(正成: 寺澤正成)을 시켜 먼저 가서 이 뜻을 관백에게 말하도록 하였으니, 회보가 온 뒤에 심 천사(沈天使: 심유경)가 친히 가서 만나도록 하오."라고 하였다.

황신(黃愼)이 박대근을 시키자, 박대근은 자기 마음대로 대답했다.

"낮에 이 뜻을 사신에게 고하니, 사신이 말하기를, '나는 부산서 떠날 때부터 3가지 계책을 정하였으니, 강화하는 일이 순조롭게 이루어지면 조사(詔使)를 뒤따라 돌아오는 것이 한 가지 계책이요, 강화가 이루어지지 않으면 1년이든 2년이든 비록 10년이 될지라도 구류하는 대로 두는 것이 한 가지 계책이요, 만약 포악하고 노여움이 더해져 일이 장차 예측하지 못할 지경이라면 죽는 것도 피하지 않는다는 것이 한 가지 계책이다. 전부터 이미 이런 일이 있을 줄 알고 있었는지라 별로 두려운 생각은 없으니, 심 천사(沈天使) 또한 무슨 필요가 있어서 찾아가 볼 것이며, 그들이 하는 대로 맡겨두는 것이 옳다.'라고 하였소. 이것이 사신의 뜻이오."

요시라가 이 말을 듣고서 잠자코 한참 있다가 돌아갔다.

二十九日。平調信招譯官朴大根, 言之曰: "平行長·正成, 卽自關白所來, 傳關白之言曰: '吾欲通中國, 而朝鮮攔阻[57], 不通事情, 兩國交戰之後, 沈游擊欲使兩國交歡, 而朝鮮奏聞, 以爲不可和, 又以沈游擊, 與我國同心, 每憎嫉之。李天使之跳出也, 朝鮮人亦爲之恐動。使之跳去, 今番天使之渡海已久, 而朝鮮使臣, 今乃追來, 亦不送王子, 事事謾我。此使臣可不許待, 我先見天使然後。拘留朝鮮使臣, 稟帖于兵部, 問其後來之故, 而後見其使臣。' 大事幾成, 而不順如此, 吾甚憂之。必以此意, 詳告于使臣,

---

57 攔阻(난조): 가로막음.

急往見沈天使相議, 善爲措辭, 以解關白之怒, 然後還與楊天使, 同往見之, 可也." 是夕調信, 又遣要時羅, 謂朴大根, 曰: "沈老爺明日早朝, 將欲往見關白, 已使行長正成先往, 以此意言于關白, 回報然後, 沈天使將親往見之矣." 黃愼使朴大根, 以己意答之曰: "午間, 此意告于使臣, 使臣曰: '吾自釜山, 離發之時, 定三條計, 和事順成, 則踵詔使往返, 一計也, 不成則任留一年二年, 雖至十年, 一計也, 若加暴怒, 事將不測, 則死所不避, 一計也。 從前已知有此事, 別無驚懼之意, 沈天使亦何必往見, 任其所爲, 可也.' 此使臣之意也." 要時羅聽之, 嘿然良久而去。

9월

1일(갑오)

이날은 비가 오다가 늦게야 맑았다.

아침에 이유(李愉)에게 심 천사(沈天使: 심유경)의 아문(衙門)에 가서 소식을 알아보게 했는데, 심 천사가 말했다.

"내가 그대들의 일을 위하여 이번에 오사개(五沙蓋: 大阪)로 먼저 가서 관백(關白)을 만날 것인데, 관백은 아마도 그대들이 더디 온 것을 괴이하게 여기겠지만 결국에는 반드시 아무런 일이 없을 것이니 안심하라."

또 말했다.

"어제 정성(正成: 寺澤正成)·행장(行長: 소서행장)·평조신(平調信) 등이 나를 마주하고 얼마간의 이야기를 나누었는데, 내가 대답하여 말하기를, '이 배신(陪臣: 황신)은 나를 따라 웅천(熊川)·부산(釜山)에 있었던 사람인데, 다른 배신들은 몹시 두려워하여 기꺼이 왜영(倭營)에 나아가려고 하지 않았으나 이 배신은 홀로 기꺼이 나를 따라 왜영에 왔다. 이 노야(李老爺: 이종성)가 탈출하여 갔을 때, 인심이 떠들썩하고 어수선하여 많은 말들이 있었으나 이 배신은 또 기꺼이 자진하여 왜영에 들어왔었으니, 이는 그대들이 알고 있는 바이다. 지금 또 기꺼이 몸을 바쳐 바다를 건너왔으니 원래부터 죽음을 두려워하지 않는 사람이다. 그대들은 모름지기 그를 협박하지 말라.'라고 하니, 세 사람이 모두 크게 웃었다. 어제 정성(正成)이 나에게 겸손히 말하기를, '이는 바로 노야(老爺: 심유경)의 일이오니, 모름지기 좋은 말로 이해시켜 주십시오. 노야께서 친히 가서 한번 만나지 않으시면 관백의 노여움을 풀 수가 없으리니, 우리는 다시금 힘을 쓸 곳이 없습니다.'라고 했는데, 내가 이에 대답하여 말하기를, '그대들은 모름지기 다시 말할 필요가 없다. 내가 조선 일을 관장하지 않는다면, 누가 그 일을 관장하겠는가?'라고 하였다."

오후에 행장(行長) 등이 돌아와 말하기를, "관백이 굳이 두 천사(天使: 명나라 사신)께서 먼저 오기를 청하고 대면해 이야기한 뒤라야 조선 사신을 만나보게 허락하겠다고 했다."라고 하였는데, 평조신(平調信)이 와서 정성(正成)을 보고 말하기를, "두 천사(天使)께서는 지금 마땅히 먼저 가야 하는데, 관백이 나에게 같이 와서 의논하도록 불렀으므로 나 또한 가야 하오. 천사께서 관백과 서로 만나본 뒤에는, 반드시 대면하여 의논해야 할 터이니 내가 마땅히 와서 사신(使臣: 황신 일행)을 맞이하여 가겠소."라고 하였고, 또 말하기를, "심 노야(沈老爺: 심유경)께서는 단지 천조(天朝: 명나라)의 일만 완결 짓는 것이 아니니, 만약 조선에 관한 일이 사리에 합당하게 처리되지 못한다면 대사(大事)가 완결될 수 없을 것인데, 어찌 이러한 이치가 있겠소?"라고 하였다.

○ 저녁에 두 천사(天使)가 오사개(五沙蓋: 大阪)로 떠나갔다.

初一日(甲午)

是日, 雨晚晴。朝使李愉往沈天使衙門, 打聽[1]消息, 天使曰: "我爲爾們事, 今將先往五沙蓋, 見關白, 關白蓋怪你們來遲, 然

終必無事, 放心放心!" 且曰: "昨正成·行長·調信輩, 對我說多少
話, 我答言: '此陪臣是跟我在熊川·釜山者, 它陪臣恐懼不肯進
倭營, 而此陪臣獨肯跟我到營。李老爺之出去也, 人心騷動, 多
有說話, 此陪臣又肯挺身[2]入營, 此則你們所知也。今又肯委身過
海而來, 元是不怕死者。你們不須嚇它也.' 三人皆大笑矣。昨正
成讓我, 曰: '此正老爺事, 須善辭解之。非老爺親去一遭, 不可
解, 我輩則更無容力處矣.' 我答之曰: '你不須再說。我不管朝鮮
事, 則誰管此事耶?'" 午後, 行長等回言: "關白固請兩天使先來,
俟面講後, 許見朝鮮使."云, 調信來見正成, 曰: "兩天使, 今當先
去, 關白招我來議, 故我亦去矣。天使與關白, 相見後, 必與面
議, 我當來迓使臣而去也." 且曰: "沈老爺, 非是只完天朝事者,
儻朝鮮事不得停當[3], 則是大事不完也, 豈有此理乎?" ○夕, 兩天
使發向五沙蓋。

【再造藩邦志】

  아침에 역관(譯官) 이유(李愉)를 보내어 심 천사(沈天使)의 아문(衙
門)에 가서 사정을 알아보게 하였더니, 심유경(沈惟敬)이 이유에게
말했다.

  "내가 너희 나라의 일을 위하여 장차 오사포(五沙浦: 大阪)에 가서
관백(關白)을 만나보려 하는데, 관백이 별다른 뜻은 없고 다만 너희

---

1 打聽(타청): 알아봄.
2 挺身(정신): 남들보다 앞서 자진해 나아감.
3 停當(정당): 사리에 합당함. 일이 지체 없이 잘 진척됨.

들이 우리 일행보다 나중에 왔다고 하는 것뿐이다. 그러나 무슨 일
이 있겠는가? 안심해도 좋다. 어제 정성(正成: 寺澤正成)·행장(行長:
소서행장)·평조신(平調信) 등이 나의 처소에 찾아와서 많은 얘기가
있었으나, 나는 그들에게 말하기를, '지금 같이 온 배신(陪臣)은 나
를 따라 웅천(熊川)과 부산(釜山)에 오래 있었던 사람인데, 다른 배
신들은 모두 몹시 두려워하여 감히 왜영(倭營)에 들어오려고 하지
않았으나 이 배신은 홀로 자진해서 나를 따라 왜영에 들어왔었다.
이 노야(李老爺: 李宗城)가 탈출하여 간 뒤에 인심이 흉흉하고 두려
움에 떨어 거짓으로 떠도는 말이 몹시 많았으나 이 배신은 그런 것
을 돌아보지도 않고 들어왔었으니, 이는 너희들이 상세히 알고 있
는 바이다. 이번에도 또한 자기 몸은 돌아보지도 않고 바다를 건너
서 왔으니, 본래 죽음을 두려워하지 않는 사람이다. 너희들이 비록
말로 협박할지라도 기필코 동요하지 않을 것이다.' 하니 세 왜인이
크게 웃고 갔다. 정성(正成)이 또 나에게 말하기를, '이는 노야(老爺:
심유경)의 임무이오니, 모름지기 잘 말씀하셔서 이해시켜 주십시오.
노야께서 만약 가지 않으시면 관백의 노여움을 풀기 어려우리니,
우리는 다시금 힘쓸 곳이 없습니다.'라고 했는데, 내가 대답하기를,
'다시 번거롭게 말하지 말라. 내가 이미 조선의 일을 관장하고 있으
니, 내가 주선하지 않으면 누가 다시 그 일을 담당하겠는가?'라고
하며, 이처럼 답하였다."

이날 오후에 행장(行長) 등이 관백의 처소에서 돌아와서 말하기
를, "관백이 반드시 먼저 두 천사(天使: 명나라 사신)를 보고 난 뒤라
야 조선 사신을 만나보게 허락할 것이다."라고 하였고, 평조신(平調

信)이 와서 황신(黃愼)을 보고 말하기를, "오늘 두 천사가 관백을 먼저 가서 보게 되었는데, 관백이 또 나를 불러 의논할 일이 있다고 하여 나 또한 같이 가게 되었소. 천사가 관백과 서로 회견한 뒤에는 조선에 관한 일을 의논하도록 정해질 것이니, 내가 반드시 먼저 와서 사신(使臣: 황신)을 모시고 가겠소."라고 하였으며, 또 말하기를, "심 노야(沈老爺)께서는 단지 천조(天朝: 명나라)의 일만 결정하는 것이 아니니, 조선에 관한 일을 만약 결말짓지 못하면 이 또한 중국의 일도 결말짓지 못하는 것인데, 어찌 이러한 이치가 있겠소?"라고 하였다.

이날 저녁에 두 천사(天使)가 오사포(五沙浦: 大阪)로 떠났다.

九月初一日。朝遣譯官李愉, 往沈天使衙門, 探審事情, 沈惟敬言于李愉, 曰: "吾爲汝國事, 將往五沙浦, 欲見關白, 關白別無他意, 但以汝輩之來後於吾行耳。然有何事? 寬心[4]可也。昨日, 正成·行長·調信, 來我所在處, 有許多說話, 吾謂渠輩, 曰: '今來陪臣, 從我久在熊川·釜山之人, 他陪臣皆畏懼, 不敢入倭營, 此陪臣獨挺身, 隨我入于倭營。李老爺跳去後, 人心洶懼, 訛言甚盛, 此陪臣不顧而入來, 此汝之所詳知也。今番亦不顧其身, 越海而來, 素不畏死之人。汝輩雖脅以言語, 必不動矣。'三倭大笑而去。正成又說我, 曰: '此是老爺之任也, 須善爲辭以解之。老爺若不往, 則恐難解也, 吾輩更無容力之地矣。'吾答曰: '無更煩說。我旣管朝鮮事, 我不周旋, 則誰更擔荷乎?'如是答之矣。"是

---

4 寬心(관심): 마음을 편히 먹음. 안심함.

日午後, 行長等, 自關白所來言: "關白必須先見兩天使然後, 乃
許見朝鮮使臣矣." 平調信來見黃愼, 曰: "今日, 兩天使先往見關
白, 關白又召吾輩, 而有議事, 我亦同往. 天使與關白相會之後,
定論朝鮮之事, 吾必先來, 陪往使臣矣." 又曰: "沈老爺, 非但決
定天朝事者也, 朝鮮之事, 若無結末, 則是亦天朝之事, 無結末
也, 豈有是理?" 是夕, 兩天使向五沙浦.

2일(을미)

이날은 잠깐 흐렸다 잠깐 맑았다.

낮에 요시라(要時羅)가 찾아와서 말했다.

"방금 평조신(平調信)이 보낸 편지에서 이르기를, '관백이 이미 천
사(天使: 명나라 사신)와 서로 만나 매우 기쁘게 이야기를 나누었으
며, 또한 다시 하루를 더 머물도록 청하여 내일 마땅히 면담하기로
하였으니, 나는 설명을 기다렸다가 곧 돌아가겠다.'라고 했소."

初二日(乙未)

是日, 乍陰乍晴. 午, 要時羅來言: "卽刻, 調信通書言: '關白
已與天使相會, 甚爲喜歡, 且請更留一日, 明日當面話, 我俟講卽
回.'云矣."

【再造藩邦志】

요시라(要時羅)가 찾아와서 말했다.

"방금 평조신(平調信)이 보낸 편지에서 이르기를, '관백이 이미 천
사(天使)와 서로 만나서 크게 기뻐하였으며, 하루를 더 머무르도록

청하여 내일 반드시 조용히 이야기를 나누기로 하였으니, 나는 마
땅히 확실한 말을 자세히 듣고서 즉시 먼저 와서 알리겠다.'라고 하
였소."

初二日。要時羅來言: "卽者, 平調信送書曰: '關白已與天使,
相會大喜, 請留一日, 明日必從容談話, 吾當細聞眞確之言, 卽當
先報也.'"

3일(병신)

이날은 맑았다.

듣건대 관백(關白)이 이미 책봉(冊封)을 받았고, 왜장(倭將)들 40명
도 관대(冠帶)를 갖추어 벼슬을 받았다고 하였다.

경주(慶州)의 아전[吏] 장사수(張士秀)가 부산에서 매[鷹] 8쌍 및
표피(豹皮: 표범 가죽)·저포(苧布: 모시)·행구(行具: 사행 도구) 잡물(雜
物)을 가지고 왔다. 대개 도체찰사부(都體察使府)에서 분부하여 각
고을에서 거두어 모은 것이다.

初三日(丙申)[5]

是日, 晴。聞關白已爲受封, 諸倭將四十人, 具冠帶, 受官云。
慶州吏張士秀, 自釜山, 持鷹八連·及豹皮·苧布·行具襍物來。

---

5 1596년 9월 2일에 다이묘들이 배석한 가운데 풍신수길은 일본국왕으로 책봉되
   었고, 다이요들 또한 각기 서열에 따른 명나라 관직에 임명되었다. 이때 冊封文,
   金印, 관명을 수령했는데, 현재까지 남아 오사카 박물관에 전시되어 있다. 일본
   聖福寺 승려 玄蘇의 〈仙巢稿〉에서도 기록되어 있다.

蓋都體府所分付, 收合各官者也。

4일(정유)

이날은 맑았다.

두 천사(天使)가 오사개(五沙蓋: 大阪)에서 돌아왔다. 평조신(平調信) 또한 돌아와서 박대근(朴大根)에게 일러 말했다.

"어제 내가 두 번이나 심 노야(沈老爺: 심유경)를 뵙고서 조용히 관백(關白)을 알아듣도록 깨우쳐 그의 노여움을 풀어달라고 했으나, 심 노야께서 여러 날 관백을 마주했으면서 매우 어려워하여 한마디도 언급하지 않았으니, 지극히 한스럽소. 천조(天朝)의 하늘이 몹시 물러서 관백을 이렇게 두려워하니 한스럽고 한스럽소. 어제 행장(行長: 소서행장)과 정성(正成: 寺澤正成)이 심 노야에게 일러 말하기를, '조선 사신에 관한 일은 지금 입을 열어 말하기가 어려우니, 노야께서 모름지기 사신(使臣: 황신)에게 이러한 뜻으로 노야에게 문서를 올리도록 한 뒤에 그 문서를 그대로 관백에게 고한다면, 이로 인하여 적절히 말할 수 있을 것입니다.'라고 했소."

박대근이 말하기를, "그러한 뜻으로 문서를 올리는 일은 사신이 결코 하려 하지 않을 것이오."라고 하니, 평조신이 말하기를, "천조에서 관백을 책봉한 것은 관백을 위함이 아니라오. 오로지 조선을 구제하려는 일인데 순조롭지 못하다면, 이는 천조(天朝: 명나라 조정) 사람들의 일이 아직 완결짓지 못한 것이 되니 심 유격(沈遊擊: 심유경)이 어찌 기꺼이 곧장 돌아가려 하겠소? 이 일은 모름지기 결말이 있어야 할 것이니, 내가 두 천사를 만나 자세히 의논하고 처리하겠소."라고 하였다.

저녁에 심 천사(沈天使: 심유경)가 왕 천총(王千摠: 王倫)을 보내어 말했다.

"어제 관백이 나를 마주하고 한 말이, '내가 4, 5년 동안 힘들여 애썼소이다. 당초 내가 조선(朝鮮)에 부탁하였는데, 책봉해주기를 요구하는 사실을 천조(天朝)에 아뢰어 전해달라고 했으나 조선에서 기꺼이 들어주지 않았고, 또 길을 빌려서 공물(貢物)을 통하려 하였으나 조선에서 허락하지 않았으니, 이는 조선이 나를 심하게 업신여긴 것이오이다. 그러므로 군대를 일으키기에 이르렀으나, 이는 이미 지나간 일이니 굳이 제기할 필요가 없소이다. 그 뒤에 노야(老爺: 심유경)께서 왕래하면서 두 나라 사이의 강화(講和)를 도모하였으나 조선은 있는 힘을 다해 그것을 저지하였으며, 소서비(小西飛)가 들어가 아뢰던 때에도 조선은 주본(奏本: 아뢰는 글)을 올려 군사를 청하여서 단지 싸우고 죽이려고만 하였소이다. 천사(天使: 명나라 사신)가 이미 도착했는데도 조선에서는 기꺼이 왕래하려고 하지 않아 이미 노야를 따라오지도 않았던데다 양노야(楊老爺: 양방형)를 따라오지도 않았다가 이제야 비로소 이르러 왔소이다. 또한 내가 일찍이 두 왕자를 풀어주고 돌려보낸 적이 있으니 큰 왕자는 비록 올 수가 없었을지라도 작은 왕자는 와서 사례할 만도 하나, 조선에서는 끝내 기꺼이 보내려고 하지 않으니 나는 조선에 대해 매우 화가 났소이다. 지금 건너온 사신을 만나볼 필요가 없으니, 그들이 가거나 머물거나 내버려 둘 것이오.'라고 하였는데, 내가 재삼 말하기를, '그대가 이미 책봉을 받아 천조(天朝)의 속국(屬國)인댄 조선과는 형제의 나라가 되니, 이후로는 마땅히 함께 이웃 나라와의 우호를 돈독히 해야 하고 사소한 일은 마음에 둘 필요가 없소.'라고 하였으며, 양 노야도 재삼 분부하였소. 나는 마땅히 관백의 노여움이 누그러지기를 다시금 기다렸다가 이 일을 재차 논의하여 반드시 아무런 일이 없도록 할 것이니 모름지기 안심하고 안심하오. 내가 여기에 온 것은 오로지 조선을 위한 일인데, 만약 일이 완결되지 못한다면 나는 마땅히 배신(陪臣: 황신)과 더불어 여기에 머물러 조정하겠으니, 배신은 모름지기 이런 뜻을 알아야 할 것이오."

양 천사(楊天使: 양방형) 또한 박의검(朴義儉)에게 일러 말하기를, "어제 관백이 말하는 중에 그대 나라의 일에 대하여 많은 말이 있었으나, 심 노야가 마땅히 조처하여서 결국에는 반드시 아무런 일이 없었으니 우려할 필요가 없소."라고 하였다.

저녁에 양 천사를 찾아가 인사하였다.

初四日(丁酉)

是日, 晴。兩儞天使回自五沙蓋。平調信亦回來, 謂朴大根曰: "昨我再見沈老爺, 使之從容開諭關白, 以解其怒, 而沈爺連日對關白, 不敢一言及之, 極可恨也。天朝天忒軟, 怕關白如此, 可恨可恨! 昨行長·正成, 謂沈老爺曰: '朝鮮使臣事, 今有難於開口, 老爺須令使臣將此意, 呈文於老爺, 仍以此書, 告關白, 可以因此措辭.'云矣。" 朴大根曰: "呈文事, 使臣必不肯爲矣。" 調信曰: "天朝封關白, 非爲關白也。專爲救解朝鮮事, 不順, 則是天朝人事未完也。沈遊擊豈肯徑還乎? 此事須有結末, 我當兩天使, 詳議

處之也." 夕沈天使, 使王千摠來, 曰: "昨關白對我, 言: '我四五
年受苦. 當初, 我托朝鮮, 轉奏[6]求封, 而朝鮮不肯, 又欲借道通
貢, 而朝鮮不許, 是朝鮮慢我甚矣. 故至於動兵, 然此則已往之
事, 不須提起. 厥後, 老爺往來講好, 而朝鮮極力壞之, 小西飛[7]
入奏之日, 朝鮮上本請兵, 只管厮殺. 天使已到, 而朝鮮不肯通
信, 旣不跟老爺來, 又不跟楊老爺來, 今始來到. 且我曾放還兩
王子, 大王子雖不得來, 小王子可以來謝, 而朝鮮終不肯遣, 我甚
老[8]朝鮮. 今不須見來使, 任其去留.'云云, 我再三言: '你旣受封,
是天朝屬國, 與朝鮮爲兄弟之國, 今後當共敦隣好, 小事不須掛
意也.' 楊老爺亦再三分付矣. 我當更竢關白息怒, 再議此事, 必
令無事, 須放心放心. 我之來此, 專爲朝鮮事, 若事不完, 我當與
陪臣留此調停, 陪臣須知此意也." 楊天使, 亦謂朴義儉, 曰: "昨
關白言, 你國事, 多有說話, 然沈爺, 當有以處之, 終必無事, 不
須憂也." 夕, 往拜楊天使.

【再造藩邦志】

두 천사(天使)가 오사포(五沙浦: 大阪)에서 돌아왔다. 평조신(平調

---

6 轉奏(전주): 다른 사람을 대신하여 임금에게 아뢰어 전달함.

7 小西飛(소서비): 명나라에서 부른 이름. 원래의 이름은 內藤忠俊. 倭의 丹波龜
   山의 성주로서 기독교 신자이었기 때문에 세례명을 如安(요한)이라고 했다. 小
   西行長에 속하게 되어 小西의 姓으로 칭하게 되어 小西飛驒守라고도 하였기
   때문에 소서비는 여기에서 유래되었다. 經略 宋應昌의 使者인 謝用梓 등이 나
   고야에서 풍신수길을 만나고 돌아올 때 왜측의 講和使로 파견되어 조선에 오기
   도 하였다.

8 老(노): 怒의 오기인 듯.

信) 또한 천사를 따라 돌아와서 박대근(朴大根)을 불러 말했다.

"어제 심노야(沈老爺)를 두 번이나 뵙고서 조용히 관백의 노여움을 풀도록 권하라고 말하였으나, 심 노야께서 이틀 동안 잇달아 관백과 서로 만났으면서 한마디도 언급하지 않았으니, 나는 매우 개탄하였소. 천조(天朝)의 사람들이 겁이 많아서 관백을 이렇게 두려워하니 참으로 한스럽소. 행장(行長: 소서행장)과 정성(正成: 寺澤正成)이 심 노야에게 일러 말하기를, '조선 사신에 관한 일은 다시금 제기하기가 어려우니, 노야께서 모름지기 사신(使臣: 황신)에게 말하여 진성서(陳情書)를 써오도록 한 뒤에 노야가 그것을 관백에게 보이고, 이로 인하여 적절히 말로 설득할 수 있으면 혹여 풀 수도 있을 것입니다.'라고 했소."

박대근이 말하기를, "그러한 뜻으로 문서를 올리는 일은 사신이 결코 하려 하지 않을 것이오."라고 하니, 평조신이 말하기를, "천조에서 관백을 책봉한 것이 누구를 위해서이겠소? 그 의도는 본래 조선을 구제하려는데 있소. 조선을 구제하려는 일이 순조롭지 못하다면, 이는 천조(天朝: 명나라 조정)의 일 또한 결말짓지 못한 것이 되니 심 유격(沈遊擊: 심유경)이 어찌 이 정도로 하고서 그만둘 뿐이겠소? 이 일을 결말짓고 난 뒤에야 모든 일이 순조롭게 될 것이오. 내가 두 천사를 만나 서로 의논하면 반드시 성취하는 것이 있을 것이오."라고 하였다.

한낮 무렵에 왕 천총(王千摠: 王倫)이 와서 심유격의 말을 전하였다.

"어제 관백이 나에게 일러 말하기를, '내가 최근 3, 4년 이래로 제법 애썼소이다. 당초 내가 중국 조정에 책봉을 청하려 조선에 아뢰어 전해달라고 했으나 조선이 들어주지 않았고, 또 길을 빌려서 공물(貢物)을 통하려 하였으나 조선에서 허락하지 않았으니, 이는 조선이 나를 심하게 업신여긴 것이오이다. 그래서 군대를 일으켜 서로 전쟁하였소이다. 그러나 이는 이미 지나간 일이니 굳이 말할 필요가 없소이다. 그 뒤에 노야(老爺: 심유경)께서 왕래하며 두 나라가 화해하여 사이좋도록 도모하였으나 조선은 불가하다고 있는 힘을 다해 말하였으며, 소서비(小西飛)가 갔을 때도 조선 또한 군대를 동원하도록 주청(奏請)하였소이다. 심 노야께서 건너올 때 조선 사신은 같이 따라오지도 않았던데다 양노야(楊老爺: 양방형)께서 건너올 때 또한 같이 따라오지도 않았다가 이제야 비로소 뒤늦게 이르러 왔소이다. 또한 내가 일찍이 두 왕자를 풀어주고 자기 나라로 돌려보낸 적이 있으니 큰 왕자는 비록 올 수가 없었을지라도 작은 왕자는 마땅히 와서 사례할 만도 하나, 조선에서는 끝내 들여보내지 않으니 나는 진실로 조선에 대해 매우 화가 났소이다. 지금 건너온 사신을 만나본들 무슨 필요가 있겠소이까? 가거나 머물거나 그들 하는 대로 내버려 둘 것이오.'라고 하였는데, 내가 재삼 일러 말하기를, '그대가 이미 책봉을 받아 천조(天朝)의 번국(藩國: 제후국)인댄 조선과는 형제의 나라가 되니, 이후로는 서로 좋게 지내고 지나간 원망일랑 생각지 마오.'라고 하였으며, 양 노야 또한 재삼 노여움을 풀도록 권하였소. 나는 마땅히 관백의 노여움이 누그러지기를 기다렸다가 다시금 황제의 훈유(訓諭)를 알려주어 끝내 일이 이루어지도록 하고 돌아갈 것이니 사신은 안심해도 좋소. 내가 여기에 온 것은 오로지 조선을 위한 일인데, 만약 이루지 못한다면 나는 배신(陪臣:

황신)과 더불어 이곳에 머물러서 기필코 성사되게 할 것이오. 이러한 뜻을 사신에게 말하라."

천사(天使) 양방형(楊方亨)이 또 박의검(朴義儉)을 불러서 말하기를, "어제 관백이 너희 나라에 대한 일을 많이 말하였으나, 심 노야가 반드시 잘 대처했으니 근심할 것이 없다."라고 하였다.

初四日。兩天使, 自五沙浦還。平調信, 亦隨天使, 而招朴大根, 言之曰: "昨日, 再見沈老爺, 言從容勸解關白之怒, 沈老爺連二日, 與關白相會, 無一言及之, 吾甚慨嘆。天朝人多惻, 畏關白如此, 誠可恨也。行長·正成, 謂沈老爺, 曰: '朝鮮使臣之事, 更難提起, 老爺須言於使臣, 作書陳情, 老爺以此, 視關白, 因措辭勸說, 或可解矣.'" 朴大根曰: "呈文之事, 使臣必不爲之矣." 調信曰: "天朝之封關白, 而誰爲之哉? 其意本在救濟朝鮮也。朝鮮事不順, 則天朝之事, 亦無結末矣, 沈游擊豈欲如是而已乎? 此事結局, 然後凡事皆順矣。吾見兩天使相議, 必使有成也." 午時分, 王千摠來, 傳沈游擊之言, 曰: "昨日, 關白謂我, 曰: '吾於近三四年來, 頗有勞矣。初, 我欲請封於中朝, 使朝鮮奏聞, 而朝鮮不聽, 又欲假道通貢, 而朝鮮不許, 此朝鮮侮我甚也。是以動兵相戰矣。然此是已往之事, 不須言矣。其後, 老爺往來, 力主和好, 而朝鮮極言不可, 小西飛之往也, 朝鮮亦奏請發兵。沈老爺之來, 朝鮮使臣, 旣不同來, 楊老爺之來, 亦不同來, 而今始慢慢來到。我曾遣兩王子歸國, 而大王子雖不能來, 小王子所當來謝, 而朝鮮終不入送, 吾固已甚怒朝鮮。今來使臣, 見之何用? 去留任渠所爲可也.' 吾再三謂之曰: '汝旣受封, 則是天朝之藩國, 與朝鮮爲兄弟之國, 此後相好, 毋用思舊怨也.' 楊老爺亦再三勸解矣。吾

當俟其息怒, 更與之宣諭, 終使成事而歸, 使臣寬心可也。吾之
此行, 專爲朝鮮事, 若不成, 吾與陪臣, 同留此地, 必至成事矣。
此意言于使臣." 楊天使方亨, 又招朴義儉, 言之曰: "昨日關白。
言汝國事甚多。而沈老爺必善處, 無憂也."

5일(무술)

이날은 새벽부터 비가 오다가 늦게야 맑았다.

아침에 심 천사(沈天使: 심유경)의 아문(衙門)에 찾아갔더니 왜승
(倭僧) 세 사람이 있었는데, 이들은 관백(關白)의 가장 가까이에서
서기를 맡아보던 자들로 회사표문(回謝表文: 답례 외교문서)을 의논하
러 왔다고 하였다. 그 가운데 한 명의 이름이 현이(玄以: 마에다 겐이)
로 가장 중심부에서 권세를 부리는 자였다. 세 승려가 모두 가마를
타고 다녔는데, 그들이 떠나자 행장(行長: 소서행장)·정성(正成: 寺澤
正成)의 무리가 무릎까지 맨다리를 드러나도록 옷을 걷어 올리고
빠르게 쫓으며 가마 앞에서 인도하여 달렸으니, 그들을 공경함이
이와 같았다.

세 승려가 떠나고 나자, 통신사(通信使: 황신)가 마침내 심 천사를
만나보려 하였으나, 천사는 사절하고 만나주지 않고서 역관(譯官)
이유(李愉)에게 일러 말하기를, "배신(陪臣: 황신)이 비록 나를 보러
오지 않아도 나는 이미 배신이 말하고자 하는 일을 알고 있으니,
모름지기 서로 만나볼 필요가 없소. 내가 여기에 온 것은 오로지
조선을 위한 일이고, 하물며 배신이 나를 따라 1년이나 같이 있던
사람으로 타인에 견줄 바가 아니니, 내가 어찌 가벼이 가버리고 돌

아보지 않겠소? 그러나 이것은 또한 작은 일이오. 한 나라의 대사(大事)가 오로지 내 한 몸에 달려 있으니, 감히 마음을 다하지 않겠는가? 배신은 우선 돌아가오. 내가 마땅히 헤아려서 잘 처리하여 끝내 기필코 아무런 일이 없도록 할 것이니, 안심하고 안심하오."라고 하고는, 이윽고 왕 천총(王千摠: 왕륜)의 하처(下處: 임시 숙소)에서 쉬었다가 밥을 먹고 돌아가게 하였다.

저녁에 평조신(平調信)이 사람을 보내어 말하기를, "심 노야(沈老爺: 심유경)께서 관백에게 편지를 보냈고, 또한 정성(正成)·행장(行長: 소서행장) 등에게 군대를 철수하고 서로 왕래하는 일 등을 의논하러 가게 하였으니, 내일 오후에는 마땅히 회답할 것이오."라고 하였다.

初五日(戊戌)

是日, 曉雨晚晴。朝, 往沈天使衙門, 有倭僧三人, 是關白所親近, 掌書記者, 來議回謝表文[9]云。其一名玄以[10], 最居中用事[11]者。三僧皆坐轎而行, 其去也, 行長·正成輩, 露脚至膝。蹇裳疾趨, 導轎前而走, 其致敬如此。三僧旣出, 通信使遂求見沈天使, 天使辭不見, 謂譯官李愉, 曰: "陪臣雖不來見我, 我已知陪臣欲言之事, 不須相見。我之此來, 專爲朝鮮事, 況陪臣隨我, 一年同處者, 不比它人, 我豈可輕去不顧乎? 然此則小事也。一國大事, 專在我身上, 敢不盡心乎? 陪臣姑回去。我當商量善處, 終必無

---

9 表文(표문): 중국의 임금에게 보내던 외교문서.
10 玄以(현이): 마에다 겐이(前田 玄以). 戰國시대부터 安土桃山시대에 걸친 승려, 무장, 다이묘이었다. 豐臣秀吉 정권의 五奉行 가운데 한 사람이다.
11 用事(용사): 권세를 부림.

事, 放心放心." 因令歇王千摠下處[12], 吃飯而去。昏, 調信使人來言: "沈老爺貽書關白, 且使正成·行長等, 往議撤兵·通信等事, 明日午後, 當回話矣."

【再造藩邦志】

아침에 정사(正使: 황신)와 부사(副使: 박홍장)가 심유경(沈惟敬)의 아문(衙門)에 갔더니 관백(關白)이 승려 3명을 보냈는데, 모두 관백이 신임하는 자들로 그 중에서도 현이(玄以: 마에다 겐이)란 자가 가장 권세를 부리는 자이었다. 승려 3명이 심유경을 만나보고서 떠나가자, 행장(行長: 소서행장)과 정성(正成: 寺澤正成) 등이 손으로 바짓자락을 걷어 올려 두 다리가 드러나도록 해서 가마 앞을 빠르게 쫓았지만 세 승려는 가마 위에서 태연하게 꼼짝도 하지 않았으니, 왜인들이 승려를 존경함이 이와 같았다.

사신(使臣: 통신사)들이 심 천사(沈天使: 심유경)에게 보기를 청하였으나, 심 천사는 만나주지 않고 역관(譯官) 이유(李愉)에게 일러 말하기를, "내가 비록 배신(陪臣: 황신)을 만나보지 않았을지라도 배신이 나에게 말하고자 하는 뜻을 이미 알고 있소. 어찌하여 반드시 만나보아야 하겠소? 내가 여기에 온 것은 오로지 조선(朝鮮)에 관한 일을 처리하려는 것이오. 하물며 배신이 나를 따라 1년이나 같이 있던 사람으로 다른 사람과는 자연 구별되는데, 내가 어찌 내버려두고 가벼이 가버리고서 돌아보지 않겠소? 그러나 이것은 작은 일

---

12 下處(하처): 임시로 머무는 곳.

이오. 나라의 대사(大事)가 내 몸에 달려 있으니, 마음을 다하지 않을 수 없소. 배신은 우선 기다리시오. 내가 헤아려서 잘 처리하여 반드시 일이 이루어지도록 할 터이니, 안심하고 지나치게 우려하지 마오."라고 하자, 황신 등이 그대로 되돌아왔다.

날이 저물자, 평조신(平調信)이 사람을 보내어 말하기를, "심 노야(沈老爺)께서 관백에게 편지를 보냈고, 또 행장(行長: 소서행장)과 정성(正成)을 보내어 군대를 철수하는 일 및 조선 사신의 접견을 허락하는 일을 의논하도록 관백의 처소에 보냈으니, 내일 오후에는 회답이 있을 것이오."라고 하였다.

初五日。朝, 正副使, 至沈惟敬衙門, 則關白遣三僧, 皆關白信任者, 其中玄以者, 最用事。三僧見沈惟敬而出, 行長·正成等, 以手褰袴, 露其兩脚, 疾趨轎前, 三僧在轎上, 晏然不動, 諸倭之尊敬如此。使臣請謁於沈天使, 沈天使不見, 謂譯官李愉, 曰: "吾雖不見陪臣, 已知陪臣所欲言之意也。何必相見乎? 吾之此行, 專管朝鮮事也。況陪臣與我一年同處之人, 與他人自別, 吾豈棄之而徑歸不顧乎? 然此亦小事也。國之大事, 繫於我身, 不可不盡。陪臣姑待之。吾思量善處, 必至成事, 寬心無過憂也。"愼等乃還。夕, 平調信送人, 言曰: "沈老爺以書抵關白, 又遣行長·正成, 以撤兵事及朝鮮使臣許見事, 往關白處, 明日午後, 當有回報爾。"

6일(기해)

이날은 맑았다.

저녁에 행장(行長: 소서행장)·정성(正成: 寺澤正成) 및 삼성(三成:

石田三成, 이시다 미쓰나리)·장성(長盛: 增田長盛, 마시타 나가모리) 등이 오사개(五沙蓋: 大阪)에서 왔다.

한밤중에 평조신(平調信)이 하처(下處: 임시숙소)를 찾아와서 일러 말했다.

"오늘 행장 등이 심 천사(沈天使: 심유경)의 편지를 가지고 가서 관백(關白)을 만나보았는데, 관백이 크게 노하여 말하기를, '천조(天朝: 명나라 조정)에서는 이미 사신을 보내어 책봉해주었으니 내가 우선 참고 견디려 했으나, 조선은 무례하기가 이 지경에 이르렀으니 지금 화친을 허락할 수 없다. 내가 바야흐로 재차 싸워서 다 죽이려는데, 하물며 군대를 철수하는 일을 의논할 수 있겠느냐? 천사(天使: 명나라 사신) 또한 오래 머무를 필요가 없으니 내일은 곧 배에 오르도록 청하고, 조선 사신 또한 떠나가도록 하는 것이야말로 가하다. 내가 마땅히 군사를 징발하는 한편 이번 겨울이 닥치면 조선에 가겠다.'라고 운운했으며, 또한 듣건대 이미 청정(清正: 加藤清正)을 불러와 일을 꾸민다고 하니, 청정이 뜻을 이루게 되면 사태가 장차 예측할 수 없게 되어 행장(行長)과 우리는 죽을 날이 머지않을 것이오."

또 말했다.

"내가 처음 관백을 만났을 때, 관백이 묻기를, '왕자는 어찌하여 오지 않았느냐?'라고 하는지라, 내가 대답하기를, '왕자는 나이 어린데다 임진년(1592) 북방(北方: 함경도)에 있으면서 일 처리가 사리에 어그러져 인심을 잃는 지경에 이르렀는데, 마침내 토민(土民: 토착백성)에게 사로잡히고 항복까지 했으므로 국왕(國王: 宣祖)이 죄주

어 먼 변방에 유배하였습니다. 지금 건너온 사신 또한 벼슬이 높은
관리입니다. 대개 조선에서는 일본을 두려워하여 모두가 만일 사신
으로 가게 되면 반드시 살해되거나 구류된다고 생각하기 때문에,
저마다 가기를 꺼려서 주저하고 의심하여 결정하지 못했습니다. 그
러나 이 사신은 홀로 말하기를, 「예로부터 사신을 죽인 나라는 없었
으니, 일본이 비록 강하기는 하나 절대로 이런 이치는 없을 것이다.」
라고 하고는 그대로 자청해 왔습니다.'라고 하였소. 그러자 관백이
크게 웃으며 말하기를, '그렇다면 내가 마땅히 속히 보고 천사(天使:
명나라 사신)와 같이 돌아가도록 하겠다.'라고 하고서 즉시 붓과 벼루
를 가져오게 하여 친히 비답(批答)하기를, '두 천사 및 통신사가 임
시로 머무를 객관(客館)으로 양 천사에게는 가강(家康: 德川家康)의
집을, 심 천사에게는 평수가(平秀家: 풍신수길의 양아들)의 집을, 조선
사신에게는 가하수(加賀守: 카가노카마)의 집을 주되, 미리 고쳐서 깨
끗이 치워놓으라.' 하며 서로 만날 날짜까지 이미 정해두었소. 그
런데 어떤 사람이 이간질하여 중도에 변경되었는지 알 수가 없소.
지금은 관백이 이미 몹시 화가 난데다 청정(淸正: 加藤淸正)이 게다
가 따라서 일을 꾸미니, 대사(大事)는 이미 이루어질 수 없게 되었
소. 오늘 저녁에 행장(行長: 소서행장) 또한 성장(盛長: 長盛의 오기)
등을 마주하여 말하기를, '내가 4, 5년간 이 일을 힘써 주장하였으
나 끝내 결말을 짓지 못하니, 나는 차라리 배를 갈라 죽겠다.'라고
하니, 장성(長盛: 增田長盛)이 말하기를, '그렇게까지 할 필요가 없
소. 우리 또한 답답하나 묵묵히 있을 따름이오.'라고 하였소."

평조신이 또 말하기를, "사신은 반드시 그간의 상황을 속히 치계

(馳啓)하고 싶을 것이니, 만일 사신이 돌아갈 때까지 기다리기로 하면 일이 반드시 지체될 것이라서, 내가 빠른 소형 배 한 척을 구하여 은밀히 보내겠소. 사신도 또한 모름지기 심 천사와 같이 길 떠날 준비를 의논하오."라고 하자, 정사(正使: 황신)가 대답하기를, "내가 어명을 전달하지 못하였는데, 어찌 포기하고 가벼이 돌아가겠소?"라고 하니, 평조신이 말하기를, "관백이 천사(天使)가 온 것을 반가워하다가 화나는데 이르러 오히려 천사를 돌아가라고 재촉하는데, 사신(使臣: 황신)이 비록 홀로 머무르고자 한들 어찌 될 수가 있겠소? 내일 내가 마땅히 사신을 모시고 부산까지 전송해 드리겠소."라고 하였다.

初六日(己亥)

是日, 晴。夕, 行長・正成及三成[13]・長盛[14]等, 來自五沙蓋。夜半, 平調信來到下處, 謂曰: "今日, 行長等, 持沈天使書, 往見關白, 關白大怒曰: '天朝則旣已遣使冊封, 我姑忍耐, 而朝鮮則無

---

13 三成(삼성): 石田三成. 이시다 미쓰나리. 일본 安土桃山시대의 무장. 어려서부터 도요토미 히데요시의 가신으로 총애를 받으며 두각을 나타냈다. 전국통일 이후 일본 전역에서 태합검지를 수행하는데 공헌했고, 임진왜란 때는 조선으로 건너와 군감의 역할을 맡았다. 이런 가운데 히데요시의 무장들과 대립하여 결국 도요토미 정권의 분열을 조장하기도 했다. 히데요시 사후에는 도쿠가와 이에야스와 대립, 서국의 다이묘들을 규합해 세키가하라 전투에서 동군과 대적했으나, 결국 아군의 배신으로 패한 끝에 체포되어 처형되었다.

14 長盛(장성): 增田長盛. 마시타 나가모리. 일본 安土桃山시대부터 에도시대 초기에 걸친 무장이자 다이묘. 임진왜란에서는 이시다 미쓰나리, 오타니 요시쓰구와 함께 조선에 걸쳐 한성에 주둔하는 봉행으로서 점령지 통치와 병참에 종사하며 벽제관 전투와 행주대첩에도 참가하였다.

禮至此, 今不可許和。我方再要厮殺, 況可議撤兵之事乎? 天使亦不須久留, 明日便請上舡, 朝鮮使臣亦令出去, 可也。我當一面調兵[15], 趁今冬往朝鮮。'云云。且聞已召淸正[16]來計事, 淸正得志, 則事將不測, 行長與我輩, 死無日矣。" 又曰: "我初見關白, 關白問: '王子何以不來?', 答我言: '王子年幼, 且壬辰在北, 處置乖宜[17], 致失人心, 逐被土民[18]所擒降, 故國王罪之, 置諸邊遠[19]。今來使臣, 亦是大官[20]。蓋朝鮮怕日本, 皆謂使臣若往, 則必被殺害, 或爲拘留云, 故人人憚行, 遲疑未決。此使臣獨言: 「自古無殺使臣之國, 日本雖强, 必無此理。」仍自請而來矣。'關白大笑曰: '然則, 我當速見, 使之同天使偕還也。'卽令取筆硯來, 親批: '兩天使及通信使寓館, 楊天使則家康[21]家, 沈天使則平秀家[22]家, 朝

---

15 調兵(조병): 군사를 징발함.

16 淸正(청정): 加藤淸正. 가토 기요마사. 임진왜란 당시 일본군 제2군을 지휘하여 조선을 침략한 장수. 한양에 입성한 후 함경도로 전진하여 조선의 왕자를 인질로 사로잡았다. 강화 교섭기에는 울산에 주둔하면서 조선의 사명대사 惟政과 교섭하기도 했다. 강화교섭 결렬 후 조선을 다시 침략했다. 조명연합군이 그의 진지 울산성을 공격한 울산성 전투(도산성 전투)에서 고전하기도 했다. 임진왜란이 끝난 후 벌어진 관원[關ヶ原] 전투 때에는 德川家康의 동군에 속하여 구주에서 小西行長의 성을 공격했다. 소서행장에게 강한 경쟁심을 품고 있었으며 두 사람은 임진왜란과 관원 전투 때까지 지속적인 갈등 관계에 있었던 것으로 알려져 있다.

17 乖宜(괴의): 사리에 어그러져 마땅하지 아니함.

18 土民(토민): 대대로 그 지방에서 사는 백성.

19 邊遠(변원): 먼 국경지대. 중심지로부터 멀리 떨어진 곳.

20 大官(대관): 직위가 높은 벼슬.

21 家康(가강): 德川家康. 도쿠가와 이에야스. 본명은 도쿠가와 다케치요(德川竹千代). 일본 安土桃山시대에서 에도시대까지의 무장. 아시카가 바쿠후가 세력

鮮使臣則加賀守[23]家, 使之預爲修掃.' 相會已有日子矣。不知誰
人讒間[24]而中變也。今則關白旣已盛怒, 淸正又從而構之, 大事
已不可成矣。今夕, 行長亦對盛長[25]等, 言: '我四五年, 力主此
事, 竟無結局, 我寧刺腹而死也.' 長盛曰: '不須如此。我輩亦悶
嘿而已.'云 調信又曰: "使臣必欲速爲馳啓此間事體, 若待使臣廻
還, 則事必遲滯。□□□我當討一小快舡, 密遣也。使臣亦須與沈
天使同議起程也." 正使答曰: "我未獲傳命, 豈可□□[26]徑歸?" 調
信曰: "關白喜歡天使之來, 而及其發怒, 猶促其還, 使臣雖欲獨
留, 安可得乎? 明日, 我當陪使臣, 送到釜山也."

【再造藩邦志】

한밤중에 평조신(平調信)이 찾아와서 황신을 보고 말했다.

"오늘 낮쯤에 행장(行長: 소서행장)·정성(正成: 寺澤正成)·삼성(三
成: 石田三成, 이시다 미쓰나리)·이장(二長) 등이 오사포(五沙浦: 大阪)

이 약해져 군웅할거하는 1세기에 걸친 혼란 시대를 종식시킨 도요토미 히데요시
가 임진왜란을 일으켰다가 사망하면서 국내에서 힘을 비축한 이에야스는 1600년
세키가하라 전투로 강력한 정적들을 제압하고 일본을 통일했다.

22 平秀家(평수가): 우키다 히데이에. 도요토미 히데요시의 양자. 임진왜란에서 20
세의 나이로 총대장을 맡았고, 1년 후 행주대첩에서 저격을 당해 목숨이 위태로
울 정도의 중상을 입었고 28살에는 세키가하라 전투에 참전했다가 패배하는 바
람에 유배되어 83살에 사망하는 그 순간까지 무려 55년 동안 태평양의 작은 섬
하치조마치에서 유배 생활을 했다.

23 加賀守(가하수): 카가노카마.

24 讒間(참간): 참소하여 남의 사이를 벌리게 함.

25 盛長(성장): 長盛의 오기.

26 棄之인 듯.

에서 와서 관백(關白)의 말을 전하기를, '천조(天朝: 명나라 조정)에서
는 천사(天使)를 보내서 나를 왕으로 봉하였으니, 영화롭다면 영화
롭다. 그러나 조선(朝鮮)이 무례하므로 화친을 허락할 수가 없고 다
시 군대를 일으켜 정벌 전쟁을 하려는데, 어찌 군대를 철수할 리가
있겠는가? 천사(天使)는 오래 머물러도 아무런 도움이 없으리니, 내
일 배를 타고 떠나감이 좋을 것이다. 조선 사신 또한 마땅히 보내줄
것이다. 내가 군사를 모으는 한편 올해 안에 마땅히 조선으로 향할
것이다.'라고 하였으며, 또 듣자니 이미 청정(淸正: 加藤淸正)을 불러
서 다시 조선에 쳐들어갈 계책을 의논하였다 하는데, 청정이 만약
뜻을 이루게 되면 사태가 심히 난처하게 될 것이니 행장(行長) 및
우리는 다만 죽기를 기다릴 뿐이오."

평조신이 또 말했다.

"내가 처음 관백을 만나보았을 때, 관백이 묻기를, '조선은 어찌
하여 왕자(王子)를 보내지 않느냐?'라고 하는지라, 내가 대답하기
를, '왕자는 나이 어린데다 임진년(1592) 북방에 가 있으면서 일 처
리가 사리에 많이 어그러져 크게 인심을 잃었는데, 그 지방의 병정
들에게 붙잡히고 항복까지 했으므로 국왕(國王: 宣祖)이 죄주어 멀
리 유배하여 아직 돌아오지 못하였습니다. 지금 조선에서 파견한
사신은 그 벼슬 또한 높은 자입니다. 조선에서는 일본을 두려워하
여 모두가 말하기를, 「사신으로 만약 가게 되면 반드시 죽이거나
잡아두고서 돌려보내지 않을 것이다.」라고 하며 싫어하고 피하지
않는 자가 없었습니다. 그러나 이 사신만은 「옛날부터 남의 나라
사신을 죽인 나라는 없었으니, 일본이 비록 강하기는 하나 절대로

이런 일은 없을 것이다.」라고 하고는 자청하여 온 것입니다.'라고 하였소. 그러자 관백이 크게 웃으며 말하기를, '그렇다면 그 사신을 속히 보고 천사(天使: 명나라 사신)와 같이 돌아가게 함이 좋겠다.'라고 하고서 즉시 붓으로 사신이 머무를 객관(客館)을 정하여 썼는데, 양 천사(楊天使: 양방형)에게는 사강(沙康: 家康의 오기)의 집으로, 심 천사(沈天使: 심유경)는 평수가(平秀嘉: 平秀家)의 집으로, 조선 사신은 가하수(賈賀秀: 加賀守)의 집으로 들게 하려고 미리 수리도 하게 하였으며, 또 서로 만날 날짜도 정하였소. 그런데 진행되고 있는 사이에 참소하는 사람의 말을 갑자기 듣고서 마음이 변하여 이 지경에 이르렀소. 앞으로는 관백이 이미 화가 난 데다 또 청정(淸正)이 뜻을 같이하여 돕고 있으므로 대사(大事)가 이루어질 수 없게 되었소. 오늘 저녁에 행장(行長: 소서행장)이 장성(長成: 增田長盛)에게 이르기를, '나는 3, 4년간 이 일을 힘써 주장하였으나 끝내 이루지 못하였으니, 나는 차라리 배를 갈라 죽겠다.'라고 하니, 장성이 말하기를, '그렇게까지 할 필요가 있겠소? 우리들의 심정 또한 한스러우나 말할 수가 없으니 지극히 답답할 뿐이다.'라고 하였소."

평조신이 또 말하기를, "사신(使臣: 황신)이 반드시 사정을 먼저 알리고 싶을 것이니, 만약 내보낼 사람을 정하면 내가 가벼운 배를 남몰래 보내겠소. 심 천사(沈天使)와 상의하여 같이 떠나가는 것이 좋겠소."라고 하자, 황신이 말하기를, "내가 우리 국왕의 명을 받들고 와서 아직 국서(國書)도 전하지 못했는데, 어찌 마음대로 떠나갈 수 있겠소?"라고 하니, 평조신이 말하기를, "관백이 처음에는 천사(天使)를 보고 기뻐하다가 화가 난 뒤로는 사신 또한 돌아가게 하라고 재촉하는데, 비록 홀로 머무르고자 한들 어찌 될 수가 있겠소? 내일 내가 마땅히 사신을 모시고 부산까지 가겠소."라고 하였다.

관백(關白)이 화를 낸 뒤로부터는 제왜(諸倭)가 혹은 관백이 장차 사신을 잡아 가두려 한다고 말하고, 혹은 사신 일행을 죄다 죽이려 한다고 말하고, 혹은 사신이 낭고야(郞古耶: 나고야)에 도착하면 감금될 것이라고 말하여 거짓으로 떠도는 말이 날로 심해지자, 일행은 자못 마음이 동요되어 술렁이고 두려워하였다. 포로로 잡혀있던 사람들도 제각기 와서 들은 말을 전했는데, 군관(軍官)들과 동향인 자도 와서 서로 고하며 손을 잡고 눈물을 흘리니, 그 가운데 담력이 없고 겁이 많은 자들은 여기저기서 눈물 흘리며 울고 있었다. 역관(譯官)들처럼 사정을 잘 아는 자는 동요하지 않았으나, 군관들은 모두 경상도 사람으로 무지하고 무식하여 사태를 잘 알지 못하였기 때문에 이처럼 경솔하게 행동한 것이다.

황신(黃愼)이 여러 군관을 불러서 깨우쳐 말하기를, "너희들은 모두 영남 사람이다. 영남 사람들은 임진년(1592) 병란(兵亂)에 첫 번째로 죽었고, 갑오년(1594) 기근(饑饉)에 두 번째로 죽었고, 을미년(1595) 전염병에 세 번째로 죽었으니, 너희들이 그때 죽지 않은 것만도 이미 다행이었다. 가령 너희들이 오늘 여기서 죽는다고 해도 저 죽은 사람들보다 나중에 죽는 것이고, 또 이왕 죽을 바에는 차라리 나랏일을 하다가 죽는 것이 어찌 영광스럽지 않겠느냐? 하물며 지금은 별다른 염려도 없거늘, 어찌하여 이처럼 겁에 질려 체면을 손상하여 적국 사람들에게 비웃음거리가 되느냐? 진실로 이런 해치는 일이 있다면 마땅히 나에게 먼저 미칠 것이거늘, 나는 오히려 동요하지 않는데 너희들이 어찌 그런단 말이냐? 지금은 우선 용서하나, 나중에 이런 행동이 있으면 결단코 용서하지 않을 것이다."라고 하니, 군관들이 일제히 대답하기를, "이후로는 감히 그러지 않겠습니다."라고 하였다.

염사근(廉思謹)이 장성(長成: 增田長盛)의 집에서 와서 사신(使臣: 황신)에게 말하기를, "어제 장성이 저에게 말하기를, '조선 사신은 본래 고관대작으로 있던 사람이 아니니, 정사(正使)는 전에 낭관(郞官)으로 심 유격(沈游擊: 심유경)을 따라서 부산(釜山)에 있던 자이오. 관백(關白)이 왕자도 오지 않고 사신도 벼슬이 낮은 자이어서 더욱 조선의 무례함에 화가 났었소. 그래서 처음에는 사신을 찢어 죽이고 일행을 잡아 가두려는 것을 그가 삼성(三成: 石田三成)과 함께 만류하며 말하기를, 「이는 사신이 알 바가 아닌데다 옛날부터 남의 나라 사신을 죽인 나라는 없으니, 만약 그렇게 되면 뒷날의 구실거리가 영영 끊어질 것입니다.」라고 하니, 관백도 그렇게 여겼소. 청정(淸正: 가등청정) 또한 이미 관백에게 하직하고 물러갔는데, 만약 행장을 꾸려서 가려고 할지라도 필시 빨리 가지는 못할 것이오. 그러나 겨울 안에 조선으로 떠나는 것이 정해졌으니, 대규모의 병력은 내년 2월에나 바다를 건너갈 것이오.'라고 하였습니다."라고 하였다.

初六日。夜半, 平調信來, 見黃愼曰: "今日午間, 行長·正成·三成·二長[27]等, 來自五沙浦, 傳關白言, 曰: '天朝差天使, 封我爲王, 榮則榮矣。朝鮮無禮, 故不可許和, 當再擧兵征戰, 豈有撤兵之理? 天使久留無益, 明日登船發程可也。朝鮮使臣亦當出

送。吾一面聚兵, 今年內當向朝鮮.' 又聞已招淸正, 議再入朝鮮
之計, 淸正若得志, 事有甚難者, 行長及吾輩, 只有待死已耳." 調
信又曰: "吾初見關白, 關白問: '朝鮮何爲不遣王子乎?' 吾答曰:
'王子年少, 且於壬辰, 往北方, 處事多乖, 大失人心, 爲土兵所執
而降, 國王論罪, 遠謫未歸。今遣使臣, 爵秩亦高矣。朝鮮畏日
本, 皆言: 「使臣若往, 則必殺之, 或拘留不還。」莫不厭避。此使
臣獨以爲, 「自古無殺使臣之國, 日本雖强, 決無此事。」自請以來
矣.' 關白大笑曰: '然則, 速見其使, 與天使, 同時遣歸, 可也.' 卽
以筆定館所, 楊天使將館于沙康[28]家, 沈天使將館于平秀嘉[29]家,
朝鮮使臣將館□[30]賈賀秀[31]家, 預爲修理, 又定相會之日矣。中間
忽聽譖人之言, 心變至此。今後關白已發怒, 淸正又贊助之, 故
大事不成。今夕, 行長謂長成[32]曰: '吾三四年, 力主此事, 終不得
成, 吾寧刺腹而死.' 長成曰: '何用如是? 在吾輩之心, 亦可恨也,
然不能言, 極是鬱鬱.'" 調信又曰: "使臣必欲先通事情, 若定出送
之人, 則吾以輕船潛送。與沈天使相議, 同時出往, 可也." 愼曰:
"吾受我國命, 尙未傳國書, 何可任意出去?" 調信曰: "關白初喜
天使, 而發怒之後, 亦使催歸, 雖欲獨留, 何可得乎? 明日, 吾當
陪使臣, 而往至釜山爾." 自關白發怒之後, 諸倭或言關白將欲拘

---

27 二長(이장): 《日本往還日記》에 따르면, 長盛(增田長盛)인 듯.

28 沙康(사강): 家康의 오기.

29 平秀嘉(평수가): 平秀家로도 표기됨.

30 于인 듯.

31 賈賀秀(가하수): 加賀守로도 표기됨.

32 長成(장성): 長盛으로도 표기됨.

留使臣, 或言一行欲盡殺之, 或言到郎古邪幽囚, 訛言日甚, 一行
頗擾洶懼。被擄之人, 各以所聞來傳言, 有與軍官輩同鄕者, 亦
來相告, 握手涕泣, 其中無膽多㤼者, 處處涕泣。如譯官之能知
事情者則不動, 而軍官皆是慶尙道人, 無知無識, 不諳事體, 故如
是輕動也。愼召諸軍官, 諭之曰: "爾曹皆嶺南人。嶺南人一死於
壬辰兵亂, 再死於甲午饑饉, 三死於乙未癘疫, 爾曹不死於此, 亦
已幸矣。假令爾曹死於今日, 而是後於諸人, 且與其死也, 毋寧
死於國事, 豈不榮哉? 況今者別無他慮, 何乃如是恇㤼[33], 以損體
面, 爲敵人所笑乎? 苟有此擧, 當先及我, 我尙不動, 爾曹奚爲
哉? 今姑恕之, 後有此擧, 則決不容貸矣。"軍官等, 齊聲應曰: "此
後, 不敢如是矣。"廉思謹, 自長成家, 來言于使臣, 曰: "昨日, 長
成謂小的[34], 曰: "朝鮮使臣, 本非高官大爵之人, 正使前以郎隨沈
游擊, 在釜山者也。關白, 以王子不來而使臣秩卑, 故益怒朝鮮
無禮。初欲磔殺使臣, 而拘留一行, 渠與三成, 止之曰: 「非使臣
所知, 且自古無殺使之國, 若然則, 永絶後路矣。」關白然之。淸
正亦已辭關白而退, 若治行李而往, 則必不速矣。而冬間, 定向
朝鮮, 大兵則明年二月當越海."

7일(경자)

이날은 맑았다. 지진이 일어났다.

---

33 恇㤼(광겁): 겁에 질림.
34 小的(소적): 저. 나.

관백이 화를 낸 뒤로부터는 왜인들 가운데 관백이 통신사를 구류하여 가두려 한다고 많이 말하고, 혹은 통신사 일행의 원역(員役)들을 죄다 죽이려 한다고 말하자, 이 때문에 군관(軍官)의 무리가 두려워하고 놀라면서 당혹스러워하였는데, 점차 구석을 쳐다보며 눈물을 흘리는 자가 있었다. 군관들 가운데 대개 영남의 순박하고 무식한 사람들이 많아서 망령되이 스스로 겁을 먹었으나, 역관(譯官)들은 사정을 조금 알아 모두 두려워하는 기색이 없었다. 정사(正使: 황신)가 이에 군관 등을 불러 알아듣도록 타이르기를, "너희들은 영남 사람들로서 임진년(1592) 왜적(倭賊)의 칼날에 첫 번째로 죽었고, 갑오년(1594) 기근(饑饉)에 두 번째로 죽었고, 을미년(1595) 전염병에 세 번째로 죽었다. 가령 너희들이 오늘 죽는다고 해도 오히려 가장 나중에 죽는 것이 되고, 같은 죽음일지라도 나랏일에 죽으니, 죽음이 또한 영광스럽다. 하물며 오늘의 사태는 결코 별다른 염려도 없거늘, 어찌 감히 망령되이 스스로 술렁거리며 지나치게 겁내고 동요하여 체면을 손상시켜 적국 사람들에게 비웃음을 자초하느냐? 지금은 우선 너희들을 용서하나, 만약 이와 같은 일이 다시 있으면 마땅히 먼저 무거운 곤장을 내릴 것이다."라고 하니, 모두 말하기를, "감히 그러지 않겠습니다."라고 하였다.

初七日(庚子)

是日, 晴。地震。自關白發怒之後, 倭中多言關白欲拘囚通信使, 或云盡殺通信一行員役[35], 以此軍官輩, 惶駭疑惑, 漸有向隅

---

35 員役(원역): 벼슬아치 밑에서 일하는 구실아치로 서리의 하나를 이르던 말.

啼泣者。軍官輩中, 蓋多嶺南朴野無識之徒, 妄自怔怯, 譯官輩
則稍知事情, 俱無懼色。正使, 乃召軍官等, 曉諭之曰: "你們嶺
南之人, 一死於壬辰之賊鋒, 再死於甲午之飢饉, 三死於乙未之
癘疫。假令汝等死於今日, 猶爲最後死, 而等死, 死王事, 死亦榮
矣。況今日之事, 決無他虞, 何敢妄自騷動, 過爲怔撓, 以傷體
面, 取笑敵人乎? 今姑饒你, 如再有如此, 則當先與重棍也。" 皆
曰: "不敢."

8일(신축)

이날은 맑았다.

아침에 부사(副使: 박홍장)와 같이 가서 양 천사(楊天使: 양방형)를
뵙고 품의(稟議)하기를, "저희는 당초에 국왕의 명을 받들고 노야(老
爺)와 동행하여 노야의 지휘를 받으며 조처하려고 했는데, 이제 듣
건대 노야께서 길을 떠나려고 하신다니 저희가 어떻게 대처해야 할
지 모르겠습니다."라고 하자, 양 천사가 말하기를, "나는 오늘이나
내일 사이 마땅히 배에 오를 것이니, 배신(陪臣: 황신)도 모름지기
행장을 수습하여 나와 같이 길을 떠나는 것이 좋겠소."라고 하니,
통신사(通信使: 황신)가 대답하기를, "저희가 사명을 받들고 여기에
온 것이 관백(關白)에게 국서(國書)와 폐물(幣物)을 전하는 것인데,
지금 어명을 전하지 못하고 돌아간다면 국왕께 보고할 회답이 없습
니다. 이는 저희가 사명(使命)을 형편없이 받들은 소치로 말미암은
것이니, 차라리 여기서 죽고자 합니다."라고 하였다. 양 천사가 말
하기를, "그렇게까지 할 이치가 없소. 설령 지금 배신들이 국서를

가져다 관백에게 전했는데 관백이 국서를 찢어발기고 사신을 구타하여 끌어냈다면, 이는 과연 함께 죽어야 할 일이오. 그러나 지금 배신이 국서를 가지고 왔는데도 관백이 접대하지 않아서 단지 국서를 받들어 국왕에게 도로 바쳐야만 하는 것인데, 무슨 손상될 일이 있단 말이오? 배신은 나를 따라온 사람이니, 내가 만약 길을 떠난다면 이는 자연스럽게 그렇게 해야 할 것이지 다시 다른 도리가 없소." 라고 하고, 또 말하기를, "죽는 것은 필부(匹夫)의 용맹이나, 함께 죽어야 했다면 내가 일찍이 이미 죽었을 것이오. 단지 죽는 것만으로는 아무런 보탬이 없을 뿐이오."라고 하니, 통신사가 대답하기를, "노야께서는 이미 책봉(冊封)의 고명(誥命)을 알리는 칙서(勅書)를 반포하였으니, 이는 천조(天朝)의 대사(大事)를 이미 끝마친 것입니다. 저희는 아직 일을 제대로 마무리 짓지도 못하고 장차 헛되이 돌아가게 생겼기 때문에 근심스럽고 답답하여 죽고만 싶습니다."라고 하였다. 양 천사가 말하기를, "그대들은 천조(天朝)의 일이 이미 마무리되었다고 말하지 마오. 내가 이미 고명의 칙서를 반포하고 인장(印章)을 내렸으나 사은표문(謝恩表文)을 지금까지 토론하지도 못했으니, 되레 그대들이 국서를 자기 신상에 지닌 것만 못하오. 천조의 일 또한 마무리되지 않았으니, 처음부터 끝까지 한바탕 부끄러울 일이오. 지금 그대들은 비록 10년을 머무른다 한들 일을 마무리 짓지 못할 것이고, 그대들 300명이 비록 모두 죽는다 한들 처리하지 못할 것이오. 단지 나를 따라 같이 돌아가 국왕 앞에 이르러서 함께 이 일을 의논하고, 모름지기 천조(天朝)에 명백하게 알려야만 마땅하오. 만약 명백하게 알리지 않으면 대사를 그르치게 될 것이오."라고 하였다.

통신사 등이 그대로 가서 심 천사(沈天使)를 만나보고 말하기를, "배신(陪臣) 등이 어명을 받고 이곳에 와서 전적으로 두 노야(兩老爺: 양방형과 심유경)만 믿었는데, 지금 사태가 사리에 합당하게 처리되지 않으니 어떻게 대처해야 할지 모르겠습니다."라고 하니, 심 천사가 말하기를, "함께 가야 하오, 함께 가야 하오. 가령 손님이 대문에 왔는데도 주인이 맞아들이지 않는다면, 어떻게 억지로 머무를 수 있겠소? 관백의 하는 짓이 지극히 고약하니, 호의를 가지고 상대하기가 어렵소."라고 하였고, 또 말하기를, "사람이 우물가에 있어야 바야흐로 우물 속에 있는 사람을 구출할 수 있을진대, 지금 자기가 바야흐로 그 우물 속에 있으니 어떻게 능히 남을 구할 수 있겠소. 우리는 단지 모름지기 빨리 가서 다시 이 일을 의논해야만 하니, 배신(陪臣) 또한 수습하여 길을 떠나는 것이 마땅하오."라고 하였다.

○ 날이 저물자 평조신(平調信)이 찾아와서 정사(正使: 황신)에게 일러 말하기를, "내가 사신을 모시고 이곳까지 왔다가 뜻밖에도 관백의 진노로 한바탕 헛걸음만 하게 하였으니, 나는 몹시 창피스럽고 부끄럽소. 이제 이 한 가지의 일은 오직 청정(清正: 가등청정) 한 사람만 기뻐할 뿐이고, 그 나머지 삼봉행(三奉行: 寺社奉行·勘定奉行·町奉行) 이하 모두가 한스럽게 여기고 있소. 어제 듣건대 청정이 관백(關白)을 마주하고 말하기를, '애초에 제 말을 듣고 두 왕자(王子)를 놓아주지 않았으면 조선에서 반드시 우리를 감히 업신여기지 않았을 것입니다. 지금 제가 다시 가면 조선에서 왕자를 보내어 사과하도록 할 것인데, 저들이 만약 기꺼이 하지 않으면 제가 마땅히

다시 두 왕자를 잡아다가 산 채로 바치겠습니다.'라고 하자, 관백은 이미 청정 등 다섯 장수를 먼저 가게 하고, 대규모의 군사들이 뒤따라가도록 했다고 하오. 사신들의 돌아가는 행차가 마땅히 청정보다 앞서서 조정에 돌아가 보고하여 상의하고 조치해야만 하오. 다만 청정은 성질이 급하고 간혹 위협적이라서 이 기회를 틈타 곧장 앞으로 나아가 싸우며 마구 죽이려 한다면, 형세가 미처 주선할 수 없을 것이오. 지금 사신이 혹시 임시변통의 말로라도 왕자 보내는 것을 허락하도록 곡진하게 하여서 군사 출동의 기일을 늦출 수 있겠소?"라고 하였는데, 정사가 대답하기를, "왕자는 결코 올 수가 없소. 그대 또한 어찌 우리나라에서 반드시 왕자를 보내지 않을 것을 몰라서 이런 말을 하는 것이오? 또한 우리나라의 법에 왕자는 비록 존귀(尊貴)하기는 할지라도 단지 국록(國祿)만 먹을 뿐이고, 일은 관장하지 못하는 까닭에 국내의 사소한 임무일지라도 관장하는 것을 허락하지 않는데, 더구나 외국에 사신으로 나가는 그 임무가 지극히 중함에랴. 두 왕자께서는 나이가 어려 일을 경험해보지 못했으니, 어떻게 먼 사행길을 감당할 수 있겠소? 이는 비록 말한다고 할지라도 허락될 리가 만무하니, 사신에게는 죽음만이 있을 따름이지 감히 입에 담을 바가 아니오."라고 하자, 평조신이 말하기를, "나 또한 그러한 뜻을 알기 때문에 일찍이 사신을 마주하고 이런 일을 말한 적이 없었소. 단지 사신만 감히 입에 담지 못할 바가 아니라, 비록 온 조정일지라도 또한 참으로 말하기 어려웠을 것이니, 반드시 모름지기 국왕께서 자식에게 베푸는 따사롭고 돈독한 마음을 끊으며 애써 누르고 만백성의 생명을 구제하시려는 뒤에야 비로소 일이 이루어질 수 있게 될 것이오. 내가 근래에 온갖 계책을 생각해 보아도 다시 어찌할 수가 없었소. 그다음으로 단지 한 가지 방책만 있으니, 만약 관백이 사신 만나보기를 허락하여 잘 대접하고 보낸다면 즉시 대규모의 군사를 모조리 철수하도록 하고서 이어 조선과 서로 약조하는 것인데, 혹은 해마다 사신을 보내기로 하거나 혹은 한 해씩 걸러 사신을 보내기로 하면서 또한 예폐(禮幣: 예물) 수량도 항식(恒式: 規例)으로 삼는 것이오. 이는 어렵지 않은 일이니, 사신이 비록 재량껏 허락할지라도 무방할 듯하오."라고 하니, 정사가 대답하기를, "혹시 일본이 군대를 철수하고 우호를 도모하기로 한다면, 우리나라 스스로 통신사를 끊을 리가 없소. 그러나 해마다 사신과 예물 보내기로 규례를 정하는 것은 결코 이루어질 수 없는 일이니, 사신이 마음대로 의논할 수 있는 것이 아니오. 하물며 예물의 수량이 많고 적음은 우리가 후하게 하거나 박하게 하기에 달린 것인데, 만약 수량과 품목을 약정한다면 이는 우리에게 방물(方物)을 책임지게 하는 것이어서 그 욕됨이 심하니, 결코 따를 수는 없소. 나는 지금 사신의 도리로 마땅히 한번 죽는 수밖에 다시 할 만한 것이 없소."라고 하였고, 평조신도 말하기를, "나 또한 의지할 곳이 없어서 이런 한가한 말을 한 것이오. 관백이 이미 사신 만나보기를 허락하지 않으니, 이러한 방책인들 또한 시행되기가 어렵소."라고 하였다.

○ 이날, 울산(蔚山) 사람으로서 포로로 끌려와 있던 사람이 동향(同鄕)의 군관들에게 사사로이 일러 말하기를, "관백이 조선의 사신들과 일행의 원역(員役)까지 죽이려 하였으나 그 사실이 도시에 난잡하게 어지러이 소문날까 많이 꺼렸던 까닭에 병고관(兵庫關)에서

제거하려고 한다."라고 하니, 군관의 무리가 놀라고 두려워하여 어찌할 바를 모르자, 통신사가 우두머리 군관[行首軍官]을 불러 타이르기를, "사태가 만일 참으로 순조롭지 못하게 되었다면, 내가 마땅히 먼저 알았을 것이다. 살기를 좋아하고 죽기를 싫어하는 마음이야 나 또한 있는데, 어떻게 이처럼 편안히 있을 수 있겠는가? 나도 나무나 돌 같은 사람이 아니니, 그대들은 응당 나의 동정을 보고서 그 말이 헛말인지 참말인지를 알 수 있을 것이다. 대체로 관백이 우리나라 통신사가 만나보는 것을 허락하지 않는 것은 본래 왕자께서 오지 않아서인데도 먼저 사신을 죽인다면, 이는 들어오기를 바라면서 문을 닫는 것이다. 그렇게 할 리가 있지 않으니, 이로써 결단코 누군가 전한 말이 그릇되었음을 알 수 있다. 또한 통신사를 죽이는 것은 졸렬한 계책이니, 관백이 지극히 흉악하고 교활하나 반드시 그렇게 하지는 않을 것이다. 관백이 만약 통신사를 죽인다면, 우리에게는 진실로 불행한 일이지만 나랏일로서는 매우 다행스러운 것이다. 왜냐하면 그것은 무모한 짓이기 때문이다. 지금 관백이 통신사를 죽이지 않고 돌려보낸다면, 우리에게는 비록 다행일지라도 그의 뜻을 헤아릴 수 없으니 훗날 나라의 근심이 아마도 그치지 않을 것이다. 그대들은 마땅히 다 같이 이런 뜻을 알아두면 좋을 것이다."라고 하였다.

初八日(辛丑)

是日, 晴。朝, 同副使, 往見楊天使, 稟曰: "小的等, 當初奉國王命, 跟隨老爺, 俾服老爺指揮而進退之, 今聞老爺欲爲起程, 小的等未知何以處之也?" 楊天使曰: "我則今明當上舡, 陪臣亦須

收拾行李, 同我起程, 可也." 通信使答曰: "小的等, 奉使此來, 賫
致書幣於關白, 今不獲傳命而還, 則無以回報國王。此由小的等
奉使無狀之所致, 寧欲死於此也." 楊天使曰: "沒有是理。設今陪
臣等, 賫國書呈關白, 關白扯裂³⁶國書, 毆曳使臣, 則此果該死。今
陪臣持國書來, 而關白不爲接待, 只宜奉國書, 而還納於國王, 有
何所損乎? 陪臣是跟隨我者, 我若起身³⁷, 則此是自然的, 更無它
道理也." 又曰: "死是匹夫之勇, 該死我早已死矣。但死之無益耳."
通信使答曰: "老爺則已爲頒勅冊封, 是天朝大事已完也。小的等,
未能竣事, 將爲虛返, 故虞悶欲死耳." 楊天使曰: "你休說天朝事
已完也。我已頒勅賜印, 而謝恩表文³⁸, 至今討未得, 反不如你帶
國書在身上。天朝事還不完了, 從頭至尾, 是一場可羞事也。今
你雖住十年, 完不得事, 你們三百人, 雖都死了, 幹不得。只宜跟

---

36 扯裂(차열): 찢어발김.

37 起身(기신): 자리에서 일어섬. 출발함.

38 謝恩表文(사은표문): 豐臣秀吉의 사은표문은 《宣祖實錄》 1596년 12월 7일 6번
째 기사에 실림. 곧, "일본 국왕 臣 풍신수길은 진실로 황공한 마음으로 머리를
조아립니다. 삼가 생각건대, 해와 달이 비추니 大明을 만국에서 우러러 보고,
강과 바다처럼 흠뻑 적셔 주니 聖化를 한없이 유지하실 것입니다. 천자의 운수
를 높이 받드니 황제의 은혜가 널리 미치셨습니다. 공손히 생각건대, 祖宗의
덕을 밝혀서 인민의 마음을 안정시키시니, 遠近과 大小가 은혜를 입은 것이 堯
舜의 聖世보다 못하지 않으며 威儀와 進退가 禮節에 합한 것이 周·夏의 융성한
기풍보다 넘치는데, 어찌 東海의 小臣이 직접 中華의 盛典을 받을 것을 생각이
나 했겠습니까. 誥命·金印과 禮樂·衣冠에 모두 은총이 담겨져 있습니다. 신은
일일이 감격스럽고 지극한 은혜에 보답하기 위하여 날을 택해 반드시 方物을
갖추어 구중 궁궐에 감사함을 표하겠습니다. 삼가 충심에서 우러나는 정성을
다하겠으니, 원하건대 어리석은 정성을 굽어 살펴 주소서. 天使가 먼저 돌아가
는 편에, 우선 삼가 表文을 올립니다."

我同去, 到國王面前, 共議此事, 須明白奏知天朝. 若奏不明白, 則誤了大矣." 通信使等, 仍往見沈天使曰: "陪臣等, 受命此來, 全靠兩老爺, 今事體不得停當, 未知何以處之." 沈天使曰: "該去 該去. 假如[39]人客到門, 主人不納, 則安得强留乎? 關白所爲, 極 可惡, 難以好意相待也." 又曰: "人在井上, 方□□[40]井中人, 今自 家[41]方在井裡, 安能捄得人耶? 我輩只須快去, 更議此事, 陪臣亦 宜收拾起程也." ○夕, 平調信來, 謂正使, 曰: "我陪使臣到此, 而意外被關白之怒, 致令虛行一遭, 我甚慙恧[42]. 今此一事, 唯 淸正一人獨喜, 其餘三奉行以下, 皆以爲恨也. 昨聞淸正對關白 說: '當初若聽我言, 不放兩王子, 則朝鮮必不敢慢我. 今我再 往, 則能令朝鮮遣王子來謝, 彼若不肯, 則我當再擒兩王子, 生 致之.'云, 關白已令淸正等五將先往, 大軍則隨後出去矣. 使臣 之行, 當在淸正之前, 可以歸報朝廷, 商議處置. 但淸正性快或 恐, 乘此機會, 直欲向前厮殺, 則勢未及周旋. 今使臣倘可權辭 曲許, 以緩師期乎?" 正使答曰: "王子決不可來. 你亦豈不知我 國之必不遣王子乎而有此言耶? 且我國之法, 王子雖尊貴, 只食 祿而已, 不得管事, 故國內些少之任, 亦不許句管[43], 況出使外國, 其任至重? 兩王子, 年幼不經事, 豈堪遠行乎? 此則雖言之, 萬無

---

39 假如(가여): 가령. 만약.

40 能捄인 듯.

41 自家(자가): 自己.

42 慙恧(참뉵): 慙愧. 매우 부끄러워함.

43 句管(구관): 한 지역 또는 한 가지 사무를 맡아 다스리는 것. 관장.

見許之理, 使臣有死而已, 不敢挂口也." 調信曰: "我亦知此意,
故不曾對使臣說此事. 非獨使臣不敢挂口, 雖擧朝廷, 亦殊難言,
必須國王割慈忍愛, 以救萬民之命, 然後方可爲. 我近來百計思
量, 更沒奈何. 其次則但有一策, 若關白許見使臣, 善待而遣之,
卽令盡撤大兵, 仍與朝鮮相約, 或每年遣使, 或間一年遣使, 且定
禮幣[44]之數, 爲以恒式. 此則不難之事. 使臣雖以便宜許之, 似爲
無妨也." 正使答曰: "倘日本撤兵修好, 則我國自無絶信之理. 然
欲每年, 定爲恒式, 則必不可成之事, 非使臣所得擅議也. 況禮
幣多少, 在我厚薄, 若約定數目, 則是責我方物也. 其辱甚矣, 決
不可從. 我則今日, 分當一死, 更無可爲也." 調信曰: "我亦無聊
賴[45]而有此閑話耳. 關白旣不許使臣, 此計亦難施行也." ○是日,
有蔚山人被擄者, 私謂同鄕居軍官輩, 曰: "關白欲殺朝鮮使臣及
一行員役, 以多嫌其狼藉都市, 故欲於兵庫關除去."云, 軍官輩驚
懼失措, 通信使招行首[46]軍官, 諭之曰: "事體若果不順, 則我當先
知之矣. 好生惡死之情, 我亦有之, 豈得晏然如斯乎? 我亦非木
石人, 你等當看我動靜, 而知其說虛實也. 夫關白之不許我國通
信, 本爲王子之不來, 而先殺使臣, 則是欲其入而閉之門也[47]. 沒
有其理, 以此決知傳言之訛也. 且殺信使拙計也, 關白極兇狡,

---

44 禮幣(예폐): 외교관계에서 교환하는 예물.

45 聊賴(요뢰): 남에게 안심하고 의지함.

46 行首(행수): 한 무리의 우두머리.

47 欲其入而閉之門也(욕기입이폐지문야): 《孟子》〈萬章章句 下〉의 "현인을 만나
보고자 하면서 그 도로 하지 않는다면, 들어오기를 바라면서 문을 닫는 것과
같다.(欲見賢人而不以其道, 猶欲其入而閉之門也.)"라고 한 데서 온 말.

必不爲此矣。關白, 苟殺信使, 則於我輩, 固爲不幸, 而於國事甚
幸。何則, 以其無謀也。今關白不殺信使而遣還, 於我輩雖幸,
而其志有不可測, 它日國家之憂, 蓋未艾[48]也。爾輩當共知此意,
可也."

【再造藩邦志】

황신(黃愼) 등이 양방형(楊邦亨)의 아문(衙門)에 나아가서 품의(稟
議)하기를, "배신(陪臣)들이 당초에 국왕의 명을 받들고 노야(老爺)
를 따라왔는데, 노야(老爺)가 지휘하는 대로만 하면서 갔다가 돌아
오라는 전교(傳敎)가 정녕 귀에 쟁쟁합니다. 지금에 있어서 삼가 듣
건대 노야께서 길을 떠나려고 하신다니, 배신들은 또한 장차 어떻
게 해야 합니까?"라고 하자, 양 천사(楊天使)가 말하기를, "나는 오
늘이나 내일 사이 배에 오를 것이니, 배신들도 행장을 수습하여 나
를 따라 되돌아가는 것이 좋겠소."라고 하니, 황신이 대답하기를,
"배신들이 사명을 받들고 이곳에 온 것은 관백(關白)에게 국서(國書)
를 전하기 위해서입니다. 지금 만약 어명을 전하지 못하고 돌아간
다면 국왕께 보고할 회답이 없게 되는 것입니다. 배신이 왕명을 형
편없이 받들어 일이 이 지경에 이르렀으니, 차라리 죽고 싶습니다."
라고 하였다. 양 천사가 말하기를, "만약 관백에게 국서를 전하였는
데, 관백이 그 국서를 찢어 버리고 사신을 욕보였다면 죽어도 좋소.
그러나 지금 배신이 국서를 받들고 왔는데도 관백이 받지 않아서

---

48 未艾(미애): 그치지 않음. 다하지 않음.

단지 되돌아가 국왕의 앞에 바쳐야만 하는 것인데, 무슨 해를 끼쳤단 것이오? 배신은 우리 일행을 따라왔으니, 우리가 되돌아가면 배신도 또한 따라서 환국해야 하는 것이오. 이는 자연스러운 도리이지 이밖에 다른 도리가 없소."라고 하고, 또 말하기를, "죽는 것은 필부(匹夫)의 용맹이나, 만약 죽어야만 했다면 내가 어찌 죽지 않겠소? 단지 헛되이 죽으면 아무런 도움이 없을 뿐인 까닭에 하지 않는 것이오."라고 하니, 황신이 말하기를, "노야께서는 이미 칙서(勅書)를 반포하였고 제후왕으로 봉하는 은전(恩典)도 전하였으니, 이는 황조(皇朝: 명나라 조정)의 대사(大事)가 이미 끝마쳐진 것입니다. 배신 등은 아직도 어명을 전하지 못하고 장차 빈손으로 환국하게 된 까닭에 죽고만 싶습니다."라고 하였다. 양 천사는 말하기를, "천조(天朝)의 일이 이미 마무리되었다고 말하지 마오. 내가 이미 황제의 칙서를 전하고 금인(金印)도 주었으나 아직 사은표문(謝恩表文)이 없으니, 천조의 일도 또한 미처 끝맺지 못한 것이오. 되레 그대들처럼 국서를 자기 신상에 아직도 지닌 것만 못하니, 처음부터 끝까지 더할 수 없는 치욕을 받은 것이오. 그대들이 비록 10년을 머무른다 한들 일을 마무리 짓지 못할 것이고, 그대들 300명이 모두 죽는다 한들 일은 이루어지지 않을 것이오. 우리를 따라 돌아가서 같이 국왕 앞에서 의논하고 천조(天朝: 중국 조정)에 명백히 아뢰는 것이 좋겠소. 만약 명백하게 알리지 않으면 반드시 대사(大事)를 그르치게 될 것이오."라고 하였다.

사신 등이 작별하고 물러나서는 또 심유경(沈惟敬)의 아문(衙門)에 가서 만나 품의(稟議)하기를, "배신 등이 어명을 받고 이곳에 와서 전적으로 두 노야(兩老爺: 양방형과 심유경)만 믿었는데, 이제 일이 이 지경에 이르러 마무리 지을 수가 없으니, 배신은 어떻게 대처해야 하겠습니까?"라고 하니, 심 천사(沈天使)가 말하기를, "상황이 장차 되돌아가야 하게 되었으니, 배신도 역시 이 뜻을 알고서 행장을 꾸려놓고 기다려야겠소. 비유컨대 손님이 어느 집 문 앞에 왔는데도 주인이 맞아들이지 않는다면, 어떻게 억지로 머무를 수 있겠소? 관백의 하는 짓이 매우 고약하니 호의를 가지고 상대하기가 어렵소."라고 하였고, 또 말하기를, "사람이 우물가에 있어야 바야흐로 우물 속에 있는 사람을 구출할 수 있을진대, 지금 우리 또한 같이 우물 속에 있으니 어떻게 능히 서로 구할 수 있겠소? 우리는 단지 빨리 돌아가서 이 일을 다시 의논해야만 하니, 배신 또한 응당 따라 돌아가는 것이 좋겠소."라고 하였다. 황신 등은 하직 인사하고 객관(客館)에 돌아왔는데, 상하가 서로 의논하고 돌아갈 행장을 꾸렸다.

이날 저녁에 평조신(平調信)이 찾아와서 황신(黃愼)을 만나보고 말하기를, "내가 사신을 모시고 이곳까지 왔다가 뜻밖에도 관백의 진노로 부질없이 와서 그저 돌아가게 만든 격이 되었으니, 나는 몹시 창피스럽고 부끄럽소. 이번 일이 이 지경에 이르게 된 것을 두고 오직 청정(淸正: 가등청정) 한 사람만 기뻐할 뿐이고, 그 나머지 삼봉행(三奉行: 寺社奉行·勘定奉行·町奉行) 이하 한탄스럽게 여기지 않는 이가 없소. 이제 듣건대 청정이 관백(關白)에게 말하기를, '애초에 제 계책을 듣고 왕자(王子)를 돌려보내지 않았으면 조선에서 우리를 감히 업신여기는 것이 반드시 이 지경에 이르지 않았을 것입니다. 지금 만약 다시 가면 제가 마땅히 조선에서 왕자를 보내어 와 사과하도록 할 것인데, 조선에서 만약 제 말을 듣지 않으면 제가 마땅히 다시 두 왕자를 사로잡아 오겠습니다.'라고 하니, 관백은 이미 청정 등 다섯 장수를 먼저 가게 하고, 대규모의 군사들이 뒤따라 바다를 건너도록 했다고 하오. 사신들의 돌아가는 행차가 마땅히 청정보다 앞설 듯하니, 반드시 조정에 보고하고 대책을 세워놓아야만 하오. 다만 청정의 사람됨은 성격과 도량이 다른 사람과 다르니, 만약 이 번 일을 알고 빨리 가서 전쟁하려고 한다면 형세가 미처 주선할 수 없을 것이오. 사신이 지금 만약 임시변통의 말로라도 왕자를 보내 겠다고 허락하여서 군사 출동의 기일을 늦추게 하는 것이 어떻겠 소?"라고 하였는데, 황신이 대답하기를, "왕자는 결코 올 수가 없 소. 그대도 또한 우리나라 사정을 잘 알고 있으니, 우리 국왕께서 왕자를 보내지 않을 것은 그대가 뻔히 알면서도 이와 같은 말을 하 는 것이오? 또한 우리나라의 제도에 왕자는 비록 존귀(尊貴)하기는 할지라도 단지 국록(國祿)만 먹을 뿐이고, 일을 관장하는 직책을 맡 지 못하는 까닭에 국내의 사소한 일일지라도 모두 아는 것이 없는 데, 더구나 외국에 사신으로 나가는 그 임무가 지극히 중함에랴. 나이가 어린 왕자가 사무를 익숙하게 알지 못하는데, 어떻게 멀리 남의 나라에 들어갈 수 있겠소? 이 일을 아무리 말해도 무익하니, 사신은 차라리 여기서 죽을지언정 그런 말을 입 밖으로 낼 수가 없 소."라고 하자, 평조신이 말하기를, "나 또한 그러한 뜻을 알기 때문 에 앞에서 사신에게 감히 말하지 못했소. 이 일은 단지 사신만 감히 입 밖으로 내지 못할 뿐만 아니라, 온 조정에 있는 사람일지라도 모두 감히 입 밖으로 내지 못했을 것이니, 모름지기 국왕께서 자식

에게 베푸는 따사롭고 돈독한 마음을 참으며 끊고서 백성을 살리려
는 계책을 세운 뒤에야 일이 이루어지게 될 것이오. 내가 근래에
온갖 계책을 생각해 보아도 다시금 다른 계책이 없었소. 그다음으
로 한 가지 방책만 있으니, 만약 관백이 사신 만나보기를 허락하고
곧 군대를 철수하도록 한다면 조선에서 혹은 1년에 한 번씩이나 혹
은 2년에 한 번씩 사신이 오는 것이고, 예물도 그 수량을 정해서
규례(規例)로 삼는 것인데 이것 또한 어렵지 않은 일이오. 사신은
재량껏 허락하는 것이 어떻겠소?"라고 하니, 황신이 대답하기를,
"일본이 참으로 군대를 철수하고 화의(和議)를 도모한다면, 우리나
라가 거절할 도리가 없소. 그러나 해마다 사신 보내기로 규례를 정
하는 것은 결코 이루어질 수 없는 일이니, 사신이 마음대로 허락할
수 없는 것이오. 하물며 해마다 예물의 수량을 정하면, 이것은 우리
나라로 하여금 공물(貢物)을 들이게 하려는 뜻이오. 그 욕됨이 막심
하니, 결코 따를 수는 없소. 내가 지금 한번 죽을 따름이니 다시는
더 말하지 마오."라고 하였고, 평조신도 말하기를, "나 또한 부질없
이 이런 말을 한 것이오. 관백이 이미 기다리기를 허락하지 않으니,
이러한 방책인들 어찌 시행할 수 있겠소?"라고 하였다.

때마침 그릇 전해진 뜬소문이 그치지 않았으니, 울산(蔚山) 사람
으로서 포로로 이 땅에 끌려와 있던 사람이 동향(同鄕)의 군관들에게
남몰래 말하기를, "관백이 조선의 사신 일행을 죽이려 하였으나, 그
수가 극히 많아서 저잣거리를 더럽힐까 염려하여 병고관(兵古關: 兵
庫關)에 도착하면 장차 모두 죽이려고 한다."라고 하니, 군관의 무리
가 놀라고 두려워하여 어찌할 바를 몰랐지만. 역관(譯官)들은 그 말

을 듣고서 웃음거리로 삼아 전하였다. 황신이 행수군관(行首軍官: 우두머리 군관)을 불러 타이르기를, "사태가 만일 순조롭지 못하게 되었다면, 나에게 먼저 미칠 것이다. 살기를 좋아하고 죽기를 싫어 하는 마음이야 나 또한 그대들과 다르지 않다. 나도 나무나 돌 같은 사람이 아닌데, 어찌 이처럼 편안히 앉아 있을 수 있겠느냐? 그대들 은 나의 기색을 보고서 그 말이 헛말인지 참말인지를 알 수 있을 것이다. 관백이 우리나라와 강화(講和) 맺는 것을 불허하는 것은 왕 자를 보내오지 않았기 때문이다. 지금 왕자가 오기를 바라면서 먼저 사신을 죽인다면, 이는 들어오기를 바라면서 그 문을 닫는 것이다. 그렇게 할 리가 없는 듯하니, 이로써 결단코 누군가 전한 말이 그릇 되었음을 알 수 있다. 하물며 사신을 죽이는 것은 지극히 졸렬한 계책이니, 관백이 지극히 흉악하고 교활하나 반드시 그렇게 하지는 않을 것이다. 만약 반드시 죽인다면, 우리는 비록 죽을지라도 적의 입장으로는 매우 무모한 짓이다. 나랏일로 말하자면 관백이 우리를 놓아주고 우리나라로 돌려보낸다면, 우리에게는 참으로 다행일 것 이다. 그러나 그의 뜻을 헤아리지 못하는 것이 있어서 훗날 나라의 근심이 반드시 깊어질 것이다. 그대들은 모름지기 이런 뜻을 알아두 면 좋을 것이다."라고 하니, 군관들이 일제히 대답하기를, "그렇다 면 감히 명을 따르지 않겠습니까?"라고 하였으나, 이미 놀라서 의혹 을 가진 마음이 깊었던 까닭에 속마음으로는 믿지 않았다.

수길(秀吉)이 우리나라 사신을 보지 않은데다 중국 조사(詔使)도 예로써 접대하지 않고 말투까지 거칠며 거만하니, 중국의 두 사신 및 우리나라 사신은 바로 9일에 배를 타고 떠났다. 사신의 일행이 이미 병고관(兵古關: 兵庫關)에 도착하였는데, 한밤중에 적선(賊船)이 우리나라의 배 곁을 지나가다가 판옥선(板屋船) 위로 오르며 풍랑을 조심하라고 소리쳤다. 일행의 군관들은 이들이 살육을 자행하려는 것으로 여기고 놀라 일어나서 뛰쳐나왔는데, 어떤 자는 두 다리를 바짓가랑이의 한쪽에 집어넣기도 하였고, 어떤 자는 옷을 거꾸로 입기도 하였다. 이국로(李國老)란 자는 옷을 벗고 알몸으로 바다로 뛰어들려다가 곁에 있던 사람이 붙들어서 죽음을 면하였고, 오직 박의남(朴義男)만이 활시위를 매겨 앉아서 다른 사람보다는 조금 나았으나 술에 취한 후의 모습처럼 공손하였으니 평소처럼 능하지 못한 것은 마찬가지였다. 사신이 처음에는 군관들이 놀라고 당황하여 어찌할 바를 몰랐던 상황을 알지 못했다가 다음날에야 비로소 듣고서 사람들을 불러 이와 같이하면 해만 있고 보탬이 없다며 다시 타일렀고, 이어 역관을 시켜 중국의 두 사신에게 아뢰어 군관을 먼저 본국에 보내서 국왕께 사정을 보고할 수 있게 해달라고 청하였으나 천사(天使)가 허락하지 않았다.

하루는 황신 등이 천사(天使) 양방형(楊邦亨)의 배에 나아가서 문안을 드리니, 양방형이 사신을 보겠다고 하였다. 황신 등이 예를 행한 후에 일어나서 아뢰기를, "배신들이 왕명을 받들어 이곳에 와서 국서를 전하지도 못하고 그냥 돌아가는 데다 또한 그간 사정을 속히 알려드리지도 못한 채로 이렇게 오랫동안 늦추고 있으니, 심정이 아주 답답하고 절박합니다."라고 하자, 양 천사(楊天使)가 말하기를, "우선 천천히 하오. 우리와 같이 가는 것이 좋겠소."라고 하니, 황신이 말하기를, "우리나라의 일[小邦之事]은 천조(天朝)와 달

라서 앞으로의 상황이 아주 긴박하여 하루라도 먼저 보고해야 하루
라도 빨리 조치할 수 있는 일이니, 이것이 급한 일입니다."라고 하
였다. 양 천사가 말하기를, "그대들이 비록 사람을 먼저 보낼지라도
하루나 이틀 정도 먼저 가는 데 불과할 것이며, 우리 일행 또한 지체
하지 않을 것이오. 내가 이미 황제께 상주할 글의 초안을 잡았으나
속마음이 어수선하여 붓을 잡을 수가 없었소. 오늘이나 내일쯤 마
땅히 정서(淨書)하여 보낼 것이니, 지금은 우선 기다리는 것이 좋겠
소. 천조(天朝)의 각 아문에서 파견한 관리들과 진 유격(陳游擊: 陳雲
鴻)·왕 천총(王千摠: 王倫) 등이 모두 부산 영중(釜山營中)에 있소.
만약 배신의 보고가 먼저 도착하면, 그들이 반드시 우리의 소식을
물으며 모두 말하기를 '배신의 보고는 이미 도착했는데 천사(天使)
의 보고는 오지 않으니 무슨 까닭인가?'라고 하면서 의심스럽게 여
기지 않는 이가 없을 것이오. 그렇게 되면 일이 반드시 순조롭지
않을 것이니, 배신이 먼저 보고해서는 안 되오. 멀리 타국에 와 있
으니, 비록 보고가 혹 지체될지라도 무슨 해가 있겠소?"라고 하니,
사신들은 곧 인사하고 물러가서 배가 있는 곳으로 돌아갔다.

　而初八日. 黃愼等, 詣楊邦亨衙門, 稟曰: "陪臣等, 當初受國王
之命, 隨老爺而來, 一聽老爺指揮, 而往返之敎, 丁寧在耳. 今者
竊聞, 老爺將欲發行, 陪臣等亦將奈何?" 楊天使曰: "吾今明日間
當乘船, 陪臣亦治行李, 隨吾還歸, 可也." 愼對曰: "陪臣等, 奉命
來此者, 欲傳國書於關白也. 今若不得傳命而歸, 則無可以回報
國王者. 陪臣奉命無狀, 事至於此, 寧欲死耳." 楊天使曰: "若以
國書, 傳於關白, 關白裂其書而棄之, 又辱使臣, 則死亦可矣. 今

陪臣奉國書而來, 關白不受, 但當奉還進於國王之前, 何害焉? 陪臣跟隨吾行, 而吾輩還歸, 則陪臣亦當隨而還國. 此自然之道. 此外無他道理也." 又曰: "死者, 匹夫之勇也, 若當死, 則吾豈不死? 但徒死無益, 故不爲也." 愼曰: "老爺已頒皇勅, 且傳封職之典, 此則皇朝之事已畢矣. 陪臣等, 尙未傳命, 將以徒手還國, 故欲死耳." 楊天使曰: "毋謂天朝之事已畢. 吾已傳皇勅, 已授金印, 而尙無謝表, 天朝之事, 亦未結局也. 反不如汝輩, 尙保國書在身上耳, 自初至終, 受大辱極矣. 汝輩雖留十年, 事無結局, 汝輩三百人盡死, 事不可成矣. 不如隨我而還, 同議於國王之前, 明白奏聞於天朝, 可也. 若不明白, 必誤大事矣." 使臣等辭退, 又往見沈惟敬衙門, 稟曰: "陪臣等, 受命來此, 專恃兩老爺, 而今事已至此, 不得結局, 陪臣何以處之?" 沈天使曰: "勢將還歸, 陪臣亦知此意, 治行而待. 譬如客到人家門前, 主人不迎, 則何可强留? 關白所爲, 甚可惡也, 難以好意待之." 又曰: "人在井上, 方能救井中之人, 今吾亦同在井中, 何能相救? 吾輩但當速歸, 更議此事, 陪臣亦當隨往, 可也." 黃愼等辭歸館中, 上下相議治行. 是夕, 平調信來, 見黃愼, 曰: "吾陪使臣來此, 意外逢關白之怒, 使之空來空返, 吾極憋恧. 今番之事至此, 惟淸正獨喜, 其他三奉行以下, 莫不歎恨. 今聞淸正言於關白, 曰: '初聽吾計, 不還王子, 則朝鮮之侮我, 必不至如此. 今若再往, 則吾當使朝鮮遣王子來謝, 朝鮮若不聽吾言, 則吾當生擒兩王子而來.'云, 故關白已使淸正等五將先往, 而大軍則追後渡海矣. 使臣之行, 似在淸正之前, 必能先報本國, 有所猷爲. 但淸正爲人, 性度異於他人, 若知此事幾, 欲速行交戰, 則勢未及周旋矣. 使臣, 今若以權辭, 許遣王子, 以緩師期何如?"黃愼答曰:"王子決不可來。汝亦能知我國事情, 國王之不送王子, 汝之所詳知, 而乃爲如此之說乎? 且我國之制, 王子雖尊貴, 只食祿而已, 不管職事, 故國中大小之事, 皆無所知, 況奉使外國, 其任極重。年少王子, 不諳事務, 豈可遠入他國? 此事雖言之無益, 使臣寧死於此, 不可出諸口而言之。"調信曰:"吾知此意, 故在前, 不敢言於使臣矣。此事, 非但使臣不敢出諸口, 滿朝之人, 皆不敢出諸口, 須國王忍愛割恩, 爲生民計, 然後事乃成。吾邇來百爾思之, 更無他計。其次則有一焉, 萬一關白許見使臣, 隨而撤兵, 則使臣之行, 或一年一度, 或二年一度, 而禮物則定其數, 以成規例, 則此亦無難。使臣, 或可以便宜許之, 則何如?"黃愼答曰:"日本誠能撤兵通和, 我國無拒絶之道矣。每年送使, 以定規例, 則此不可成之事, 使臣所不擅許者。況欲定歲幣之數, 則此使我國入貢之意也。其辱莫甚, 決不可從。吾今有一死而已, 更勿爲言。"調信曰:"吾亦謾爲此說耳。關白旣不許待, 則此計, 何所施也?"時訛言未息, 有蔚山人被擄在其地者, 潛言於同鄕軍官, 曰:"關白欲殺朝鮮使臣一行, 而其數極多, 恐汙市里, 到兵古關, 將皆殺之。"軍官輩驚惶罔措, 譯官輩聞之, 相傳爲笑。愼乃招行首軍官而諭之, 曰:"事若不順, 則先及我矣。好生惡死, 吾亦無異於汝矣。我非木石, 豈能安坐若是乎? 汝輩觀我氣色, 可知其言之虛實矣。關白之不許通和, 以不遣王子之故也。今欲王子之來, 而先殺使臣, 則是欲其入而閉其門也。似無是理, 是以決知傳言之訛也。況殺使則極是拙計, 關白兇狡, 必不爲是矣。若必殺之, 則吾輩雖死, 在賊則無謀甚矣。以國事言之, 關白之縱吾輩而還國者, 在吾輩誠幸矣。其意叵測, 爲國家後日之憂, 必深矣。汝輩須

知此意, 可也." 軍官輩齊聲應曰: "然, 敢不從命." 然驚惑之心旣
深, 故內不信之. 秀吉, 旣不見我國使臣, 待詔使亦不以禮, 辭語
悖慢, 兩天使及我國使臣, 乃於初九日, 乘船發程. 使臣之行, 旣
到兵古關, 夜半有賊船, 過我國船傍, 登其板屋上, 叫號看風. 一
行軍官, 以爲將行殺戮, 驚惶起出, 或以兩脚並入袴之一邊, 或倒着
其衣. 李國老則脫衣露體, 欲跳入海中, 傍人抱住⁴⁹以免, 惟朴義
男獨張弓而坐, 差勝於人, 而如醉後貌恭者, 不能平日則同也. 使
臣, 初不知其驚囈失措之狀矣, 明日始聞之, 招諸人更諭以如此則
有害無益之意, 仍使譯官稟于兩天使, 請遣軍官, 先報事情於國
王, 天使不許. 一日, 愼等詣楊天使邦亨船次, 候其起居, 邦亨許
見使臣. 愼等行禮後, 起身稟曰: "陪臣受命而來, 不得傳國書以
歸, 且不得速報事情, 如此久稽, 情極悶迫矣." 楊天使曰: "姑徐
之. 與我人同往, 可也." 愼曰: "小邦之事, 與天朝異, 前頭事勢極
緊, 一日先報, 有一日措置之事, 以此爲急矣." 楊天使曰: "汝雖先
送人, 不過先往一二日, 吾行亦不留滯矣. 吾已草奏文, 而心中懵
懵, 不得執筆. 今明日間, 當淨寫以送, 今姑待之, 可也. 天朝各
衙門差官及陳游擊⁵⁰·王千摠輩, 皆在釜山營中. 若陪臣之報先
到, 則諸人必問吾輩消息, 皆將曰: '陪臣之報已到, 而天使之報不
來, 何故?' 莫不致訝. 然則, 事必不順矣, 陪臣不可先報也. 來在

---

49 抱住(포주): 껴안음.

50 陳游擊(진유격): 명나라 장수 陳雲鴻을 가리킴. 임진왜란과 정유재란 때 조선의
   원군으로서 참전하고, 일본의 장수 小西行長과 직접 만나 회담을 하였다. 왜군
   의 조기 철군을 독촉하기 위해 파견한 유격장이었다.

他國, 雖或遲報, 何害焉?"使臣乃辭退, 歸船所。

9일(임인)

이날은 맑았다. 낮에 잠깐 비가 왔다.

천사(天使)가 배에 오르자, 통신사 일행도 천사를 따라 배에 올랐다. 이보다 앞서, 통신사가 애초 계빈(界濱: 사카이시 일대)에 도착했을 때, 우리나라에서 포로로 붙잡힌 남자와 여자들이 다투어 와서 만나보았다. 안국사(安國寺: 安國寺惠瓊)와 평수가(平秀家: 풍신수길의 양아들) 같은 각각의 왜장도 또한 포로 아동들을 때마침 보내와 만나게 하면서 매번 말하기를, "강화(講和)하는 일이 만약 마무리되면 마땅히 사신을 따라 돌려보내겠다."라고 하였으며, 통신사가 장차 조선으로 길을 떠나려 하는 것을 듣게 되었을 때는 간혹 노자까지 주어서 보내진 포로들이 차츰차츰 통신사가 임시로 머무는 곳에 와서 배에 오를 기일만을 기다렸다.

지금에 이르러 각기 그들의 주인인 왜인 등은 강화하는 일이 결렬되어 마땅히 다시 싸우고 죽이려 한다는 말을 듣게 되자, 마침내 이전에 했던 말들을 바꾸었고, 이미 통신사가 임시로 머무는 곳에 와 있던 자들도 또한 모두 불러갔다. 오직 김영천(金永川)의 딸 및 남녀 20여 명만을 복물선(卜物舡)에 함께 태웠다. 통신사가 배에 오를 즈음에 우리나라 남녀들이 울부짖으며 전송하는 자들이 얼마인지 알지 못했으니, 일행 중 코끝이 시큰거리지 않는 사람이 없었다. 배를 출발시키지 않고 그대로 배 위에서 묵었다.

初九日(壬寅)

是日, 晴。午, 午雨。天使上舡, 通信使一行, 隨天使上舡。先是, 通信使初到界濱, 我國被擄男婦, 爭來謁見。如安國寺·秀家等各倭將, 亦時遣所擄兒童輩來謁, 每言: "和事若完, 則當隨使臣遣歸." 及聞通信使將起程, 或有給行資而遣之者, 稍稍來到通信使所寓, 以待上舡之期。至是, 各其主倭等, 聞和事不成, 當再厮殺, 遂改前言, 已到寓所者, 亦皆召去。唯金永川女子及男婦二十餘人, 偕載卜物舡。通信使上舡之際, 我國男婦, 號泣追送者, 不知其幾人, 一行莫不酸鼻。不爲發舡, 仍宿舡上。

10일(계묘)

이날은 맑았다.

새벽에 배를 출발시켜서 오후가 되어서야 병고관(兵庫關)에 도착하여 배를 정박하였다.

初十日(癸卯)

是日, 晴。曉, 發舡, 午後, 到兵庫關, 泊舡。

11일(갑진)

이날은 맑았다.

오후가 되어서 왜인의 말로 무로포(無老浦: 무로쓰, 室津)라는 곳에 도착하였다. 저녁에 평조신(平調信)이 뒤따라왔고, 한밤중에 평의지(平義智)가 뒤따라왔다.

十一日(甲辰)
是日, 晴。午後, 到倭言無老浦。夕調信追到, 夜半義智追到。

12일(을사)
이날은 맑았다.

평조신과 평의지가 사람을 보내어 와서 문안하였다. 저녁에 남풍(南風)이 너무나 세찬지라, 뭍으로 내려가 산 위의 옛 절에서 묵었다. 밤에는 비바람이 크게 불었다.

十二日(乙巳)
是日, 晴。調信·義智, 差人來問安。夕, 南風甚盛, 下陸, 宿山上古寺。夜大風雨。

13일(병오)
이날은 잠깐 흐렸다가 잠깐 비가 왔다가 하였다.

옛 절에서 머물렀다.

十三日(丙午)
是日, 乍陰乍雨。留古寺。

14일(정미)
이날은 맑았다.

서리(書吏) 형부수(邢富壽)의 아들 형언길(邢彦吉)이 난리 초기에 사로잡혀서 왜장을 따라 이곳에 왔는데, 그는 돌아가고 싶어 하는 뜻이 자못 간절하자, 역관(譯官) 이언서(李彦瑞)가 은 3냥을 주고 속신(贖身)하여 배에 태웠다.

통신사는 배에서 묵었다.

十四日(丁未)

是日, 晴。書吏邢富壽之子彦吉, 被擄於亂初, 隨倭將到此, 渠頗切欲歸之意, 譯官李彦瑞, 給銀三兩, 贖之載舡。通信使舡宿。

15일(무신)

이날은 맑았다.

부사(副使: 박홍장)가 이날이 자신의 생일인 까닭에 술과 음식을 갖추니, 인하여 작은 술자리를 차렸다가 파하였다. 2경(二更: 밤 10시 전후)에 배를 출발시켜 밤새도록 돛을 올리고 갔다.

十五日(戊申)

是日, 晴。副使, 以當日賤降[51], 故爲具酒饌, 因設小酌而罷。二更發舡, 達夜張帆而行。

16일(기유)

이날은 맑았다.

---

51 賤降(천강): 천한 몸이 태어났다는 뜻으로, 자기의 생일을 낮추어 이르는 말.

이른 새벽에 우창(牛倉: 牛窓, 우시마도)에 도착하여 양식을 구한 다음, 다시 배를 출발시켜 밤이 깊어서야 상로포(霜露浦: 下津井, 시모쓰이)에 도착해 정박하였다.

十六日(己酉)

是日, 晴。曉頭, 到牛倉, 打粮[52]後, 還發舡, 夜深到泊霜露浦。

17일(경술)

이날은 맑았다.

늦게서야 떠나 저녁때 병포(柄浦: 鞆浦, 도모노우라)에 도착했다.

十七日(庚戌)

是日, 晴。晚發, 夕到柄浦[53]。

18일(신해)

이날은 맑았다.

병포(柄浦: 鞆浦, 도모노우라)에 머물렀다.

十八日(辛亥)

是日, 晴。留柄浦。

---

52 打粮(타량): 식량을 구함.

53 柄浦(병포): 鞆浦. 도모노우라. 일본 히로시마현 후쿠야마시 누마쿠마 반도 남단에 있는 항구와 그 주변 해역.

19일(임자)

이날은 새벽부터 비가 오다가 늦게야 맑았다.

날이 밝아올 무렵에 배를 출발시켜 밤이 되어서야 가망가리(加亡加里: 鎌刈) 지방에 정박하였다.

十九日(壬子)

是日, 曉雨晚晴。平明, 發舡, 夜泊加亡加里地方。

20일(계축)

이날은 아침에 맑았다가 날이 저물어서 비가 왔다.

아침 일찍 배를 출발시켜 낮이 되어서 상관(上關: 가미노세키)에 정박하였다.

二十日(癸丑)

是日, 朝晴暮雨。早發舡, 午泊上關。

21일(갑인)

이날은 맑았다.

그대로 상관(上關: 가미노세키)에 머물렀다. 역관(譯官)을 시켜 두 천사(天使)에게 사람을 보내 국왕께 치계(馳啓)할 뜻을 아뢰도록 하였으나, 두 천사 모두 허락하지 않았다.

二十一日(甲寅)

是日, 晴。仍留上關。使譯官稟差人馳啓國王之意於兩天使, 皆不許。

22일(을묘)

이날은 비가 왔다.

상관(上關: 가미노세키)에 머물렀다.

二十二日(乙卯)

是日, 雨。留上關。

23일(병진)

이날은 맑았다.

늦게야 배를 출발시켰는데, 바람이 순하지 못하여 왜인의 말로 무론주미(無論注味: 室積, 무로즈미)라고 하는 지방에 정박하였다. 저녁에 두 천사(天使)가 뭍으로 내려가 두루 구경하다가 배로 되돌아왔다. 양 천사(楊天使)가 가마를 타고 돌아가다가 통신사가 탄 배 있는 곳을 지나가게 되자 가마를 멈추어 사신의 안부를 묻고 배로 돌아간 뒤에, 통신사가 양 천사의 배로 가서 문안하니, 천사가 즉시 선실로 끌어들여서 서로 만나보았다.

二十三日(丙辰)

是日, 晴。晚發舡, 風不順, 泊倭言無論注味[54]地方。夕, 兩天使下陸, 周覽還舡。楊天使轎行, 過通信使所乘舡所, 停轎問使臣之安否, 及還舡後, 通信使往楊天使舡問安, 天使卽引入舡房,

---

54 無論注味(무론주미): 야마구치현(山口縣) 히카리시(光市)의 室積. 무로즈미. 항구도시이다.

相見。

24일(정사)

이날은 맑았다.

늦게야 떠나서 천신포(天神浦)에 정박하였다.

二十四日(丁巳)

是日, 晴。晚發, 泊天神浦[55]。

25일(무오)

이날은 (결락).

아침 일찍 배를 출발시켜 날이 저물어서야 왜인의 말로 모도야마
(謀道野麻: 本山, 모토야마)라고 칭하는 지방에 정박하였다. 이날 밤
에 배를 출발시켜 밤을 지새우면서 돛을 올리고 갔다.

二十五日(戊午)

是日, □。早發舡, 夕泊倭稱謀道野麻[56]地方。是夜, 發舡, 徹
曉[57]張帆而行。

---

55 天神浦(천신포): 야마구치현(山口縣) 호후시(防府市) 天神인 듯.

56 謀道野麻(모도야마): 本山. 야마구치현(山口縣) 산요오노다시(山陽小野田市)
에 있는 항구 지역.

57 徹曉(철효): 새벽까지 뜬 눈으로 새움.

26일(기미)

이날은 맑았다.

아침이 되어서 적간관(赤間關: 下關, 시모노세키)에 도착하였다. 날이 어두워지자 비가 왔는데, 두 천사(天使)가 뒤따라 도착하였다.

二十六日(己未)

是日, 晴。朝, 到赤間關。昏雨, 兩天使追到。

27일(경신)

이날은 맑았다.

낮에 박의검(朴義儉)을 시켜서 양 천사(楊天使: 양방형)를 만나도록 하고 사람을 보내어 먼저 보고할 일을 아뢰게 하였는데, 천사(天使)가 굳게 제지하고 허락하지 않았다. 다시 이유(李愉)를 시켜서 심천사(沈天使)를 만나 먼저 보고할 배를 보낼 수 있게 아뢰어 청하도록 하였는데, 심 천사가 말하기를, "양 노야(楊老爺: 양방형)께서 그대들이 먼저 보고하는 것을 허락하지 않으니, 나도 감히 허락하지 못한다.'라고 하였다.

이날도 그대로 적간관(赤間關: 下關, 시모노세키)에 머물렀다.

二十七日(庚申)

是日, 晴。午, 使朴義儉見楊天使, 稟差人先報事, 天使固止不許。復使李愉往見沈天使, 稟請先遣報舡, 沈天使曰: "楊老爺, 不欲你們先報, 我則不敢許。"是日, 仍留赤間。

28일(신유)

이날은 비도 내리고 맑기도 하였다.

적간관(赤間關: 下關)에 머물렀다.

二十八日(辛酉)

是日, 或雨或晴。留赤間關。

29일(임술)

이날은 맑았다.

적간관(赤間關: 下關)에 머물렀다.

二十九日(壬戌)

是日, 晴。留赤間關。

30일(계해)

이날은 맑았다.

그대로 적간관(赤間關: 下關)에 머물렀다.

三十日(癸亥)

是日, 晴。仍留赤間關。

10월

1일(갑자)

이날은 맑았다.

또 적간관(赤間關: 下關)에 머무르게 되자, 박의검(朴義儉)을 시켜서 사람을 보내어 먼저 보고할 일을 양 천사(楊天使: 양방형)에게 아뢰도록 하였는데, 굳이 허락하지 않았다.

初一日(甲子)

是日, 晴。又留赤間關, 使朴義儉差人先報事, 稟楊天使, 堅不許。

2일(을축)

이날은 아침 일찍 비가 오다가 늦게야 맑았다.

또 적간관(赤間關: 下關)에 머물렀다.

初二日(乙丑)

是日, 早雨晚晴。又留赤間關。

3일(병인)

이날은 맑았다.

아침에 3리쯤 떨어진 곳으로 배를 옮겨 정박했는데, 왜인의 말로 이사시포(伊沙是浦: 伊崎浦인 듯)라고 칭하였다.

初三日(丙寅)

是日, 晴。朝移泊于三里許, 倭稱伊沙是浦[1]。

4일(정묘)

이날은 맑았다.

아침 일찍 배를 출발시켜 어둑해질 무렵에야 남도(藍島: 아이노시마)에 도착하였다.

初四日(丁卯)

是日, 晴。早發舡, 昏到藍島。

5일(무진)

이날은 맑았다.

그대로 남도(藍島: 아이노시마)에 머무르게 되자, 박의검(朴義儉)을 시켜 사람을 보내어 보고할 일을 양 천사(楊天使: 양방형)에게 아뢰도록 하였는데, 허락하지 않았다.

初五日(戊辰)

是日, 晴。仍留藍島, 使朴義儉, 以差報事, 稟楊天使, 不許。

---

1 伊沙是浦(이사시포): 야마구치현(山口縣) 시모노세키시(下關市)에 있는 이자키(伊崎)인 듯.

6일(기사)

이날은 맑았다.

남도(藍島: 아이노시마)의 포구에 머물렀다.

初六日(己巳)

是日, 晴。留藍浦。

7일(경오)

이날은 (결락).

남도(藍島: 아이노시마)의 포구에 머물렀다.

初七日(庚午)

是日, □。留藍浦。

8일(신미)

이날은 맑았다.

한밤중에 배를 출발시켜 밤새도록 돛을 올리고 갔다.

初八日(辛未)

是日, 晴。夜半發舡, 達夜張帆行。

9일(임신)

이날은 흐렸다가 늦게야 비가 왔다.

낮이 되어서야 낭고야(浪古耶: 名護屋)에 도착해 정박하자, 또다

시 역관을 시켜 보사(報使: 보고하는 使者) 보내는 일을 두 천사에게
아뢰도록 하였는데, 허락하지 않았다.

初九日(壬申)

是日, 陰晚雨。午到泊浪古耶, 又使譯官, 以差報使, 稟兩天
使, 不許。

10일(계유)

이날은 비가 왔다.

그대로 낭고야(浪古耶: 名護屋)에 머물렀는데, 평행장(平行長)이
술과 음식, 닭과 생선 등을 보내왔다. 이날 저녁에 요시라(要時羅,
협주: 우리나라 말을 잘했다.)가 찾아와서 만나보았는데, 인하여 그와 조
용히 이야기를 나누었다. 요시라가 말하기를, "관백이 거리낌 없이
해서 인심을 잃은 데다 포악한 짓을 고치지 않고 있으니, 3년 내지
5년이 지나지 않아 형세가 반드시 보존하기 어렵게 될 것이오. 조선
(朝鮮)에서 만약 기미책(羈縻策: 회유책)을 마련하여 잘 버티어 시일
을 끌어간다면, 끝내는 반드시 아무런 일이 없을 것이오."라고 하였
고, 또 말하기를, "관백은 깊은 궁궐(宮闕)에서 태어나 자란 자가 아
닌데도 민간의 병폐와 고통을 알지 못하오. 그 또한 일찍이 비천한
처지에서 우뚝 일어섰는지라, 수레 없이 걷는 고통도 알고 땔감과
쌀짐을 지는 고통도 알며, 남에게서 구타나 욕질을 당하면 화가 난
다는 것도 알고 남에게서 공로에 보답을 받으면 기쁘다는 것도 아는
데, 지금 그가 아랫사람을 대하는 것이 이와 같고 남의 노고를 전혀

돌보지 않아서 일본에서는 모든 사람이 다 원한이 뼈에 사무쳤으니 결코 좋게 끝마칠 리가 없소. 그 또한 스스로 그런 점을 알고 있어서 항상 말하기를, '내가 친조카를 아들로 삼아서 부유하고 귀하게 해주었는데도 도리어 나를 해치려고 한다. 내가 진실로 온 나라의 모든 사람도 다 나를 죽이려는 것을 알고 있으니, 내가 가만이 앉아서 화를 당하기보다는 차라리 뜻대로 위엄을 부리다가 죽겠다.'라고 하였소. 그의 뜻이 대체로 일본 사람들은 조금만 안일해지면 반드시 흉한 음모를 부린다고 여겨서 해마다 수고롭게 하려는 것이니, 반드시 전쟁을 끝낼 리는 없을 것이고 장차 스스로 전복(顚覆)되기를 초래한 뒤라야 그만 둘 것이오."라고 하였으며, 또 말하기를, "일본 군대는 당연히 전라도(全羅道)를 침범할 것인데 지난날 진주(晉州)처럼 할 것이나, 만약 전진해가는 길에 대적할 수 없게 되면 혹은 충청도로 가거나 혹은 경기도를 다시 침범할지는 알 수 없지만, 전라도로 반드시 갈 것은 의심의 여지가 없소."라고 하였다.

初十日(癸酉)

是日, 雨。仍留浪古耶, 行長送酒饌鷄魚等物。是夕, 要時羅來謁【要時羅能爲我國語】, 因與從容談話。時羅言:"關白橫失人心, 爲惡不悛, 不出三五年, 勢必難保。朝鮮, 若能以計羈縻[2], 撑過日子, 則終必無事矣。"又曰:"關白非生長深宮, 不知民間疾苦者。渠亦曾自下賤崛起[3], 知徒步之苦, 知負薪負米之苦, 知人打

---

2 羈縻(기미): 굴레를 씌워 얽어맨다는 뜻. 일종의 회유책을 일컫는다.
3 崛起(굴기): 기울어져 가는 집안에 훌륭한 사람이 남을 비유하는 말.

罵之爲可慍, 知受人獎勞之可喜, 而今渠遇下如此, 不恤[4]勞苦,
日本大小之人, 皆怨入骨髓, 決無善終之理。渠亦自知之, 常曰:
'我以親姪爲子, 富之貴之, 而反欲害我。我固知擧國大小之人,
皆欲殺我, 我與其生而受禍[5], 寧肆志逞威而死也.' 其意蓋以日本
之人稍安迭, 則必生兇謀, 故欲使連歲勞苦, 必無戢兵[6]之理, 將
自取顚覆[7]而後已也。"又曰: "日本兵, 當先犯全羅, 如往日之晉
州, 若前途不能抵當, 則或往忠淸, 或再犯京畿, 未可知, 然全羅
則必往無疑矣。

【再造藩邦志】

낭고야(郞古耶: 名護屋)에 도착했으나 바람에 막혀 며칠을 머물렀
는데, 평행장(平行長: 소서행장)이 요시라(要時羅)를 황신(黃愼) 등의
임시처소에 보내어 와서 안부를 물었다. 요시라는 본디 우리나라
말을 잘할 줄 알아서 함께 조용히 이야기를 나누었다. 요시라가 말
하기를, "관백이 인심을 많이 잃은데다 포악한 짓을 고치지 않고
있으니, 3년 내지 4년이 지나지 않아서 반드시 자리를 보전하기 어
렵게 될 것이오. 조선(朝鮮)에서 만약 계책을 마련하여 견디며 시일
이 지나간다면, 관백이 죽은 뒤에는 반드시 아무런 일이 없을 것이

---

4 不恤(부휼): 돌보지 않음. 관계하지 않음.
5 生而受禍(생이수화):《秋浦先生集》권2〈通信回還後書啓〉에 의하면, '坐而受
禍'의 오기.
6 戢兵(집병): 전쟁을 끝냄. 군대를 철수함.
7 顚覆(전복): 정권이나 체제 따위를 무너지게 함.

오.”라고 하였고, 또 말하기를, “관백은 애초부터 깊은 궁궐에서 태어나 자란 자가 아닌데도 민간의 병폐와 고통을 알지 못하오. 본래 미천한 처지에서 일어섰는지라 수레 없이 분주히 걸어 다니거나 땔감과 쌀짐을 지는 고통을 능히 알며, 또한 남의 윗사람이 된 자가 남에게 모욕을 주면 치욕스럽고 칭찬을 하면 기뻐한다는 것까지도 잘 아는데, 백성을 괴롭히고 사람을 부리는 것이 이렇게 극심하여서 일본 사람은 대소를 막론하고 원한이 뼈에 사무쳤으니 결코 좋게 끝마칠 리가 없소. 관백 역시 스스로 그것을 알고 있었는지 매번 말하기를, ‘내가 친조카를 아들로 삼아서 부유하고 귀하게 해주었는데도 도리어 나를 해치려고 한다. 온 나라 사람들 또한 나를 죽이고자 하니, 앉아서 죽기를 기다리기보다는 차라리 내 뜻대로나 하는 것만 못하다.’라고 하였소. 대체로 관백의 뜻이 일본 사람은 만약 조금만 편해지면 반드시 나라 안에서 일을 만들어낸다고 여긴 까닭에 그들을 수고롭게 해서 한 순간도 편하고 조용할 때가 없게 하려는 것이니, 이로 미루어 보건대 결단코 조선에서 군대를 철수하지 않을 것이고 반드시 전복(顚覆)이 되는 지경에 이르러서야 그칠 것이오.”라고 하였으며, 또 말하기를,

“일개 부대가 먼저 전라도(全羅道)로 침입할 것인데, 그 참혹함이 반드시 진주(晉州) 전투와 비슷할 것이오. 만약 그것을 방어하는 자가 없으면, 그 병력이 충청도(忠淸道)로 향할지 경기도(京畿道)로 향할지 비록 알 수 없으나 전라도로 갈 것은 의심의 여지가 없소. 도주(島主)의 명령이 매우 엄하니, 감히 오래 머물지는 못할 것이오.”라고 하였다. 이내 인사하고 갔다.

十月初十日。到郎古邪, 阻風留數日, 平行長送要時羅, 來問
起居於黃愼等寓處。要時羅本能爲我國言語, 與之從容打話。要
時羅曰："關白多失人心, 而爲惡不悛, 不出三四年, 必難保矣。
朝鮮, 若以計支吾[8]已過, 則關白死後, 必無事矣。"又曰："關白初
非生長深宮, 不知民間疾苦者。本自微賤起, 能知步行奔走·負
薪負米之苦, 亦知爲人上者所侮之可辱與所賞之可喜, 而勞民役
人, 若是之苦, 日本之人, 無論大小, 怨入骨髓, 決不善終。關白
亦自知之, 每曰：'吾以親姪爲子, 以至富貴, 而反欲害我。一國
之人, 亦欲殺我, 與其坐而待亡, 毋寧[9]惟意所欲。蓋關白之意,
以爲日本之人, 若稍安, 則必能生事於國中故, 且欲勞之, 無一息
寧靜之時, 以此推之, 決不撤兵, 必至顚覆, 然後乃已。"又曰："一
枝兵, 先侵全羅, 其慘必似晉州。若無捍禦者, 則或向忠淸, 或向
京圻, 雖未可知, 而全羅則無疑矣。島主將令甚嚴, 不敢久留矣。"
乃辭去。

11일(갑술)

이날은 맑았다.

아침에 정성(正成: 寺澤正成)이 술 10통·돼지 2마리·닭 10마리·
생선 1소반을 보내왔다.

○ 듣건대 갑비수(甲斐守: 黑田長政, 구로다 나가마사)가 벌써 어제

---

8 支吾(지오): 지탱함. 버팀.

9 毋寧(무녕): ~만 못함. 차라리 ~하는 편이 나음.

저녁 때 이곳에 도착하였는데, 장기(長崎, 협주: 왜인의 말로 낭가사기 (浪加沙其, 나가사키)라 한다.)에 가서 무기를 사고자 한다고 하였다.

十一日(甲戌)

是日, 晴。朝, 正成送酒十桶·猪二頭·鷄十隻·魚一盤。○聞 甲斐守[10]已於昨夕到此, 欲往長崎【倭言浪加沙其】, 貿軍器云。

12일(을해)

이날은 맑았다.

군관(軍官) 조덕수(趙德秀)·박정호(朴挺豪) 등을 보냈는데, 전후 의 장계(狀啓)를 가지고 먼저 떠나가도록 하였다.

十二日(乙亥)

是日, 晴。差軍官趙德秀·朴挺豪等, 賫前後狀啓, 先發去。

13일(병자)

이날은 맑았다.

---

10 甲斐守(갑비수): 黑田長政. 구로다 나가마사. 安土桃山時代의 武將. 풍신수길 이 임진왜란을 일으키자 제3군을 이끌고 조선으로 침공했으며 부산에서 김해와 창원을 거쳐 황해도 방면까지 침공하였고, 정유재란 때에는 가토 기요마사(加藤 淸正)와 고니시 유키나가(小西行長)와 함께 조선을 재침략하여 많은 조선 양민 을 학살하였다. 조선 의병의 활동과 명나라의 참전으로 전세가 불리해지자 기장 군 죽성리에 왜성을 쌓고 주둔하다 일본으로 철군했다. 풍신수길이 죽은 후 세키 가하라 전투에서는 도쿠가와 이에야스(德川家康)가 이끄는 동군에 가담하여 도 쿠가와 이에야스에게 충성을 다하였다.

아침에 낭고야(浪古耶: 名護屋)를 떠나서 한낮이 되어서야 일기도(一岐島: 壹岐島)의 면라(綿羅)에 도착해 정박하였는데, 왜인의 말로는 와다라(臥多羅)라고 하였다.

十三日(丙子)

是日, 晴。朝發浪古耶, 午到泊一歧島之綿羅[11], 倭言臥多羅。

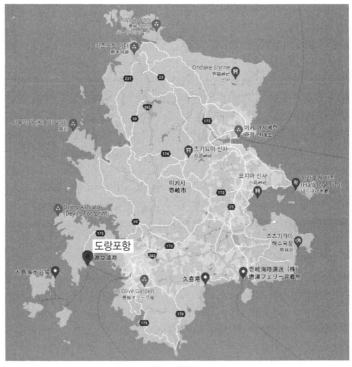

도랑포항(渡浪浦港: 綿羅)

---

11 綿羅(면라): 渡良浦. 와타라우라. 壹岐島의 남서 지역에 있는 항구.

14일(정축)

이날은 맑았다.

면라(綿羅: 渡良浦)에 머물렀다.

十四日(丁丑)

是日, 晴。留綿羅。

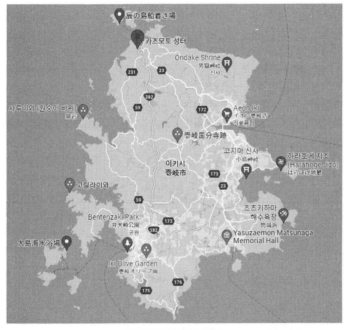

가츠모토우라(勝本浦港)

15일(무인)

이날은 맑았다.

아침에 배를 출발시켜 한낮이 되어서 일기도의 풍본포(風本浦: 勝本浦, 가쓰모토우라)에 이르렀다. 저녁에 경직(景直: 平景直)이 감귤을 보내왔는데, 듣자니 평조신(平調信)은 아침에 이미 먼저 대마도(對馬島)로 갔다고 하였다.

十五日(戊寅)

是日, 晴。朝發舡, 午到一歧島之風本浦[12]。夕, 景直送橘, 聞調信朝已先往對馬云。

16일(기묘)

이날은 맑았다.

행장(行長: 소서행장)이 감귤을 보내왔다. 그대로 풍본포(風本浦: 勝本浦, 가쓰모토우라)에 머물렀다.

十六日(己卯)

是日, 晴。行長送橘。仍留風本浦。

17일(경진)

이날은 맑았다.

그대로 머물렀다.

十七日(庚辰)

是日, 晴。仍留。

---

12 風本浦(풍본포): 勝本浦. 가쓰모토우라. 壹岐島의 최북단에 있는 항구. 과거 고래잡이로 번성했고 지금은 오징어잡이가 번성한 곳이다.

18일(신사)

이날은 맑았다.

행장(行長: 소서행장)이 배[梨] 9개를 먹도록 보내왔는데, 두어 되[升]들이 표주박같이 컸다.

十八日(辛巳)

是日, 晴。行長餉梨九顆, 大如數升瓢。

19일(임오)

이날은 맑았다.

그대로 머물렀다.

十九日(壬午)

是日, 晴。仍留。

20일(계미)

이날은 맑았다.

행장(行長: 소서행장)이 감귤을 먹도록 보내왔는데, 이 섬에는 원래부터 감귤이 많아서 은자(銀子) 1푼어치의 감귤이 1,500개이니, 흔하게 나는 것임을 알 수 있었다.

二十日(癸未)

是日, 晴。行長餉橘, 此島素多橘, 銀子一錢直橘一千五百顆, 可知其賤。

21일(갑신)

이날은 비가 왔다.

그대로 머물렀다.

二十一日(甲申)

是日, 雨。仍留。

22일(을유)

이날은 맑았으나 바람이 세게 불었다.

그대로 머물렀다.

二十二日(乙酉)

是日, 晴大風。仍留。

23일(병술)

이날은 맑았다.

행장(行長: 소서행장)이 소를 잡아 보내왔다.

二十三日(丙戌)

是日, 晴。行長餉牛

【再造藩邦志】

양 천사(楊天使: 양방형)가 비로소 본국에 사람을 보내도록 허락하였다. 이에 군관 조덕수(趙德秀)·박정수(朴廷秀) 등을 보냈는데, 전후로 쓴 장계(狀啓)를 가지고 본국으로 돌아가게 하였다.

二十二日。楊天使, 始許送人于本國。乃遣軍官趙德秀·朴廷
秀等, 賫前後狀啓, 還歸本國。

24일(정해)

이날은 맑았다.

그대로 머물렀다.

二十四日(丁亥)

是日, 晴。仍留。

25일(무자)

이날은 맑았다.

새벽에 배를 출발시켜 한낮이 되어서 대마도(對馬島)에 이르렀는
데, 평조신(平調信)·평의지(平義智) 등이 작은 배를 타고 친히 와서
안부를 묻고, 이어 해안(海岸)으로 올라와서 머무르며 쉬기를 청하
였다. 저녁이 되면서 두 천사(天使)가 모두 뭍으로 내려가 부중(府
中: 후추, 현재의 이즈하라)의 관사(館舍)에 임시로 머물렀는데, 정사
(正使: 황신) 또한 뭍으로 내려가 서산사(西山寺: 세이잔지)에 머물고
부사(副使: 박홍장)는 경운사(慶雲寺: 케이운지)에 머물렀다.

二十五日(戊子)

是日, 晴。曉發舡, 午到對馬島, 調信·義智等, 乘小舡, 親來問
候, 仍請上岸留歇。向夕, 兩天使俱下陸, 寓府中館舍, 正使亦下
寓西山寺, 副使寓慶雲寺[13]。

【再造藩邦志】

천사(天使) 이하의 배가 대마도에 도착했지만 바람에 막혀 그대로 머물렀다.

二十五日。天使以下船, 到對馬島, 阻風仍留。

26일(기축)

이날은 흐렸다.

날이 어둑해지자 평의지(平義智)가 찾아와서 만나보고는 말하기를, "사신을 자신의 임시처소로 청하여 한번 조용히 이야기하고 싶다."라고 하였다.

二十六日(己丑)

是日, 陰。昏, 平義智來見, 且言: "欲請使臣於所寓, 一做穩話."云。

27일(경인)

이날은 비가 왔다.

평조신(平調信)이 사람을 보내어 말하기를, "내일 도주(島主: 평의지)가 술자리를 마련하고 오로지 두 사신만 와주시면 영예롭겠다며 청하려 하니, 일찌감치 와주시기를 간절히 바라오."라고 하니, 통신

---

13 慶雲寺(경운사): 케이운지. 일본 長崎縣 對馬市 嚴原町 久田道에 있는 사찰.

사가 대답하기를, "몸이 불편하여서 초대에 갈 수가 없소."라고 하자, 저녁에 평의지(平義智)가 요시라(要時羅)를 보내고 청하여 말하기를, "통신사께서 이전에 우리 섬을 지나가셨으나 때마침 국도(國都: 교토)에 있어서 접대하지 못했는데, 지금 다행히도 이곳에 오셨으니 한번 오시도록 청하지 않을 수 없소이다. 내일 저의 집에 왕림하여 주시기를 바라오이다."라고 하였지만, 통신사가 병을 칭탁하고 사양하였다.

요시라가 다시 와서 도주(島主)의 뜻을 전하며 말하기를, "이미 술자리를 마련하였고 조용히 만나려 하니, 바라건대, 저의 성의를 살펴주시면 매우 다행이겠소이다. 전에 오신 통신사들도 일찍이 비루하게 여기지 않고 기꺼이 와 주었으니, 굳이 거절하지 말기를 거듭 간청하오이다."라고 하니, 대답하기를, "나의 이번 사행길은 전에 왔던 통신사의 행차와 같지 않소. 지금 왕명을 관백(關白)에게 전달하지도 못하였는데, 어찌 감히 사사로이 도주의 잔치에 가겠소. 더구나 몸의 병이 그치지 않았으니 결코 갈 수가 없소이다. 나 대신 감사의 뜻을 도주에게 전하면서 도주의 후한 정을 이미 받았다고 해주오."라고 하였다.

二十七日(庚寅)

是日, 雨。平調信, 使人來, 言: "明日, 島主欲設酌, 專請兩位使臣光臨, 萬望[14]早枉." 通信使答: "以氣不平, 不得赴招." 夕, 平義智使要時羅來, 請曰: "通信, 前過弊島, 而適值方在國都, 有失

---

14 萬望(만망): 지극한 정성으로 간절히 바람.

接待, 今幸來此, 不可不請一臨。明日, 幸望枉顧弊寓." 通信使
以疾辭焉。要時羅再來, 傳島主之意, 曰: "已具筵席, 欲謀從容,
冀察鄙誠幸甚。在前通信使, 亦曾不鄙肯臨, 更乞毋賜牢距." 答
曰: "我之此行, 與在前通信使行不同。今旣不能傳致王命於關
白, 豈敢私赴島主之宴乎? 且身恙未已, 決不可去矣。爲我謝島
主, 已領島主厚情也."

【再造藩邦志】

평조신이 사람을 시켜 사신에게 청하도록 하며 말하기를, "내일
도주(島主)가 잔치를 베풀어 장차 사신을 청하려 하니, 부디 일찌감
치 와주시겠소."라고 하니, 사신이 아프다는 핑계로 사양하였다. 이
날 저녁에 평의지가 요시라를 보내 청하여 말하기를, "사신이 우리
섬을 지나가셨을 때는 제가 마침 국도(國都: 교토)에 가 있어서 마중
나가는 예를 드리지 못했는데, 오늘 사신이 다시 이곳에 머무르시
니 한번 모시고 이야기를 나누지 않을 수 없소이다. 내일 부디 일찌
감치 와주시기를 바라오이다."라고 하였지만, 사신은 또 아프다는
핑계로 사양하였다.

조금 뒤에 요시라가 또 와서 도주의 뜻을 전하며 말하기를, "간소
한 음식을 조촐히 차리고서 모시고 이야기를 나누고자 하니, 비루
한 뜻을 굽어살펴주십시오. 지난날 통신사도 또한 저를 꺼리어 멀
리하지 않고 와주었으니, 굳이 거절하지 말기를 청하오이다."라고
하니, 사신이 대답하기를, "우리들의 이번 사행길은 지난날 사신의
행차와는 다르오. 지금은 왕명을 관백(關白)에게 전달하지도 못하

였는데, 지금 사사로이 도주의 잔치에 가겠소? 하물며 몸에 중병이 있으니 성대한 연회에 갈 수가 없소이다. 나 대신 감사의 뜻을 도주에게 전하며 도주의 후한 정을 이미 받았다고 해주기를 바라오."라고 하였다.

다음날 심 천사(沈天使: 심유경)가 역관(譯官) 이유(李愉)를 불러서 말하기를, "내가 듣건대 도주(島主: 평의지)가 잔치를 베풀어 놓고 배신(陪臣: 황신)을 청하였으나 배신이 아프다는 핑계로 사양하면서 가지 않았다 하니, 배신의 처사가 너무 과격하다. 모든 일에는 원칙도 있고 변통도 있는 것인데, 어찌 줄곧 고집을 부리는 데만 이르러 이런 외국 땅에 와서도 변통이 없을 수 없단 말인가? 도주가 이미 여러 번 청했는데도 가지 않은 까닭에 나에게 와서 말하기를, '저는 다시 가서 오라고 청할 면목이 없으니, 노야(老爺: 심유경)의 은혜를 입어서 사신이 오도록 해주기를 바라나이다.'라고 하니, 사신은 한 번 가서 참석해 주어도 그다지 크게 해될 것이 없을 듯하다."라고 하자, 황신(黃愼)이 이유(李愉)를 시켜 심 천사에게 회답하도록 하면서 말하기를, "우리나라와 관백이 우호 관계를 맺은 뒤에는 두 나라의 신하가 서로 모여 잔치하고 마시는 것이야 해롭지 않습니다. 지금은 관백이 사신을 보지도 않고 사신은 왕명을 전하지도 못하였는데, 사신이 저들과 서로 모여 잔치하고 술 마시는 것은 지극히 타당하지 못합니다. 노야께서 비록 지휘하시는 바가 있지만, 감히 명령을 따르지 못하겠습니다. 이역(異域)에 와 있어서 아침저녁으로 먹고 마시는 것 또한 마지못해서 저들에게 요구할지라도 이미 낯부끄러운 일인데, 다시 무슨 마음으로 잔치에 가서 즐기겠습니까?"라고

하니, 심 천사가 웃으며 말하기를, "사소한 일에 몹시 고집스럽구
나."라고 하였다.

이날 평의지(平義智)의 집에서는 크게 잔치를 벌여놓고 종일 사신
을 기다렸으나 끝내 가지 않았다.

二十七日。平調信, 使人請於使臣, 曰: "明日, 島主設宴, 將請
使臣, 幸早臨焉." 使臣辭以病。是夕, 平義智送要時羅, 請曰:
"使臣過本島時, 俺適往國都, 以失迎候之禮, 今日使臣, 又留此
地, 不可不一番陪話。明日, 幸須早臨." 使臣又以病辭。要時羅,
少頃又來, 傳島主之意, 曰: "略修薄具, 且欲陪話, 俯察鄙情。前
日通信使, 亦不棄俺而來臨。請勿堅拒." 使臣答曰: "吾輩今番之
行, 異於前日使臣之行。今旣不能傳命於關白, 而乃今私預於島
主之宴乎? 況身有重病, 故不能赴盛宴。幸爲我謝島主, 旣受島
主之厚意矣." 翌日, 沈天使招譯官李愉, 言之曰: "吾聞島主設宴,
請陪臣。而陪臣辭病不往, 陪臣之處事, 大過激矣。凡事有經有
權, 何至一向固執, 來此外國, 不可無權? 渠旣屢請不往, 故來言
于吾, 曰: '俺無面更請, 願蒙老爺之德, 使之來臨.'云。使臣一番
往參, 似無大害矣." 黃愼, 使李愉回報於沈天使, 曰: "我國與關
白講好之後, 則兩國之臣, 相與宴飮, 無害矣。今關白不見使臣,
使臣不得傳命, 使臣與彼人, 相會宴飮, 極不安當。老爺雖有所
指揮, 而不敢從命。來在異域, 朝夕飮食, 亦且不獲已, 而索諸渠
處, 旣有覯面, 更以何心, 赴宴爲樂乎?" 沈天使笑曰: "爲小事大
固執矣." 是日, 平義智家, 大設宴具, 終日等待, 而竟不往。

28일(신묘)

이날은 비가 왔다.

아침에 심 천사(沈天使)가 이유(李愉)를 불러 도주(島主)의 말을 전하며 말하기를, "듣건대 도주가 배신(陪臣: 황신)을 맞이하려고 잔치를 베풀었으나 배신이 응하려고 하지 않는다고 하니, 이는 너무 과격하다. 모든 일에는 원칙도 있고 변통도 있는 것인데, 어찌 줄곧 고집만 부릴 수 있단 말인가? 이런 외국 땅에 와서는 모름지기 변통을 발휘하는 것이 좋겠다. 그는 이미 배신이 고사했음에도 받아들이지 않고, 지금 또한 나에게 와서 말하기를, '우리는 부끄러워 감히 다시 청하지 못하고 노야(老爺)에게 부탁하여 맞이하려 한다.'라고 하였으니, 모름지기 억지로라도 한번 가는 것이 무방하겠다."라고 하자, 통신사가 이유(李愉)를 시켜 회답하는 말을 전하도록 하여 말하기를, "국왕께서 만약 관백과 우호 관계를 맺었다면 두 나라의 사신이 서로 어울려 잔치에서 술 마시는 것이야 과연 무방합니다. 지금은 관백이 사신 보기를 허락하지도 않았고 사신은 국왕의 명을 전하지도 못하였으니, 사신이 저들과 서로 어울려 잔치를 즐기는 것은 난처합니다. 노야께서 비록 분부가 있지만, 감히 명령을 따르지 못하겠습니다. 이역(異域)에 와 있어서 아침저녁으로 먹고 마시는 음식 또한 피치 못하고 저들이 공급해주는 것을 받는 것이야 진실로 부득이해서 하게 된 것일지라도 이미 부끄러운 일인데, 하물며 무슨 마음으로 다시 잔치에 나가겠습니까?"라고 하니, 심 천사가 비웃으며 말하기를, "사소한 일에 몹시 고집스럽구나. 간들 무슨 상관이 있겠는가?"라고 하였다.

이날 평의지(平義智)의 집에서는 크게 잔치를 벌여놓고 종일 기다리며 여러 차례 사신을 청하였으나 끝내 가지 않았다.

二十八日(辛卯)

是日, 雨。朝, 沈天使招李愉, 傳語曰: "聞島主欲邀陪臣排宴, 而陪臣不肯云, 此甚過激。夫事有經權, 豈可一向固滯? 到此外國, 須權而行之可也。渠旣固不得, 今又來言於我, 曰: '我則慚愧, 不敢再請, 欲托老爺邀致。'云, 須勉强一往無妨。" 通信使, 使李愉回話, 曰: "國王, 若與關白通好, 則兩國使价, 相從宴飮, 果爲無妨。今關白旣不許見使臣, 使臣旣不傳致國王之命, 則使臣與此輩, 勢難相就宴樂。老爺雖有分付, 恐未敢承命也。來此異國, 朝夕食飮之需, 亦不免取渠供給, 固出於不得已, 已爲可羞, 況何心更赴筵席乎?" 沈天使唉曰: "小事大固執。去亦何妨?" 是日, 義智家, 盛設宴具, 終日以俟, 累請竟不赴。

29일(임진)

이날은 비가 오기도 하였고 맑기도 하였다.

그대로 머물렀다.

二十九日(壬辰)

是日, 或雨或晴。仍留。

11월

1일(계사)

이날은 잠깐 비가 왔다가 잠깐 갰다가 하였다.

그대로 머물렀다.

初一日(癸巳)

是日, 乍雨乍晴。仍留。

2일(갑오)

이날은 흐렸다.

그대로 머물렀다.

初二日(甲午)

是日, 陰。仍留。

3일(을미)

이날은 흐렸다.

아침에 배를 출발시켜 미처 대양(大洋)으로 나가지도 못하고, 바람이 순하지 못하여 되돌아 정박하였다.

初三日(乙未)

是日, 陰。朝, 發舡, 未及開洋, 風不順, 還泊。

4일(병신)

이날은 맑았으나 바람이 세게 불었다.

初四日(丙申)

是日, 晴大風。

5일(정유)

이날은 흐렸다.

날이 어두워지자 평조신(平調信)이 장검(長劍) 2자루, 조총 1정, 후추 24근을 보내왔는지라, 호피·화문석·명주 등으로 보답하고 즉시 장검·조총·후추를 가져다가 낱낱이 역관들과 아병(牙兵)·포수(砲手)·사령(使令) 등에게 나누어 주었다.

初五日(丁酉)

是日, 陰。昏, 調信送長劍二口, 鳥銃一串, 胡椒二十四斤。以虎皮·花席·綿紬等物報之, 卽將長劍·鳥銃·胡椒, 一一分給譯官輩及牙兵·砲手·使令等。

6일(무술)

이날은 맑았다.

아침에 행장(行長: 소서행장)이 박대근(朴大根)에게 일러 말하기를, "일본과 조선은 우호가 끊어질 리가 절대 없으니, 이번 사행이 비록 마무리 짓지 못했을지라도 나중에는 당연히 자연스레 이루어지게 될 것이니, 모름지기 이런 뜻을 알고 있는 것이 좋겠소. 만약 부득이 서로 싸우게 된다면 모름지기 지연시키는 계책으로 4년 내지 5년 버티며 일본에서 일어날 사변(事變)을 기다린다면, 근심이 없을 것이오."라고 하였다.

○이날 배를 출발시켜 노질하여 갔는데, 밤이 깊어서야 서포(西浦: 西泊, 니시도마리)에 이르렀다.

初六日(戊戌)

是日, 晴。朝, 行長謂朴大根, 曰："日本與朝鮮, 必無終絶之理, 今行雖不得完了, 後當自然成就, 須知此意, 可也。若不得已相戰, 則亦須以計遷延, 支撐四五年, 以待日本事變, 則可無患矣。"云。○是日, 發舡櫓行, 夜深到西浦。

7일(기해)

이날은 맑았다가 날이 어둑해질 무렵에 비가 왔다.

아침에 배를 출발시켜 한낮이 되어서야 풍기군(豊崎郡: 토요사키)의 대포(大浦: 오우라)에 도착했다. 날이 어둑해지자 천사(天使)의 배도 도착했다.

初七日(己亥)

是日, 晴昏雨。朝發舡, 午到豊崎郡[1]之大浦[2]。昏天使舡亦到。

---

1 豊崎郡(풍기군): 토요사키 군. 일본 長崎縣 對馬市 上對馬町과 上縣町의 북쪽 지역.

2 大浦(대포): 오우라. 일본 長崎縣 對馬市 카미쓰시마 쵸(上對馬町)에 있는 항구. 임진왜란 때 조선을 침략하기 위해서 일본의 군선이 집결된 곳이었다.

8일(경자)

이날 아침에는 개었다가 저물어서는 흐렸다.

대포(大浦: 오우라)에 머무르며 바람이 불기를 기다렸다.

初八日(庚子)

是日, 朝晴暮陰。留大浦, 待風。

9일(신축)

이날은 맑았다가 어둑해질 무렵에 비가 왔다.

머물러 정박하면서 바람이 불기를 기다렸는데, 정성(正成: 寺澤正成)이 장기(長崎: 나가사키)에서 뒤따라 도착하였다.

初九日(辛丑)

是日, 晴昏雨。留泊待風, 正成自長崎追到。

10일(임인)

이날은 눈이 내렸다.

그대로 대포(大浦: 오우라)에 머물렀다.

初十日(壬寅)

是日, 下雪。仍留大浦。

11일(계묘)

이날은 흐렸다.

대포(大浦)에 머물렀다.

十一日(癸卯)

是日, 陰。留大浦。

12일(갑진)

이날은 흐렸다.

대포(大浦)에 머물렀다.

十二日(甲辰)

是日, 陰。留大浦。

13일(을사)

이날은 맑았다.

대포(大浦)에 머물렀다.

十三日(乙巳)

是日, 晴。留大浦。

14일(병오)

이날은 아침에 흐렸다가 저물어서 비가 왔다.

대포(大浦)에 머물렀다.

十四日(丙午)

是日, 朝陰暮雨。留大浦。

15일(정미)
이날은 잠깐 흐렸다가 잠깐 비가 왔다가 하였다.
대포(大浦)에 머물렀다.
十五日(丁未)
是日，乍陰乍雨。留大浦。

16일(무신)
이날은 맑았다.
대포(大浦)에 머물렀다.
十六日(戊申)
是日，晴。留大浦。

17일(기유)
이날은 흐렸다.
아침에 배를 출발시켰으나 미처 대양(大洋)으로 나가기 전에 바람이 순하지 못하여 대포(大浦)로 돌아와 정박하였다.
十七日(己酉)
是日，陰。朝發舡，未及出洋，風不順，還泊大浦。

18일(경술)
이날은 맑았다.

대포(大浦)에 머물렀다.

十八日(庚戌)

是日, 晴。留大浦。

19일(신해)

이날은 흐렸다.

대포(大浦)에 머물렀다.

十九日(辛亥)

是日, 陰。留大浦。

20일(임자)

이날은 흐렸다.

대포(大浦)에 머물렀다.

二十日(壬子)

是日, 陰。留大浦。

21일(계축)

이날은 맑았다.

대포(大浦)에 머물렀다.

二十一日(癸丑)

是日, 晴。留大浦。

22일(갑인)

이날은 맑았다.

대포(大浦)에 머물면서 바람이 불기를 기다렸다.

○ 대마도로 돌아온 뒤로부터 바람에 막혀 머무른 지 26일이나 되자, 일행이 모두 본국으로 돌아가고 싶어서 가슴 답답하게 날을 보냈다. 대체로 바다를 건너려면 동남(東南)쪽에서 부는 바람을 만나야 하는데, 겨울철에는 이 바람을 만나기 어려운 까닭에 이렇게까지 지체되어 머무르게 되니 한탄스러웠다.

二十二日(甲寅)

是日, 晴。留大浦待風。○自回對馬之後, 阻風留者, 二十六日, 一行皆思歸, 悶鬱度日。蓋渡海, 須得東南風, 而冬月難得此風, 故留滯至此, 可嘆。

23일(을묘)

이날은 흐렸다.

아침에 두 천사(天使)와 같이 출발했으나 20리 정도도 가지 못해 바람세가 고르지 않자, 천사는 배를 되돌려 대포(大浦)에 정박하였다. 오직 통신사 일행이 탄 우리나라 배 4척만은 노질을 하여 가기를 그치지 않자, 뱃길을 인도하는 왜인 등이 극력 그치라고 간하며 말하기를, "우리는 항해에 가장 익숙한데도 아직 바람 없이 대양(大洋)을 건너지 않았습니다. 혹시 대양 가운데에서 날이 어두워졌는데 혹 역풍을 만나기라도 하면 반드시 표류하다가 다른 곳에 도착하

게 될 것입니다."라고 하였다. 그러나 유독 도훈도(都訓導) 김득(金
得)이 말하기를, "오늘은 날씨가 매우 맑아 반드시 종일토록 바람이
없을 것이니, 만약 힘들여 노질만 한다면 부산(釜山)에 도달할 수
있습니다."라고 하였다. 마침내 그의 말을 따라 배를 되돌리지 않고
격군(格軍)들에게 자주 술과 밥을 먹이며 노질을 재촉하여 항해했는
데, 밤이 깊어서야 겨우 부산에 도착하였다.

二十三日(乙卯)

是日, 陰。朝, 同兩天使發, 未至二十里許, 風勢不便, 天使回
舡泊大浦。唯通信使一行, 所乘我國舡四隻, 櫓行不止, 指路倭
等, 極力諫止以爲: "我輩最慣海行, 而未尙無風而涉洋。倘於中
洋日黑, 或遇逆風, 必得漂到它處。"唯都訓導金得言: "今日天氣
甚淸, 必終日無風, 若力櫓, 則可到釜山。"云。遂依其言, 不爲回
舡, 頻饋格軍酒飯, 促櫓而行, 夜深艱到釜山。

【再造藩邦志】

황신(黃愼) 등이 대마도(對馬島)에서 배를 출발시켜 대양(大洋) 가
운데에 이르러 바람세가 점차 미약해지니, 천사(天使)의 배는 되돌
려서 대포(大浦)에 정박하였다. 그러나 우리나라 사신의 배는 노질
을 재촉하여 장차 부산(釜山)으로 향하려 하자, 뱃길을 인도하는 왜
인들이 모두 극력 만류하며 말하기를, "우리는 바닷길을 익숙히 아
는데도 바람이 없을 때면 대해(大海)를 건넌 적이 없습니다. 만약
날이 저물었는데 큰바람을 만나기라도 하면 필시 표류하다가 다른
곳에 도착하게 될 것입니다."라고 하였다. 유독 우리나라 도훈도(都

訓導) 김득(金得)이 말하기를, "지금 천시(天時: 날씨)를 보건대 반드시 역풍이 없을 것이니, 만약 노질을 부지런히 한다면 필시 부산에 도달할 수 있을 것입니다."라고 하였다. 이에, 노군(櫓軍)들에게 술과 밥을 배불리 먹이고 노질을 독촉하여, 날이 저문 뒤에야 부산에 도착하였다.

十一月二十三日。黃愼等, 自對馬島發船, 至洋中, 風勢漸微, 天使之船, 還泊大浦。而我國船, 催櫓役, 將向釜山, 指路倭人, 皆極力止之曰: "吾輩熟諳海路, 未嘗以無風時渡大海。若値日暮, 遇大風, 則必漂到他處矣。"獨本國都訓導金得, 以爲: "今觀天時, 必無逆風, 若勤於櫓役, 必得達釜山。"於是, 使櫓軍飽喫酒食, 催督櫓役, 日暮後到釜山。

24일(병진)

이날은 맑았다.

아침에 군관(軍官) 송의(宋檥)가 장계(狀啓)를 가지고 경성(京城)으로 올라갔다. 낮에 진 유격(陳遊擊: 陳雲鴻) 및 왕륜(王倫)·심시무(沈時懋) 두 천총(千摠)을 찾아가 만나본 다음, 이어 나 접반관(羅接伴官: 羅級)과 서로 만나보았다.

날이 저물어서 법인(法印: 松浦鎭信, 마쓰우라 시게노부)의 관할 아래 있는 왜인(倭人)의 집에 돌아와 묵었는데, 왜적의 진영 안에 있던 임시가옥들이 태반이나 철거되었고 진영에 있던 왜졸(倭卒)도 전에 비하면 겨우 10분의 1이었다. 성 접반관(成接伴官: 成以敏)이 몰래

탈출한 뒤로부터는 문단속이 매우 엄하여 출입을 마음대로 할 수가
없었는데, 우리가 임시로 머무는 곳의 문밖에도 지키는 왜인이 있
었다. 드나들 때면 으레 따라다니는 자가 있었으니, 분위기야말로
험악하여 다시는 지난날과 같지 않았다.

二十四日(丙辰)

是日, 晴。朝, 軍官宋檥[3], 賚狀啓上京。午, 往見陳遊擊及王
沈[4]兩千摠, 因與羅接伴官[5]相見。夕, 歸寓法印[6]管下倭家, 賊營
中廬舍[7], 太半撤毁, 在營倭卒, 比前僅十之一。自成接伴官[8]潛出
之後, 門禁甚緊, 出入不得自在, 吾等所寓門外, 亦有守直倭。有
時出入, 例有隨護者, 氣象可惡, 非復前日矣。

---

3 宋檥(송의, 1559~?): 본관은 鎭川, 자는 正叔. 1583년 무과에 합격하였다.

4 沈(심): 沈時懋를 가리킴.

5 羅接伴官(나접반관): 《선조실록》 1596년 12월 16일 1번째 기사에 따르면, 羅級
(1552~1602)임. 언제 접반관으로 차출되었는지 알 수 없다. 본관은 安定, 자는
子升, 호는 後谷. 나주 출신. 羅萬甲의 아버지이다. 1596년 제용감정으로 있을
때 왜군과의 강화관계로 부산에 파견되었던 명나라 遊擊 陳雲鴻의 接伴官으로
차출되어 적진을 왕래하였다. 이듬해 지평·장령·시강원문학 등을 거쳐 金命元
의 書狀官으로 명나라에 다녀온 뒤 보덕·장령을 역임하였다.

6 法印(법인): 松浦鎭信. 마쓰우라 시게노부를 가리킴.

7 廬舍(여사): 군대가 일시 머물기 위해서 세운 가옥.

8 成接伴官(성접반관): 《선조실록》 1596년 6월 16일 1번째 기사에 따르면, 成以
敏(1565~?)임. 그의 도주 기사는 1596년 10월 25일 1번째 기사에 나온다. 본관
은 昌寧, 자는 退甫, 호는 三古堂. 1596년 호조좌랑이 되어 명나라 장수 陳雲鴻
의 接伴官을 겸하였으나, 적의 정세에 관하여 올린 狀啓로 인하여 물의를 일으
킨 바 있었고, 이어 沈惟敬이 접반관으로 있을 때는 왜군의 陣營에서 도망해
온 죄로 유배됨으로써 거듭 어려움을 겪었다.

25일(정사)

이날은 맑았다.

부산(釜山)의 왜영(倭營)에 머물렀다. 낮에 나 접반관(羅接伴官: 羅級)이 시집 1권을 보라고 보냈는데, 바로 경성을 떠날 때 여러 벗들이 송별한 시 및 양산(梁山)에 주둔해 있던 제공(諸公)들과 화답한 시이었다. 자상(子常: 李恒福의 字)·태징(台徵: 李壽俊의 자)·열지(悅之)·존중(存中: 尹敬立의 자)의 성명이 모두 그 속에 있어서 펼치고 보노라니 마치 그들의 얼굴을 보는 것과 같아 매우 기뻤다. 마침내 그 운(韻)을 따라 지어서 주었으니, 이러하였다.

직분에 마땅히 할 바를 능히 아나니	能知職分所當爲
구구하게 세상사람 기꺼이 본받을쏜가.	肯效區區世上兒
우습구나, 소무 같이 부절을 지녔던 날	堪笑蘇卿持節日
되레 박망후의 배 되돌리는 때 만나다니.	還逢博望返槎時

二十五日(丁巳)

是日, 晴。留釜山倭營。午, 羅接伴送示一詩卷, 乃出京日, 諸友別章[9]及梁山[10]留駐諸公所和也。子常[11]·台徵[12]·悅之·存中[13]

---

9 別章(별장): 이별의 마음을 내용으로 지은 시문.

10 梁山(양산): 경상남도 동북부에 있는 고을.

11 子常(자상): 李恒福(1556~1618)의 字. 본관은 慶州, 호는 弼雲·白沙·東岡. 1592년 임진왜란이 일어나자 왕비를 개성까지 무사히 호위하고, 또 왕자를 평양으로, 선조를 의주까지 호종하였다. 그 동안 이조참판으로 오성군에 봉해졌고, 이어 형조판서로 오위도총부도총관을 겸하였다. 곧이어 대사헌 겸 홍문관제학·지경연

姓名, 皆在其中, 展來如見其面, 甚可喜也。遂步其韻以贈之,
曰: "能知職分所當爲, 肯效區區世上兒. 堪笑蘇卿[14]持節日, 還逢

사· 지춘추관사· 동지성균관사· 세자좌부빈객· 병조판서 겸 舟師大將· 이조판서
겸 홍문관대제학· 예문관대제학· 지의금부사 등을 거쳐 의정부우참찬에 승진되었
다. 이 동안 이덕형과 함께 명나라에 원병을 청할 것을 건의했고 尹承勳을 해로로
호남지방에 보내 근왕병을 일으켰다. 선조가 의주에 머무르면서 명나라에 구원병
을 요청하자, 명나라에서는 조선이 왜병을 끌어들여 명나라를 침공하려 한다며
병부상서 石星이 黃應暘을 조사차 보냈다. 이에 그가 일본이 보내온 문서를 내보
여 의혹이 풀려 마침내 구원병이 파견되었다. 그리하여 만주 주둔군 祖承訓·
史儒의 3,000 병력이 왔으나 패전하자, 다시 중국에 사신을 보내 대병력으로
구원해줄 것을 청하자고 건의하였다. 그리하여 李如松의 대병력이 들어와 평양을
탈환하고, 이어 서울을 탈환, 환도하였다. 다음 해 선조가 세자를 남쪽에 보내
分朝를 설치해 경상도와 전라도의 군무를 맡아보게 했을 때 大司馬로서 세자를
받들어 보필하였다. 1594년 봄 전라도에서 宋儒眞의 반란이 일어나자 여러 관료들
이 세자와 함께 환도를 주장하였다. 그러나 그는 반란군 진압에 도움이 되지
못한다고 상소해 이를 중단시키고 반란을 곧 진압하였다. 그는 병조판서· 이조판
서, 홍문관과 예문관의 대제학을 겸하는 등 여러 요직을 거치며 안으로는 국사에
힘쓰고 밖으로는 명나라 사절의 접대를 전담하였다. 명나라 사신 楊邦亨과 楊鎬
등도 존경하고 어려운 일이 있을 때마다 찾던 능란한 외교가이기도 하였다.

12 台徵(태징): 李壽俊(1559~1607)의 字. 본관은 全義, 호는 龍溪. 아버지는 병마
    절도사 李濟臣이다. 1592년 임진왜란이 일어나자 부녀자와 선비 및 양식을 통진
    에서 강화도로 보냈다. 그 뒤, 禹性傳 등과 함께 京外에 흩어진 군졸들을 모아
    왜적을 방어하고, 통진현을 안전하게 지키는 데 공을 세웠다. 1593년 예조정랑
    에 제수되었으며, 장악원첨정을 거쳐, 1595년 영해부사로 나아갔다.

13 存中(존중): 尹敬立(1561~1611)의 字. 본관은 坡平, 호는 牛川. 아버지는 尹先
    覺 곧 尹國馨이다. 1592년 임진왜란 때에는 홍문관정자로 管糧御史· 督運御史
    의 소임을 맡아 군량 공급에 공을 세우고, 왕의 상을 받았다. 1594년 부수찬에
    선임되고, 뒤이어 이조좌랑으로 세자시강원사서와 지제교를 겸임하였으며, 이
    듬해부터는 다시 사예· 응교· 교리· 집의· 사간 등의 요직을 역임하였다.

14 蘇卿(소경): 蘇武를 가리킴. 漢武帝 때 中郎將으로 符節을 지니고 匈奴에게
    사신으로 갔다가, 온갖 위협과 회유에도 굴복하지 않고 절조를 지키다가 19년만

博望[15]返槎[16]時."

【再造藩邦志】

군관(軍官) 송의(宋檥)를 보냈는데, 장계(狀啓)를 가지고 경성(京城)으로 달려가게 하였다. 황신(黃愼)이 배에서 내려 유격(遊擊) 진운홍(陳雲鴻)과 천총(千摠) 왕이길(王猄吉)을 찾아가 만나서 적중의 사정을 말하고 돌아왔다.

二十五日。遣軍官宋儀, 賷狀啓, 馳歸京中。黃愼下船, 往見陳游擊雲鴻‧王千摠猄吉[17], 陳賊中事情而歸。

26일(무오)

이날은 맑았다.

부산의 왜영(倭營)에 머물렀다.

二十六日(戊午)

是日, 晴。留釜山倭營。

에야 귀국했던 고사가 전한다.

15 博望(박망): 博望侯. 漢武帝 때의 사신 張騫의 봉호.

16 返槎(반사): 뗏목을 되돌림. 漢武帝가 張騫에게 大夏에 사신으로 가서 黃河의 근원을 찾도록 하였는데, 장건이 뗏목을 타고 가다가 牽牛와 織女를 만났다는 고사를 활용한 것이다. 곧 乘槎는 임금의 명을 받들고 외방으로 나갔다는 뜻인바, 返槎는 使命을 제대로 수행하지 못하고 되돌아왔다는 의미로 활용된 것이다.

17 王千摠猄吉(왕천총이길): 千摠 王猄吉. 1596년 조선에 파견된 袞州府의 同知이다. 王吉, 王同知, 猄吉로도 불린다.

27일(기미)

이날은 맑았다.

부산의 왜영(倭營)에 머물렀다.

二十七日(己未)

是日, 晴。留釜山倭營。

28일(경신)

이날은 맑았다.

부산의 왜영(倭營)에 머물렀다.

二十八日(壬戌)

是日, 晴。留釜山倭營。

29일(신유)

이날은 맑았다.

부산의 왜영(倭營)에 머물렀다.

二十九日(辛酉)

是日, 晴。留釜山倭營。

30일(임술)

이날은 맑았다.

부산의 왜영(倭營)에 머물렀다.

三十日(壬戌)

是日，晴。留釜山倭營。

12월

1일(계해)

이날은 맑았다.

부산의 왜영(倭營)에 머물렀다.

初一日(癸亥)

是日, 晴。留釜山倭營。

2일(갑자)

이날은 맑았다.

부산의 왜영(倭營)에 머물렀다.

初二日(甲子)

是日, 晴。留釜山倭營。

3일(을축)

이날은 맑았다.

부산의 왜영(倭營)에 머물렀다.

初三日(乙丑)

是日, 晴。留釜山倭營。

4일(병인)

이날은 맑았다.

부산의 왜영(倭營)에 머물렀다.

初四日(丙寅)

是日, 晴。留釜山倭營。

5일(정묘)

이날은 맑았다.

부산의 왜영(倭營)에 머물렀다.

初五日(丁卯)

是日, 晴。留釜山倭營。

6일(무진)

이날은 눈이 왔다.

부산의 왜영(倭營)에 머물렀다.

初六日(戊辰)

是日, 下雪。留釜山倭營。

7일(기사)

이날은 맑았다.

두 천사(天使)의 차관(差官) 양득(楊得: 楊得功의 오기)·전사본(錢思

本) 등이 대포(大浦: 오우라)로부터 와서 정박하였다가 곧 떠나갔다. 심 천총(沈千摠: 沈時懋)이 역관(譯官) 이유(李愉)에게 일러 말하기를, "심 노야(沈老爺: 심유경)께서 전사본에게 말로 전하도록 하기를, '두 배신(陪臣: 황신과 박홍장)이 경성에 도착하면 처리할 일이 매우 많을 것이다.'라고 하였으니, 모름지기 말을 전하여 먼저 떠나게 하오."라고 하였다.

어두울 무렵에 평행장(平行長: 소서행장)이 대포(大浦)로부터 왔다.

初七日(己巳)

是日, 晴。兩天使差官楊得[1]·錢思本[2]等, 自大浦來泊, 卽爲發去。沈千摠謂譯官李愉, 曰: "沈老爺使錢思本口報云: '兩陪臣到王京, 事幹[3]甚多.' 須傳語先發去云。" 昏平行長自大浦來到。

【再造藩邦志】

천사(天使)들이 대포(大浦: 오우라)에 있으면서 차관(差官) 양득(楊得)·전사복(全士福: 錢思本의 오기)에게 주문(奏文)을 가지고 바다를 건너서 명나라 수도로 달려가게 하였다. 이날 저녁에 행장(行長: 소서행장)과 성정(盛政: 長盛의 오기, 增田長盛) 등이 계속해서 바다를 건너왔다. 천총(千摠) 심시무(沈時懋)가 이유(李愉)를 불러서 말하기

---

1 楊得(양득): 楊得功의 오기인 듯. 1592년 임진왜란 때 조선에 파견된 명나라 千摠.

2 錢思本(전사본): 1592년 임진왜란 때 명나라와 일본 사이의 교섭을 담당했던 沈惟敬의 참모.

3 事幹(사간): 일을 함.

를, "심 노야(沈老爺)께서 전사복을 시켜 말을 전하도록 하며, '배신(陪臣)이 경성(京城)에 가면 반드시 조치할 일들이 많이 있을 것이라서 먼저 경성으로 가는 것이 좋겠다.'라고 하였으니, 이 뜻을 사신에게 전하오."라고 하자, 황신(黃愼) 이하가 이 말을 듣고 행장을 꾸려 장차 떠나려 하였다.

행장(行長)은 황신 등이 장차 경성으로 떠나려 한다는 말을 듣고 사고안문(沙古雁門: 作右衛門, 小西作右衛門, 코니시 사쿠에몬)을 보내와서 예물을 바치고 만나보기를 청하여 말하기를, "사신의 관소(館所)는 너무 번거로우니, 관소 곁에 있는 빈집에서 서로 만납시다."라고 하였다. 그래서 행장과 빈집에서 서로 만났는데, 행장이 말하기를, "사신이 먼 곳까지 갔다가 일을 이루지 못하고 돌아오니, 나역시 무안하오이다. 관백이 당초에 왕자를 돌려보낼 때, 조선에서 반드시 왕자 한 사람을 보내어 사과할 것이라 여겼소. 끝내 들여보내지 않았으므로 내가 지난날 심 유격(沈游擊: 심유경)에게 아뢰었더니, 심 유격이 대답하기를, '내가 조선 국왕에게 배신(陪臣)을 보내라고 청하여도 국왕이 오히려 난처해하는 기색을 보였는데, 하물며 왕자를 보내겠소? 다시는 그런 말을 하지 마오.'라고 했소이다. 나는 또 양 천사(楊天使: 양방형)에게 말하자, 양 천사는 그렇겠다고만 할 뿐이었소이다. 우리도 처음에는 배신 혼자서 갈망정 일이 이루어질 수 있지 않을까라고 말했었소이다. 지금 관백(關白)이 왕자를 보내지 않았다는 이유로 진노하니, 또한 우리가 방자하였소이다. 지난날 천사와 관백이 서로 회견했을 때, 나는 감히 관백을 보지 못했소이다. 사신은 모름지기 이런 뜻을 국왕께 상세히 진달하여 대사(大事)가 이루어지도록 하오. 나는 애초부터 이 일을 주관하여 이제 3년 내지 4년이나 되었으니, 반드시 이 일이 잘되기를 바라오이다."라고 하자, 황신이 대답하기를, "왕자는 결단코 가서 사례할 리가 없고 우리가 국왕 앞에서 입을 열 수 없는 데다, 설령 입을 열어 말한다 해도 결코 이루어질 수 없을 것이니, 우리가 이곳에서 나누고 있는 말들은 다만 빈말이 될 뿐이오. 우리는 비록 아직 복명(復命: 처리 결과 보고)하지 못했으나 조정의 뜻을 이미 알고 있으므로 이렇게나마 말하는 것이오."라고 하니, 행장이 말하기를, "조선에서는 필시 일본이 왕자를 잡아서 감금할 것으로 의심하기 때문에 보내지 않는 것이나, 결코 그럴 리가 없소이다. 다만 관백의 뜻을 생각해보자면, '내가 앞서 왕자를 놓아 돌려보내 주었으나 조선에서는 왕자를 보내어 사례하지 않으니, 이는 나를 매우 얕잡아본 것이다.'라고 여긴 것이니, 만약 왕자는 안 된다고 하면 아무리 조선의 백관(百官)이 죄다 간다 할지라도 소용이 없을 것이외다. 왕자가 한 번 갔다온 뒤에는 다시 다른 일은 없을 것이외다."라고 하였고, 또 말하기를, "국왕께서 왕자를 아끼는 것이 비록 지극하실지라도 모름지기 지난날 포로가 되었을 때를 생각하셔야 하고, 억만의 살아 있는 백성을 위한다면 지극히 좋은 일이외다. 나 또한 사신이 입을 열어 말하기가 어렵다는 것을 알고 있소이다. 그러나 모름지기 이러한 사정으로 명백히 진달하여 속히 좋은 소식이 나에게 전해질 수 있도록 하면, 나도 힘써 4, 5개월 안에는 대규모의 군대가 출동하지 못하도록 꾀할 것이겠지만, 만약 대규모의 군대가 출동한 뒤에는 비록 좋은 소식이 온다 해도 어찌할 수 없소이다."라고 하였으

며, 또 말하기를, "조선에서는 매번 우리가 임진년의 전쟁을 일으키
도록 찬성하였다고 의심하나 관백의 명령을 감히 어기지 못해서였
소이다. 우리가 자청해서 온 것이 아니외다. 평의지(平義智) 또한
이 전쟁을 유감으로 여기는데, 평의지는 곧 나의 사위이외다. 나는
서로 왕래하는 것이야말로 더욱 급선무로 여기니, 사신은 조정에
돌아가서 모름지기 나의 마음을 아뢰어주면 참으로 좋겠소이다."라
고 하였다. 황신은 대답하지 않았고, 각기 관소(館所)로 돌아왔다.

다음날 경성으로 가는 길에 올랐는데, 황신이 돌아와서 전후의
사정을 상세히 아뢰고, 적이 다시 군대를 동원하려는 뜻을 이어서
말했다. 임금이 그 노고를 가상히 여겨 특별히 가선대부(嘉善大夫:
종2품 품계)에 올려 포상하였다. 그 뒤에도 왜인의 왕래가 있을 때마
다 황신의 안부를 물으며, 그를 고려조의 포은(圃隱: 鄭夢周)에 견주
었다.【원문은 누락】

十二月初七日。天使在大浦, 遣差官楊得·全士福, 賫奏渡海,
向皇京馳去。是夕, 行長·盛政[4]等, 陸續渡海。沈千摠時懋, 招
李愉, 曰: "沈老爺使全士福傳言: '陪臣往王京, 必有許多措置之
事, 先向王京, 可也.' 此意傳于使臣." 黃愼以下, 聞此言, 理裝將
起程。行長聞黃愼等, 將向京師, 送沙古雁門, 來致禮物, 因請
見, 曰: "使臣館所甚煩, 請於館傍空家相見." 於是, 會行長於空
家, 行長曰: "使臣遠到, 不能成事而歸, 我亦無顏矣。關白初還

---

4 盛政(성정): 佐久間盛政(1554~1583)이나, 1596년에는 이미 죽은 인물이라서
   잘못임. 長盛의 오기인 듯. 增田長盛(1545~1615). 마시타 나가모리.

王子之時, 以爲必送王子一人以謝也。終不入送, 故我於前日稟
于沈游擊, 沈游擊答曰: '吾請陪臣於國王, 而國王猶有持難之色,
況能遣王子乎? 更勿煩說.' 我又言于楊天使, 楊天使唯唯而已。
我輩初亦以爲, 陪臣獨往, 事或可以成也。今關白, 以王子不遣
之故發怒, 亦吾輩爲慢也。前日天使相會之時, 吾不敢見關白
矣。使臣須以此意, 詳達于國王, 使大事有成也。吾自初主此事,
今將三四年, 必欲此事有成也。"黃愼答曰: "王子決無往謝之理,
吾輩不可開口於國王之前, 設令開口, 必不可成, 吾輩在此說話,
只空言矣。吾輩雖未復命[5], 已知朝廷之意, 故言之如此。"行長
曰: "朝鮮必疑日本拘留王子, 故不送, 然必無是理。但關白之意
以爲, '我前已放還王子, 而朝鮮不以王子來謝, 此甚慢我也.' 若
非王子, 雖以百官, 盡往無益, 王子一往之後, 更無他事。"又曰:
"國王愛王子, 雖至矣, 而須以前日被擄時思之, 爲億萬生靈之地,
則極好矣。吾亦知使臣難於開口也。然須以此情, 明白陳達, 使
好消息速報於吾, 吾力圖四五月前, 使大兵不出, 若大兵出來之
後, 雖有好消息, 亦無及矣。"又曰: "朝鮮每疑吾輩贊成壬辰之禍,
而關白有命, 不敢違矣。非吾輩自請而來也。平義智亦以此事爲
恨也, 義智卽俺女婿也。吾尤以通信爲急, 使臣還朝, 須白吾之
情, 實可也。"愼不答, 各歸館所。翌日, 登程, 黃愼旣還, 詳奏前
後事情, 因陳賊再動之意。上嘉其勞, 特躋嘉善以賞之。其後,
倭人往來, 每詢愼起居, 比之麗朝圃隱。【原文缺】

---

5 復命(복명): 명령을 받은 일에 대하여 그 처리 결과를 보고함.

8일(경오)

이날은 맑았다.

아침에는 정성(正成: 寺澤正成)이 대포(大浦: 오우라)에서 왔다. 낮에는 진 유격(陳遊擊: 陳雲鴻)의 아문(衙門)에 가서 작별을 고하고, 또 박대근(朴大根)을 시켜 내일 떠나려 한다는 뜻을 평행장(平行長: 소서행장)에게 고하도록 하였다. 저녁에 행장(行長)이 작우위문(作右衛門: 小西作右衛門, 코니시 사쿠에몬)을 시켜 청남 화단(靑藍花段) 2 필, 장검(長劍) 1자루, 단검(短劍) 2자루, 금선(金扇) 여섯 자루, 호초 10부대를 보내왔는지라, 표피(豹皮) · 화문석 · 유지(油紙) · 명주[綿紬] · 향선(鄕扇) 등으로 보답하고는 곧바로 보내준 각가지 물건을 가져다가 일행의 역관 및 제각기 하인들에게 모두 상으로 주었다.

날이 어둑해질 무렵에 행장이 재삼 거듭 만나보기를 청하고 또한 말하기를, "사신의 임시처소는 번거로울 것 같으니, 임시처소 곁에 있는 빈집에서 서로 만나고 싶습니다."라고 하였다. 마침내 빈집에서 서로 만났는데, 행장이 말하기를, "사신께서 먼 곳까지 갔다가 왔지만 일을 마무리 짓지 못하였으니, 나는 매우 부끄럽고 진실로 면목이 없소이다. 당초에 관백(關白)이 두 왕자를 놓아 돌려보낼 때, 조선에서 반드시 왕자 중에 한 사람은 보내어 사례할 것으로 생각했었는데, 그 뒤에 끝내 와서 사례하지 않았소이다. 내가 일찍이 심유격(沈遊擊: 심유경)을 마주하고 말하였더니, 심 유격이 말하기를, '내가 배신(陪臣) 한 사람이라도 보내기를 요구하여도 기꺼이 허락하지 않았는데, 하물며 왕자를 기꺼이 보내려고 하겠소? 그대는 다시 그런 말을 하지 마오.'라고 했소이다. 내가 또 양 천사(楊天使)에게 말하자, 양 천사는 단지 '좋다.'라고만 하고 기꺼이 입 밖으로 말을 내지 않았소이다. 우리 또한 단지 이번 사신의 행차만으로도 족히 일을 마무리 지을 것으로 여겼던 까닭에 굳이 청하지 않았던 것뿐이외다. 지금 관백은 왕자가 오지 않은 것에 이미 화를 내고 우리에게도 노여움을 품었으므로, 지난날 관백이 책봉을 받을 때 나 또한 관백을 감히 볼 면목이 없었소이다. 사신은 모름지기 이런 뜻을 갖추어 국왕께 아뢰어 대사(大事)가 마무리 지을 수 있으면 매우 다행이겠소이다. 나는 처음부터 이 일을 주장하여 지금 4년 내지 5년이 이미 되었으니, 시종일관 성취되기를 바라오이다."라고 하자, 통신사가 대답하기를, "왕자는 결단코 올 리가 없고, 우리가 실로 감히 국왕에게 입을 열 수도 없거니와, 설사 말하더라도 결단코 따를 수가 없을 것인데, 우리가 어찌 오늘 망령되이 실없는 말을 하며 구차하게 눈앞에서 결판내려 한단 말이오? 내 비록 아직 조정에 돌아가지 못했으나, 조정의 뜻을 알고 있으므로 이렇게나마 솔직하게 말하는 것이오."라고 하니, 행장이 또 말하기를, "조선에서는 필시 왕자가 일본에 왔다가 혹시라도 구류 당하게 될까 염려하는 것이나, 이는 그럴 리가 없음을 보장하오이다. 다만 관백의 뜻을 생각해보자면, '내가 일찍이 조선의 왕자를 놓아 돌려보내 주었으나 조선에서는 기꺼이 왕자를 보내어 사례하지 않으니, 이는 나를 얕잡아 본 것이다.'라고 여긴 것이니, 왕자 외에는 비록 백관(百官)이 죄다 가더라도 도움이 되지 않을 것이외다. 왕자가 한번 간다면 다시 다른 일은 없을 것이외다."라고 하였고, 또 말하기를, "국왕께서 비록 매우 왕자를 아끼시더라도 모름지기 지난날 포로가 되었을 때를 생각하시어, 자식에게 베푸는 따사롭고 돈독한 마음을 끊으며 애써 누르고 살아있는 백성을 구제하시면 다행이겠소이다. 나는 진실로 사신이 말을 꺼내기가 어렵다는 것을 알고 있으나, 또한 모름지기 돌아가 명백하게 보고하면서 그동안의 사정을 자세히 말하여 좋은 소식이나 나쁜 소식을 막론하고 틀림없이 회답은 있어야 할 것이외다. 회답이 도착하기 전에 내가 마땅히 한결같이 힘써 버티며 3개월 내지 4개월을 한정하여 기대하니, 모름지기 대규모의 군대가 출동하여 오기 전까지 알려주면 퍽 다행이겠습니다. 만약 군대가 출동하게 된 뒤에는 상황을 보아 처신하려고 해도 소용이 없을 것이외다."라고 하였으며, 또 말하기를, "조선에서는 매번 임진년의 전쟁을 일으킨 허물을 우리에게만 돌려서 우리가 그 화의 실마리를 만들어 낸 것으로 여기지만 자못 실정과 어긋나니, 관백의 명령이 있으면 우리는 따르지 않을 수 없었소이다. 우리가 앞장서서 이번 전쟁을 주창한 것이 아니외다. 평의지(平義智) 또한 매번 이 전쟁을 유감으로 여기는데, 평의지는 곧 나의 사위이외다. 그러므로 나는 왕래하는 일에 더욱 힘을 기울이니, 사신은 귀국하여 모름지기 나의 마음을 알려주면 퍽 다행이겠소이다."라고 하였다.

○ 정성(正成: 寺澤正成)이 사람을 시켜 사내아이 하나를 데리고 와서 말하기를, "데리고 온 사내아이는 곧 진주(晉州) 사인(士人)의 아들인데, 그는 애써 고향에 돌아가기만 생각하니 매우 딱하고 가련하오이다. 이제 돌려보내려고 하니, 사신이 모름지기 데려가 주소서. 만일 그의 친척으로 생존한 자가 있다면 곧 그에게 부탁함이 좋겠고, 만약 돌아갈 곳이 없어 행여 나의 처소로 되돌려 보내어

살 곳을 잃지 않게 해주면 퍽 다행이겠습니다."라고 하였다. 이 아이는 바로 지난날 오사개(五沙蓋: 大阪)에 있을 때 서로 보았었는데 성이 강가(姜哥)이다.

初八日(庚午)

是日, 晴。朝正成, 自大浦來到。午, 往陳遊擊衙門告辭, 且使朴大根告明日欲去之意於行長。夕, 行長差作右衛門, 送靑藍花段二疋, 長劍一口, 短劍二口, 金扇六把, 胡椒十俗, 以豹皮·花席·油紙·綿紬·鄕扇等物報之, 卽將所送各物, 盡賞一行譯官及各下人等。昏, 行長再三求見, 且曰: "使臣所寓似煩, 欲相會於寓傍空舍。"云。遂相會於空舍, 行長曰: "使臣遠來, 未得完了事, 我甚慚愧, 誠無顔面也。當初, 關白放還兩王子之時, 意謂朝鮮必差王子中一人來謝, 而厥後, 竟不爲來謝。我曾對沈遊擊言之, 而遊擊曰: '我要一箇陪臣, 亦不肯許, 況肯差遣王子乎? 爾勿復言。'云。我又稟楊天使, 天使但曰唯唯, 不肯說出。我輩亦以爲只此使臣之行, 亦足完了事, 故不爲强請耳。今關白旣怒王子不來, 並怒我輩, 前日受封時, 我亦不敢見面於關白也。使臣須備陳此意於國王, 俾大事得完了, 幸甚。我自初主張此事, 今已四五年, 欲終始成就之耳。"通信使答曰: "王子決無來理, 我輩固不敢開口於國王, 設令言之, 必不可從, 我輩今日豈可妄爲無實之語, 苟快目前耶? 我雖未及歸, 已知朝廷之意, 故如是老實說[6]也。"行長又曰: "朝鮮必慮王子到日本, 或被拘留, 此則保無是

---

6 老實說(노실설): 솔직히 말함. 사실대로 말함.

理。但關白之意, 只以爲: '我曾放還朝鮮王子, 而朝鮮不肯遣王
子來謝, 是慢我也云云.' 王子之外, 雖百官齊往, 亦不濟事[7]。王
子一往, 則更無它事矣." 又曰: "國王雖甚愛王子, 須思昔日被擄
時, 割慈忍愛, 以救生靈則幸矣。我固知使臣難於發言, 然亦須
明白歸報, 備陳此間事情, 毋論好報惡報, 須有回話。回話未到
之前, 我當一力撑住[8], 限三四月相待, 須趂大軍未出來之前, 通
示幸甚。若至動兵之後, 欲爲觀勢進退則無及矣." 又曰: "朝鮮每
以壬辰之役, 歸咎我輩, 以爲我輩構出禍端云, 殊乖實情, 關白有
令, 我輩不得不從耳。非我首唱此擧也。平義智亦每恨此事, 義
智是我女壻。故我尤欲致力於通信之事, 使臣歸國, 須明我心事,
幸甚." ○正成, 使人帶一童男, 來言: "所帶一小童, 是晉州士人
之子, 渠苦思歸鄕, 甚可憐愍。今欲遣歸, 使臣須帶去。如有渠
親戚生存者, 卽可相托[9], 如無所歸, 則幸還送我處, 俾不至失所,
幸甚." 此兒, 乃前日在沙蓋時相見, 姓姜者也。

9일(신미)

이날은 맑았다.

아침에 정성(正成: 寺澤正成)이 왜영의 문 앞에 도착하여 서로 만
나보고 일러 말하기를, "나는 조선의 회답을 기다렸다가 관백(關白)

---

7 濟事(제사): 쓸모가 있음. 도움이 됨.
8 撑住(탱주): 지탱함. 버팀.
9 相托(상탁): 부탁함. 의뢰함.

에게 돌아가 보고해야 할 사람으로 지금 우선 여기에 머무르겠으니,
모름지기 서둘러 회답해 주오."라고 하였다.

통신사 일행이 출발하여 왜영(倭營)을 나서니, 평행장(平行長)이
소장(小將) 작우위문(作右衛門: 小西作右衛門, 코니시 사쿠에몬)을 시켜
동래까지 전송하고 돌아갔다.

○ 통신사가 이해(1596) 8월 4일 부산(釜山)에서 배를 타고 윤 8월
18일 계빈(界濱: 사카이시 일대)에 도착하여 29일을 머무르다가, 다시
배를 타고 11월 23일 부산으로 되돌아왔다. 대개 부산에서 대마도
(對馬島)까지 바닷길[水路]로 5백 리이고, 대마도에서 일기도(一岐
島: 壹岐島)까지 또한 5백 리이며, 일기도에서 명호옥(名護屋: 浪古
耶, 나고야)까지 1백 30여 리이다. 무릇 세 번이나 대양(大洋)을 건너
는데, 대마도와 일기도 사이는 바닷길이 가장 험한데다 파도가 더
할 나위 없이 사나웠으며, 명호옥 이후부터는 무릇 수천여 리 모두
육지를 따라가는데, 하관(下關: 시모노세키)부터 서쪽으로는 육지가
남쪽에 있고, 상관(上關: 가미노세키)부터 동쪽으로는 육지가 북쪽에
있으니, 마치 우리나라의 동해와 서해 같았다. 단지 한쪽만은 대양
인 까닭에 바람과 파도가 조금이라도 세면 배를 타고 가기가 어려우
니 대양을 건너는 것보다도 심하였다. 통신사가 갔다 되돌아오는데
배를 탄 일자는 모두 20일에 지나지 않았으나, 바람을 기다리느라
머물러 정박하는 바람에 끝내 오래도록 지체하게 되었다. 만약 명
호옥을 거쳐 뭍으로 난 길[陸路]로 하관(下關)에 이르고 또 하관에서
육로로 계빈(界濱: 사카이시 일대)에 이른다 해도, 모름지기 수십 일
의 일자가 소요된다고 한다.

初九日(辛未)

是日, 晴。朝正成來到門首[10]相見, 謂曰: "我是待朝鮮回話, 歸報關白者, 今姑留此, 須早早回話."云。通信使一行, 起身出營, 平行長差小將作右衛, 送到東萊[11]而回。○通信使, 於是年八月初四日, 自釜山乘舡, 以閏八月十八日到界濱, 留二十九日, 復乘舡, 以十一月二十三日回到釜山。蓋自釜山抵對馬島水路五百里, 對馬抵一歧島又五百里, 自一歧抵名護屋一百三十餘里。凡三涉大洋, 而對馬·一歧之間, 海路最險, 波濤極惡, 自名護屋以後, 則凡數千餘里, 皆傍陸而行, 下關以西則陸地在南, 上關以東則陸地在北, 如我國之東西海。但一邊是大洋, 故風濤稍緊, 則舡行之艱, 甚於涉洋。通信之往返也, 行舡日子則俱不過二十日, 而待風留泊之際, 遂至久滯。倘由名護屋, 從旱路抵下關, 又從下關陸抵界濱, 則亦須費數十日子云。

---

10 門首(문수): 문 앞. 문전.

11 東萊(동래): 경상남도 남동단에 있던 고을. 부산과 경남 양산군의 일부 지역을 차지하던 구역이다.

견문록

○ 대개 왜국(倭國)은 면적[幅員]이 우리나라보다 조금 넓기는 하나 고유한 명산(名山)과 대천(大川)이 없고 풍토와 물산(物産)이 모두 우리나라에 미치지 못한다. 부사산(富士山: 후지산)이라는 산이 이 나라의 동쪽에 있는데, 가장 큰 산이라고 하나 경치가 뛰어나서 볼 만한 아름다움이 별로 없다. 그 나라는 천지간의 동남쪽에 있는 까닭으로 기후가 매우 화창하고 따뜻하니, 11월의 날씨도 흡사 우리나라의 8, 9월과 같다. 매번 9, 10월 사이에 무·배추 등의 채소를 심어서 겨울을 지내는 동안의 먹거리로 삼았다. 비록 한겨울이라도 얼음이나 눈이 없으니, 통신사가 대마도에 되돌아와서야 비로소 눈이 조금 내렸으나 또한 곧바로 녹아 버리고 얼어붙지 않았다.

일본 전국 66주 지명도

○ 그 나라는 66주(州)로 되어 있다. 산성(山城)·대화(大和)·하내

(河內)·화천(和泉)·섭진(攝津)은 이른바 기내(畿內)의 5주이고, 이세(伊勢)·이하(伊賀)·지마(志摩)·미장(尾張)·삼하(三河)·원강(遠江)·준하(駿河)·이두(伊豆)·갑비(甲斐)·무장(武藏)·상모(相模)·안방(安房)·상총(上總)·하총(下總)·상륙(常陸)은 이른바 동해도(東海道)의 15주이며, 근강(近江)·미농(美濃)·비탄(飛彈)·상야(上野)·하야(下野)·신농(信濃)·육오(陸奧)·출우(出羽)는 이른바 동산도(東山道)의 8주이고, 약협(若狹)·월전(越前)·가하(加賀)·능등(能登)·월중(越中)·월후(越後)·좌도(佐渡)는 이른바 북륙도(北陸道)의 7주이며, 단파(丹波)·단후(丹後)·단마(但馬)·인번(因幡)·백기(伯耆)·출운(出雲)·석견(石見)·은기(隱岐)는 이른바 산음도(山陰道)의 8주이고, 번마(幡摩)·미작(美作)·비전(備前)·비중(備中)·비후(備後)·안예(安藝)·주방(周防)·장문(長門)은 이른바 산양도(山陽道)의 8주이며, 기이(紀伊)·담로(淡路)·찬기(讚岐)·아파(阿波)·이예(伊豫)·토좌(土佐)는 이른바 남해도(南海道)의 6주이고, 축전(筑前)·축후(筑後)·풍전(豐前)·풍후(豐後)·비전(肥前)·비후(肥後)·일향(日向)·대우(大隅)·살마(薩摩)·일기(一岐)·대마(對馬)는 이른바 서해도(西海道)의 9주이다. 일기도와 대마도는 서해도에 속한 섬이다.

○나라 안에 소위 천황(天皇)이라는 자가 있어 가장 존귀하나 나랏일에는 참견하지 아니하며, 오직 날마다 3번 목욕하고 1번 하늘에 참배할 뿐이다. 그의 장자(長子)는 그 황족에게 장가들고, 그 외의 아들은 모두 황족에게 장가들지 아니한다. 천황의 딸들이 모두 비구니가 되어 시집가지 않았으니, 대개 그 존귀함이 상대가 없어 시집갈 수 있는 사람이 없어서이다. 이른바 관백(關白)은 바로 그

권세 부리는 대신(大臣)으로서 '국왕전(國王殿)'이라고 부르는 자이다. 지금은 관백 평수길(平秀吉)이 그 아들에게 지위를 물려주고서 스스로 대합(大閤)이라고 칭하는데, 나랏일은 모두 수길이 관여한다고 한다.

○ 관작의 제도는 섭정(攝政)·관백(關白)·태정대신(大政大臣)·좌대신(左大臣)·우대신(右大臣)·좌대장(左大將)·우대장(右大將)·중대장(中大將)·대납언(大納言)·중납언(中納言)·소납언(少納言)·재상(宰相)·시종(侍從)·변(弁)·별당(別當)·판관(判官)·대이(大貳)·소이(少貳)가 있는데, 지위는 반드시 경(卿)이나 보(輔)이다.

○ 녹목(錄目: 관직 목록)은 사마(司馬)·중무(中務)·식부(式部)·민부(民部)·치부(治部)·형부(刑部)·대장(大藏)·궁내(宮內)·좌마(左馬)·우마(右馬)·병고(兵庫)·주전(主殿)·소부(掃部)·목공(木工)·주계(主計)·주세(主稅)·감해유(勘解由)·장인(藏人)·장감(將監)·대도(帶刀)·봉전(縫殿)·사인(舍人)·도서(圖書)·대학(大學)·아악(雅樂)·현번(玄蕃)·대취(大炊)·감물(監物)·두(頭)·조(助)·준인(隼人)·직부(織部)·채녀(采女)·정친(正親)·내장(內藏)·주수정(主水正)·조주(造酒)·시정(市正)·좌(佐)·대선(大膳)·좌경(左京)·우경(右京)·수리대사(修理大史)·권대사(權大史)·진(進)·양(亮)·좌위문(左衛門)·우위문(右衛門)·좌병위(左兵衛)·우병위(右兵衛)·좌근위(左近衛)·우근위(右近衛)·독(督)·좌(佐)·위(尉)·탄정(彈正)·소필(少弼)·충(忠)·외기(外記) 등의 관직으로서 대략 당(唐)나라의 관제를 모방한 것이지만, 실제로는 관장하는 직책의 일이 별로 없었다. 이를테면 평조신(平調信)이 자칭 비서소감(秘書少監)이라 하여 이른바 도서(圖書)라고 하

지만 눈으로 글을 알아보지도 못하였고, 평청정(平淸正)은 자칭 주
계(主計)라고 하지만 애초부터 전곡(錢穀)을 관장하지도 않았으니,
대개 단지 이름뿐인 직함을 쓴 것이다.

○그 백성은 군인[兵]·농민[農]·공장[工]·상인[商]·승려[僧]로 나
뉘는데, 오직 승려와 공족(公族)에만 문자를 해독하는 자가 있고,
그 나머지는 비록 장관(將官)들이라도 역시 글자 하나 알지 못했다.
군인은 나라에서 주는 양식을 먹지만, 상인은 가장 부유하나 그 이익
이 배나 되기 때문에 세법이 조금 중하여 나라의 크고 작은 비용이
있으면 모두 상인들에게 지운다. 농민은 전답마다 그 절반을 거두어
들이는 것 외에 다른 부역이 없다. 배든 수레로든 수송하는 공사는
모두 품삯을 주기 때문에 백성들에게 폐를 끼치지 않았다.

○그 국토의 사면이 바다로 둘러 있으나 또한 진귀하거나 특이한
생선은 없다. 흔하게 나는 생선은 오직 전어(錢魚)·도미어(道味魚)
·장어(長魚)·미질어(彌叱魚)·생복(生鰒)·소라(小螺)뿐이다. 수어(秀
魚: 숭어)는 뼈가 많고, 은구어(銀口魚: 은어)는 기름이 적다. 송심(松
蕈: 송이버섯)은 향기가 없으며, 소는 고기가 누린내 나고 힘줄이 많
으며, 닭은 발에까지 털이 났고 고기가 질기며, 꿩은 털이 검고 고
기가 비린내가 나니, 생물의 성질이 이처럼 다르다.

오직 가저(家猪: 집돼지)만은 자못 살이 쪘는데, 중국에서 기르는
것과 같으나 드물었다. 과실은 많이 나는데, 귤(橘)과 석류(石榴)가
가장 아름답다. 벌꿀은 나지 않은 까닭에 귀한 것이 밀랍(蜜蠟)이다.
칠보(漆寶)로 초[燭]를 만드는데, 모양이 우리나라의 쇠기름의 초와
같다. 매나 호랑이·표범은 모두 자국의 땅에서 나지 않는 까닭에

절대적으로 귀하였다. 그 밖에 명주[綿紬]·백포(白布)·인삼·화문석·실버들 그릇[細柳器] 따위는 모두 그 나라에서 절실히 바라는 물건이다.

○ 풍속이 깨끗하고 간소해서 화려하고 시끄러운 습속을 좋아하지 않는다. 판자로 지붕을 덮거나 더러는 흙으로 바르며, 간혹 기와집이 있으나 또한 매우 드문데 단청으로 꾸미지 않고 오직 정결하도록 힘쓸 뿐이다.

○ 남자는 수염과 머리털을 깎아버리고 단지 정수리 뒤로 한 줌의 털을 길이 반 자 정도만 남겨서 노끈으로 묶고 또한 종이로 쌌는데, 망건(網巾)이나 감투[頭]·입자(笠子)·이엄(耳掩: 귀덮개), 바지[袴]와 잠방이[褌]나 행전(行纏) 신발[靴鞋] 등은 없다. 부녀자들이 머리카락을 등 뒤로 내리뜨려 모양을 꾸미나 평상시에는 또한 뒤통수에 묶는데, 또 바지·치마·배자[帔]·모자 등은 없다. 남자나 여자가 모두 반 폭의 청포(青布)로 배꼽 아래만 가리어 보호하나 또한 그다지 깊이 감추지도 않으며, 남자와 여자가 다 같이 온 폭의 오자(襖子: 도포)를 입으니 우리나라에서 여인이 장의(長衣: 장옷)를 입는 방식과 같았다. 귀한 사람 천한 사람 가리지 않고 모두 짚신을 신었는데, 드나들 때면 남자는 혹은 맨머리를 하거나 혹은 대나무 삿갓[簟笠]을 쓰거나 혹은 색깔이 든 비단으로 머리를 싸매기도 하지만, 부녀자는 옷으로 머리를 덮고 다닌다. 길을 가다가 존항(尊行: 손위 항렬)을 만나면 삿갓과 머리를 싼 비단을 푸는 것으로 공경을 표하고, 존항의 집에 들어가면 칼을 풀고 신을 벗고서 엎드려 '네, 네'라고 하여 예의를 표한다.

그들의 풍속에 절하는 예가 없고 오직 두 손으로 땅을 짚으며 무릎을 내놓고 땅에다 조아리는 것으로써 지극한 공경으로 삼으며, 만일 평등한 사이이면 혹 손만 들어 읍(揖)을 대신하거나 혹 땅에 쭈그려 앉는 것으로써 예의로 삼는다. 서로의 존칭은 혹 전(殿)이라 하거나 혹 양(樣)이라 하기도 하는데, 그 주인 되는 사람[主倭]을 부르는 것 또한 그러하니, 여자 주인은 상양(上樣)이라고 한다. 대체로 전(殿)은 '돈오(頓吾)'라고, 양(樣)은 '사마'라고, 상양(上樣)은 '가미사마(加美沙馬)'라고 한다.

○ 의복은 청(靑)·남(藍)·홍(紅)·백(白)·자(紫)·다(茶)·갈(褐) 등의 색깔인데, 혹은 얼룩무늬 옷을 입기도 하며, 혹은 여러 가지 채색으로서 풀이나 꽃 모양을 그리기도 한다. 고관들이 입는 옷은 으레 모두 그 속을 화려하게 하고 겉을 검소하게 하는데, 대개 그들이 숭상하는 바가 그러하다.

○ 끼니마다 3홉의 쌀밥에 나물국 한 그릇과 생선회·장아찌 두세 가지에 지나지 않을 뿐이다. 회는 또한 몹시 거칠고 단단하여 새끼손가락 크기만 한데, 한 접시에 단지 5, 6조각만을 담아 초를 섞었다. 식사 뒤에는 으레 술을 두서너 잔씩 마신다. 비록 지체가 낮은 왜인일지라도 조금 먹고 지내기에 넉넉한 자라면 또한 식사 뒤에 술 마시는 것을 그치지 않으므로 저자에서 술 사는 것을 가장 숭상한다. 하루에 세 끼니를 먹는데, 졸왜(卒倭)는 으레 두 끼니를 먹지만 역사(役事)를 하고 난 뒤면 세 끼니를 먹는다. 다만 장관(將官) 외에는 모두 적미(赤米)로 밥을 짓는데, 모양이 구맥(瞿麥: 귀리) 같고 색깔이 촉출(蜀秫: 수수) 같아서 자못 목구멍에 잘 내려가지 않으

니, 대개 쌀 중에서 가장 나쁜 것이다.

○ 보통 때의 그릇은 으레 칠한 나무 그릇을 사용한다. 매번 성대한 잔치를 할 때는 흰 나무 소반과 질그릇을 쓰는데, 끝나면 정결한 곳에 버리고 다시 쓰지 않았다. 또 금은으로 생선이나 고기, 국수나 떡 위에 칠한다. 채색 비단을 오려서 꽃을 만들거나 더러는 나무를 조각하고 색칠하여 화초 모양을 만들어 잔치 자리 사이에 놓았는데, 지극히 정교해서 진짜에 가까워서 네댓 걸음 밖에서는 바로 진짜인지 가짜인지를 분별할 수가 없었다. 매번 음식을 가져오고 술을 돌릴 때마다 으레 소장(小將)들을 시켜서 한다. 모두 옻칠한 모자를 썼는데 치포관(緇布冠) 모양과 같으나 매우 뾰족하고 길었다. 또 쪽무늬가 있는 흰 바탕의 홑바지를 입었는데, 그 길이가 발목까지 덮고도 반이나 남아 버선이 드러나지 않게 되었으나 땅에 끌리는 것이 거의 몇 자가 되었다.

○ 저자에서는 은자(銀子)와 돈[錢]을 사용하기 때문에 쌀·삼베·무명[布綿] 따위의 값이 무척 쌌다. 후추[胡椒]·단목(丹木)·화단단(花丹段) 등과 같은 물건은 모두 토산품이 아니라 바로 남만(南蠻)사람들이 판 것이다. 금은(金銀)은 육오(陸奧)·출우(出羽) 등지에서 날 뿐인데, 금은 매우 질이 나빠 천조(天朝: 명나라)나 우리나라에서 나는 것에 미치지 못한다. 또 조총(鳥銃)의 제작은 애초에 남만(南蠻)에서 나온 것으로 왜국에 전해져 익힌 지 그다지 오래되지 않아서 정교하고 치밀한 남만 것에는 미치지 못한다.

○ 사람들의 성질은 경박하고 영리하나 또한 자못 참모습이 있다. 남의 말을 쉽게 믿고 언어가 곡진하며, 아녀자와 같으나 또한 생명

을 가벼이 여기고 협기(俠氣)를 부리며, 병들어 죽는 것을 치욕으로 여기고 싸우다 죽는 것을 영광으로 여긴다. 가정이나 처자식을 생각하지 않고 부자나 형제의 사이에도 그다지 서로 아끼지 않는다. 중이나 장사치 이외의 남자는 각기 길고 짧은 두 개의 칼을 차고, 혹은 서너 개의 칼을 차는 자도 있는데, 원통한 일이 있으면 칼로 배를 십자(十字)로 갈라서 스스로 해명하며, 원수가 있으면 반드시 칼을 빼어서 보복한다.

○ 살마주(薩摩州) 사람은 성질이 가장 흉악하고 날쌔며 장검을 잘 써서 정병(精兵)으로 불린다고 한다. 대마도(對馬島)나 일기도(一岐島: 壹岐島) 등 여러 섬의 왜인(倭人)들은 국도(國都: 교토)에 들어가면 사람들에게 업신여김을 받는 것이 마치 우리나라 양계(兩界: 평안도와 함경도) 사람과 같다. 공장·상인의 무리는 장관(將官)을 몹시 두려워해서 반드시 뇌물을 바치고 결탁한다.

○ 부녀자들은 산뜻하고 맑으며 영리하고 얼굴이 대부분 흰칠하나, 단지 자못 성품만은 음란하다. 비록 양가(良家)의 여자라도 흔히 딴마음을 가지며, 장사치의 계집도 또한 남몰래 정을 통하는 자가 있으며, 승려 또한 부녀자를 끼고 사찰에서 사는 자가 있다. 연도(沿道) 지방에는 으레 양한점(養漢店: 매춘하는 곳)이 있어 저자 문에 기대어 손님을 맞아들여서 몸값을 받는데 조금도 부끄러운 마음이 없으니, 중국의 양한적(養漢的: 매춘부)보다 심하다.

○ 풍속이 목욕하기를 숭상하여 비록 한겨울이라도 그만두지 않으니, 저잣거리마다 목욕하는 집을 만들어 놓고 그 값을 받는다. 남녀가 섞여 같은 곳에서 알몸을 내놓고 서로 희롱하면서도 부끄러

위하지 않는다. 손님과 희롱하여 못하는 짓이 없다. 더러는 남창(男倡)을 꾸며서 손님을 즐기게 하며, 평소에도 또한 남색(男色)으로서 자기를 모시게 하며 첩보다 더 귀여워한다. 심지어 시집가고 장가 드는 데 있어 오라비와 누이를 피하지 않고, 아비와 아들이 한 창녀를 같이 간음하여도 또한 그르게 여기는 사람이 없으니, 참으로 금수들이다.

○ 왜인들의 법에 죄를 범한 자는 경중을 막론하고 모두 죽이되 태장(笞杖)을 쓰지 않으니, 대개 그들이 형장(刑杖)을 맞은 뒤에 반드시 보복할 것을 염려하기 때문이다. 죄인을 국문(鞫問)하는 법에는 나무를 입에 물리고 물을 먹이는데 사실을 토해야만 그만둔다. 죄인을 죽일 때는 죄가 가벼우면 목을 베고, 무거우면 십자(十字)로 된 나무를 길가에 세우고서 그의 두 손과 머리에 못질하며 더러는 불로 지지기도 하고 더러는 창으로 찌르기도 하여 온갖 참혹하고 혹독한 짓을 자행하니, 그가 고통을 받다가 죽게 하려는 것이다. 벌을 받은 자가 죽음에 임하여도 그다지 두려워하지 않고, 오직 목욕과 이발을 한 뒤에 가부좌(跏趺坐)한 채 눈을 감고서 아미타불(阿彌陀佛)을 외며 목을 늘여 칼을 기다린다. 한번 참형(斬刑)되는 자가 있으면 왜인들이 다투어 칼을 시험하고자 누구나 칼날을 갈아 날을 세우고 달려가서는 처형이 끝나기를 기다렸다가 끝나자마자 온갖 칼이 일제히 내려쳐서 만두 속처럼 난도질하면서도 측은하게 여기는 생각이 조금도 없다.

[見聞錄]

○大槩, 倭國幅員[1], 稍廣於我國, 而無名山大川之固, 風土物

産, 俱不及我國。有曰富士山, 在國之東, 最號大山而別無形勝[2]
佳麗之可觀。其國在天地東南, 故風氣甚和暖, 仲冬之日, 正如我
國八九月。每於九十月間, 種蘿蔔等菜, 以爲過冬之用。雖窮冬
無氷雪, 通信還到馬島, 始見微雪, 而亦旋消, 不凝乾矣。○其國
有六十六州。山城·大和·河內·和泉·攝津, 所謂五畿內也, 伊勢
·伊賀·志摩·尾張·三河·遠江·駿河·伊豆·甲斐·武藏·相模·
安房·上總·下總·常陸, 所謂東海道十五州也, 近江·美濃·飛彈·
上野·下野·信濃·陸奧·出羽, 所謂東山道八州也, 若狹·越前·加
賀·能登·越中·越後·佐渡, 所謂北陸道七州也, 丹波·丹後·但馬
·因幡·伯耆·出雲·石見·隱岐, 所謂山陰道八州也, 幡摩·美作·
備前·備中·備後·安藝·周防·長門, 所謂山陽道八州也, 紀伊·
淡路·讚歧·阿波·伊豫·土佐, 所謂南海道六州也, 筑前·筑後·
豐前·豐後·肥前·肥後·日向·大隅·薩摩·一歧·對馬, 所謂西海
道九州。而一歧·對馬則其屬島也。○國中有所謂天皇者, 極尊之,
不與國事, 唯逐日三沐浴一拜天而已。其長子娶于其族, 諸子則
皆不娶。皇女則悉爲尼不嫁, 蓋以爲其尊無對, 不可適人也。所
謂關白, 乃其用事大臣, 號爲國王殿者。今則關白平秀吉, 傳位
於其子, 自稱大閤, 而國事則皆關於秀吉云。○官制有攝政·關
白·大政大臣·左大臣·右大臣·左大將·右大將·中大將·大納言
·中納言·少納言·宰相·侍從·弁·別當·判官·大貳·小貳, 位必

卿輔。○錄目。司馬·中務·式部·民部·治部·刑部·大藏·宮內·
左馬·右馬·兵庫·主殿·掃部·木工·主計·主稅·勘解由·藏人·
將監·帶刀·縫殿·舍人·圖書·大學·雅樂·玄蕃·大炊·監物·頭·
助·隼人·織部·采女·正親·內藏·主水正·造酒·市正·佑·大膳·
左京·右京·修理大史·權大史·進·亮·左衛門·右衛門·左兵衛·
右兵衛·左近衛·右近衛·督·佐·尉·彈正·少弼·忠·外記等官,
畧放唐制爲之, 而其實別無所管職事。如調信, 自稱祕書少監, 所
謂圖書, 而目不知書, 平淸正, 自稱主計, 而初不管錢穀, 蓋只用
虛銜[3]也。○其民有兵農工商僧, 而唯僧及公族[4], 有解文字者, 其
餘則雖將官輩, 亦不識一字。兵則喫官粮, 商人最富實[5], 而以其
利倍, 故稅稍重, 國有大小費用, 皆責於商人。農民則每田收其
半, 此外無它賦役。漕轉[6]工役, 皆給傭價, 故弊不及民。○其地
四面環海, 而亦無珍鮮異錯。所賤產者, 唯錢魚·道味魚·長魚·
彌叱魚·生鰒·小螺而已。秀魚則多骨, 銀口魚少膏。松蕈無香,
牛則肉膄而多筋, 鷄則足毛而肉硬, 雉則毛黑而肉腥, 物性之不
同如此。唯家猪頗肥脂, 如中朝所畜而稀罕矣。果則多產, 而橘
子石榴最佳。蜂蜜不產, 故所貴者蜜蠟也。以漆寶造燭, 狀如我
國之牛膏燭矣。鷹子虎豹, 皆本土所不產, 故絶貴之。其它綿紬·

---

3 虛銜(허함): 실지 직무는 집행하지 않고 벼슬자리의 명목만 가지는 벼슬을 말함.
4 公族(공족): 왕이나 公 따위의 신분이 높은 사람의 同族.
5 富實(부실): 부유함. 풍부하고 넉넉함.
6 漕轉(조전): 배에 의한 운송과 수레에 의한 운송.

白布·人蔘·花席·細柳器之屬, 皆其國切求之物也。○其俗淸淨
簡素, 不喜紛華熱鬧之習。以板子蓋屋, 或以土塗之, 間有瓦屋而
亦甚稀, 不用丹雘之飾, 唯務潔淨耳。○男子則削去鬢髮, 只留
頂後一撮髮, 長半尺許, 以繩括之, 又以紙裹之, 無網巾·頭·笠子
·耳掩·袴褌·行纏·靴鞋之屬。婦人則委髮於背後, 以爲容飾, 平
居則亦括於腦後, 又無袴裙帔帽之屬。男女皆用半幅靑巾, 遮護
臍下, 亦不甚祕之, 男女俱着完幅襪子, 如我國所着女人長衣之
制。無貴賤, 皆穿藁鞋, 出入時, 男子則或露頂, 或着簞笠, 或以
色絹裹頭腦, 婦人則以衣蒙頭。而行路遇尊行, 則去笠解絹以爲
敬, 入尊行之室, 則解劍脫鞋, 蒲伏唱諾以爲禮。其俗無拜禮, 唯
以兩手據地, 露膝頓地, 以爲極敬, 如平等, 則或擧手以代揖, 或
蹲地以爲禮。其相尊稱, 或稱殿或稱樣, 其呼主倭亦然, 女主則稱
爲上樣。蓋言殿爲頓吾, 樣爲沙馬, 上樣爲加美沙馬云。○其衣
靑藍紅白紫茶褐等色, 或着班衣, 或以襍彩, 畫花草之形。達官輩
所服, 則例皆華其裡而儉其表, 蓋其所尙然也。○每飯不過三合
米, 菜羹一杯, 魚膾醬菁數三品而已。膾亦極麤硬, 如小指大, 一
楪只盛五六條, 以醋和之。飯後, 例飮酒兩三杯。雖小倭, 稍饒喫
着者, 則亦不輟飯後酒, 故市上最尙酤酒。一日, 用三旽飯, 卒倭
則例喫兩旽, 有役作然後喫三旽。但將官外, 皆用赤米爲飯, 形如
瞿麥而色似蜀秫,　殆不堪下咽。蓋稻米之最惡者也。○常時器
皿, 則例用漆木器。每盛宴, 則用白木盤及陶器, 徹則棄之淨地,
不再用。且以金銀塗魚肉麵飯之上。翦綵爲花, 或刻木加彩, 以
造花草之形, 置諸筵席之間, 而極精巧逼眞, 四五步之外, 則便不

能辨其眞假也。每進饌行酒，例使小將輩爲之。俱戴漆帽，如緇
冠之狀而極尖長。且着藍紋白地單袴，其長竟踝有半，俾不露襪，
曳地者，幾尺許也。○市中用銀子及錢，故米布綿之屬價甚賤。如
胡椒・丹木・花丹段等物，則皆非土産，乃南蠻人所貨者也。金銀
則出於陸奧出羽等地而已，金甚惡，不及天朝與我國所産。且鳥
銃之制，初出於南蠻矣，倭國中傳習不甚久然，不及南蠻之精巧
堅緻也。○人性輕儇，亦頗有眞態。輕信人言，語言曲盡，如兒
女，且輕生任俠，以病死爲辱，戰死爲榮。不爲室家妻子之戀，父
子兄弟之間，不甚相愛。僧商外，男子各帶長短兩刀，或有三四刀
者，有冤則以刀割腹，爲十字以自明，有釁則必拔刀以報之。○
薩摩之人，性最兇悍，善用長劍，號爲精兵云。對馬・一歧諸島之
倭，入其國都，則爲人所侮，如我國兩界之人。工商之徒，極怕將
官之輩，必納賂以結之。○婦人，輕淸伶俐，貌多明瑩，但性頗
淫。雖良家女，多有外心，商家女亦潛有所私，僧人亦有挾婦而居
寺刹者。沿途地方，例有養漢[7]的店，倚市邀迎，以收雇價，略無愧
恥之心，甚於天朝之養漢的也。○俗尙沐浴，雖隆冬不廢，每於
市街頭，設爲浴室，以收其直。男女混處，露體相押，而不相羞
愧。與客戲狎，無所不至。或飾男倡以娛客，平居亦以男色自侍，
嬖之甚於姬妾。至於嫁娶，不避甥妹，父子並淫一娼，亦無非之
者，眞禽獸也。○倭法，犯罪者，無輕重皆殺之，而不用笞杖，蓋

---

7 養漢(양한): 여자가 남자와 눈이 맞아 혼외정사 하는 것.

慮其受杖之後, 必爲報復故也。其鞫囚之法, 以木箝口, 灌之以水, 至吐實乃已。其殺罪人也, 輕則斬頭, 重則以十字木, 植於道傍, 釘其兩手及頭髮, 或以火炙之, 或以鎗刺之, 備極慘毒, 欲其受苦而死也。其被罪者臨死, 亦不甚怕, 唯沐浴理髮, 趺坐瞑目, 念阿彌陀佛, 延頸以俟刃。一有應斬者, 則諸倭輩, 爭欲試劍, 莫不礪刀淬鋒以趨之, 待其行刑纔訖, 百刀齊下, 亂斫如饅頭餡, 而少無惻然之意也。

추기

윤 8월 21일(을유)

밤에 정사(正使: 황신)가 꿈꾸어 집에 돌아가게 된다는 소식을 들었는지라, 아침에 일어나 시(詩) 한 구절을 종이에 써서 상(床) 위에 두었으니, 그 시는 이러하다.

이미 몸을 나라에 허락했건마는	已將身許國
되레 꿈에선 집으로 돌아가는구나.	猶有夢還家

왕 천총(王千摠: 王倫)이 와서 만나보고 한숨지으며 탄식하여 말하기를, "우리 집은 더욱 멀어서, 꿈에도 못 가는구나!"라고 하였다.

정사가 심유경(沈惟敬)을 만나보러 가니, 심유경이 맞아들이고 앉은 다음에 조용히 이야기를 나누다가 이내 자기에게 그간 일어났던 일과 우리나라에서 박대했던 일을 말하는데 자못 원망하는 뜻이 있었다. 정사가 두세 번 거듭 물러가겠다고 하였으나, 심유경은 번번이 만류하며 정사에게 말했다.

"이곳에는 근래에 지진이 일어나는 재변(災變)이 일어나지 않는 날이 없으니, 빠져나가 피하여 깔려 죽는 것을 모면하려는 생각이 없을 수 없소."

정사가 웃으면서 대답했다.

"이는 하늘이 일본(日本)을 혐오하여 이와 같은 재변으로써 보여
주는 것이니, 조선(朝鮮)과는 본래 아무런 연관이 없어서 배신(陪臣)
이 두려워할 것이 없소이다."

심유경이 크게 웃으며 말했다.

"참으로 이는 하늘이 행하는 일이나, 나의 입장에서 말하자면 길
한 것을 찾아 따르고 흉한 것을 피하지 않을 수가 없소. 명나라 사람
또한 죽은 자가 많이 있으니 경계하고 조심할 것이오."

이어서 또 말했다.

"배신(陪臣: 황신)은 이곳에 있으면서 별다른 일이 없을 터이니,
틈이 있는 날이면 자주 와서 이야기합시다."

정사가 이내 인사하고 물러났다.

二十一日(乙酉)

夜, 正使夢得歸家之垂, 朝起書一句于紙, 置之床上. 其詩曰:
"已將身許國, 猶有夢還家." 王千摠掄來見, 喟然嘆息曰: "吾家益
遠, 夢亦不到矣." 正使往見沈惟敬, 惟敬迎入, 座旣定, 從容打
話, 因言自己前後事蹟及我國薄待之事, 頗有恚恨之意. 正使再
三辭退之, 惟敬更留之, 而謂正使曰: "此地近有地震之變, 無日
無之, 不可不慮出避之, 以免其壓也." 正使笑而答曰: "此天之所
以惡夫日本, 而示之以如此之變, 朝鮮本無干攝, 陪臣無所畏也."
惟敬大笑曰: "誠是天之所爲, 然以吾身言之, 則趨吉避凶, 不可
不爲. 天朝人亦有多死者, 可以戒謹也." 因又曰: "陪臣在此, 別
無他事, 暇日可以數來談話也." 正使乃辭退.

참고자료

황신의 서계[1]

통신사 황신(黃愼)이 일본국(日本國)에서 돌아와 서계(書啓)하였는데, 그 내용은 다음과 같다.

1. 평조신(平調信)이 말하기를, "관백(關白)이 청정(淸正)·장정(長政: 黑田長政)·길성(吉盛: 森吉盛)·행장(行長) 등 네 장수를 시켜 먼저 떠나게 하였으니, 이 네 사람이 당연히 선봉장(先鋒將)이 될 것이다. 청정은 금년 겨울에 먼저 바다를 건너나갈 것이고, 장정과 길성은 겨울을 지내고 봄에 나갈 것이다. 청정 등이 비록 먼저 간다고 해도 단지 전날 있던 곳에 주둔할 것이며, 대군(大軍)은 2월경에 나갈 것이다."라고 하였습니다. 신들이 낭고야(浪古耶)에 도착하던 날 장정은 이미 풍전주(豊前州)로부터 와서 있었는데 바다를 건널 시기를 탐지하여 들어보니, 그 수하의 군병·식량·무기가 아직 정리되지 못하여 현재 일자를 정하지 못하였다고 하였습니다.

1. 신들이 대포(大浦)에 있을 때 평행장(平行長)이 역관(譯官) 박대근(朴大根)에게 말하기를, "청정이 비록 빨리 오고 싶더라도 반드시 병기를 수선하고 군량을 모은 후에야 바다를 건널 것이니, 그렇게

---

1 《선조실록》 1596년 12월 21일 3번째 기사를 전재하면서, 최소한의 윤문을 함.

되면 당연히 1~2월경이 될 것이고 대군은 3~4월경에 모두 부산에 이르게 될 것이다.”라고 하였습니다.

1. 평행장이 또 박대근에게 말하기를, “지금 이러한 관백의 노여움은 실로 뜻밖의 일로 앞으로 조선은 반드시 왕자를 보내려고 하지 않을 것이다. 그러나 혹 중국에서 지시가 있으면 끝내 거절하지는 못할 것인데 만일 보낼 것을 허락한다면 우리가 먼저 관백을 찾아가서 손수 적은 관백의 서문(誓文)을 받아와 한편으로는 철병하고, 한편으로는 왕자를 모시고 바다를 건너게 하여 반드시 오늘과 같이 두서없이 하지는 않을 것이다.”라고 하였습니다.

1. 평행장이 또 박대근에게 말하기를, “나는 조선이 모든 일을 반드시 중국의 지시에 따르고 있는 줄 아는데 중국에 왕래하는 데는 마땅히 수개월을 허비할 것이니 명년 2월까지를 기한 삼아 회답을 기다리려고 한다. 이 기간이 지나면 반드시 군사를 움직일 것이다. 만약 조선이 확실히 왕자를 보내려 하고, 또 대신을 파견하여 우리 진영에 와 있게 한다면 이에 의거하여 관백에게 치보(馳報)할 것이다.”라고 하였습니다.

1. 유부(游府)의 휘하에 있는 왕 천총(王千總)이란 자가 신 황신(黃愼)에게 말하기를, “전일 사개(沙蓋)에 있을 때, 행장·정성(正成: 寺澤正成)·조신(調信: 柳川調信)·소서비(小西飛) 등 네 사람이 심 노야(沈老爺)의 숙소에 왔었다. 행장이 심 노야에게 말하기를, ‘조선이

왕자 보내는 일을 기꺼이 허락하겠는가?'라고 하니, 심 노야가 답하기를, '나는 이곳에서도 죽기를 사양하지 않을 것이지만, 서울에 가서도 죽음을 사양치 않을 것이다. 조선이 어찌 왕자를 보낼 이치가 있겠는가. 이는 결단코 이루어지지 않을 것이니, 나는 감히 허튼 말을 하지 않는다.'라고 하자, 소서비가 '왕자는 반드시 오려고 하지 않을 것이다.'라고 하였으며, 행장은 '나도 또한 그와 같이 생각한다.'라고 하였다. 조신은 웃으면서 말하기를, '왕자가 올 수도 있으니 내가 만약 병력으로 위협한다면 저들은 따르지 않을 수 없을 것이다.'라고 했다."라고 하였습니다.

1. 왕 천총이 다시 신 황신에게 이르기를, "전일 관백이 신변에 데리고 있는 장문(張文)이란 왜승(倭僧)을 심 노야(沈老爺)에게 보내어 말하기를, '조선은 일본을 막아 중국으로 통하지 못하게 하고 지금 또한 왕자를 보내어 사례하지 않으니, 이는 우리를 매우 얕본 것이다. 일본에서 먼저 조선을 공격하는 것이 당연한가, 아니면 중국에서 먼저 치겠는가?'라고 하니, 심 노야가 임기응변으로 답하기를, '너희는 군사를 움직여서는 안 된다. 내가 너희를 대신하여 우리 조정에 품고(稟告)하여 조선을 처벌하도록 청하면, 반드시 어떤 처사가 있을 것이다.'라고 했다."라고 하였습니다.

1. 신들이 낭고야에 있을 때 평조신이 박대근에게 말하기를, "행장의 말에 의하면 청정이 지금 비후(肥後)에서 널리 전사(戰士)를 모집하면서 '내가 조선에 가서 5년간만 둔경(屯耕)하면 양곡을 많이

얻을 수 있는데, 그렇게 되면 다시는 일본에서 주는 녹을 기다리지 않아도 식량이 떨어질 염려는 없을 것이다. 너희들은 일본에 있어봐야 척촌(尺寸)의 땅도 없지만, 조선에 가서 공만 세운다면 반드시 땅을 나누어 줄 것이다.'라고 하여 무뢰배들이 따르는 자가 많았다고 한다. 그가 열 달 안으로 일어나려 하지만 어찌 그와 같이 빠를 수 있겠는가."라고 하였습니다.

1. 평경직(平景直)이 박대근에게 말하기를, "관백의 수하(手下)에 감물(監物)하는 자가 있는데, 청정과 함께 조선에 가기를 자청하면서 말하기를, '5년간의 녹봉을 한꺼번에 받아 군기(軍器)를 수선하여 조선에 가서 5년간 농사를 짓게 해주면 내려준 쌀을 모두 상환하겠다.'라고 하니, 일본의 여러 장수가 모두 그의 망언(妄言)을 미워하였다. 어떤 자가 '네가 어찌 조선을 빼앗을 수 있음을 아느냐?'라고 물으니, 답하기를, '나는 일찍이 청정과 이에 대한 일을 미리 강구해 놓았다. 조선인은 전사(戰死)한 자가 태반이고, 살아남는 자는 겨우 3분의 1이니 이것이 빼앗을 수 있는 첫째 이유이고, 조선 백성들은 부역에 시달려서 원망하는 자가 매우 많으니 이것이 빼앗을 수 있는 둘째 이유이며, 조선인은 전투에 익숙하지 못하여 우리가 이르는 곳마다 도망쳐 무너지니 이것이 빼앗을 수 있는 셋째 이유이다.'라고 하였다."라고 하였습니다.

1. 요시라(要時羅)는 "명년 봄에 만약 군사를 다시 출동시키게 된다면, 평수가(平秀家)가 다시 대장이 될 것이다."라고 하고, 어떤 자

는 "소조천융경(小早川隆景)의 양자인 금오(金吾)가 대장이 될 것이다."라고 하는데, 그는 관백의 조카라 합니다.

1. 조신이 박대근에게 말하기를, "우리가 지금 다시 군사를 움직인다면 반드시 먼저 전라도를 침범할 것이다. 또한 조선에는 지금 비축해 놓은 곡식이 없어 대군(大軍)의 식량이 염려되니 반드시 먼저 군량을 운반해야 하고 수군을 격파한 다음에 수군과 육군이 동시에 진격할 수 있다. 그런 까닭으로 여러 장수가 이미 이런 계획을 의논하여 결정하였다."라고 하였습니다.

1. 조신은 또 역관 이언서(李彦瑞)에게 말하기를, "조선의 수군이 차츰 수전(水戰)을 익히고 선박도 견고하니 피차가 맞서서 서로 버티며 진퇴하면서 싸운다면 반드시 이기기가 어렵다. 만약 어두운 밤에 몰래 나가서 습격하되 조선의 큰 배 한 척에 으레 일본은 작은 배 5~6척 내지 7~8척으로 대적하고 시석(矢石)을 무릅쓰고 돌진하여 일시에 붙어 싸운다면 수군도 격파할 수 있다. 전일 거제(巨濟) 싸움에서, 나는 그때 삼포(森浦)에 있으면서 사람을 시켜 속히 거제 진장(陣將)에게 일러 배에 올라 싸우지 말고 다만 성벽을 굳게 지키고 있다가 저들이 육지에 내려오기를 기다려 교전(交戰)하라고 지시했다. 그때 이 방법을 사용했기 때문에 조선의 수군은 기회를 잡지 못하고 물러갔다."라고 하였습니다.

1. 조신은 또 말하기를, "일본인이 탐라(耽羅)에 좋은 말이 있다는

것을 듣고 오래전부터 가서 약탈하려 하였으나 이루지 못하였으니, 지금은 우선 전라도를 침범하고 다음에 탐라를 취할 것이다."라고 하였습니다.

1. 조신이 이언서에게 말하기를, "내가 듣건대, 조선인이 전일 의지(義智: 宗義智) 등이 왔을 때 논의가 통일되지 못하여, 혹은 현소(玄蘇)와 종의지 등의 목을 베어 효시해야 한다고 하였고, 혹은 그처럼 해서는 옳지 못하니 사신을 보내어 통신하는 것이 당연하다고 하였다 한다. 그 후에 변란이 일어나자 사람들이 모두 말하기를, '당초에 이 두 사람을 죽이지 못한 것이 애석하다. 그때 효시하자는 의논이 참으로 총명한 식견이었다.'라고 하는데 그 말이 사실인가? 만약 그렇다면 조선 사람은 참으로 졸렬한 생각을 가졌다. 당초에 만약 이 두 사람을 죽였다면 일본이 조선을 두려워해서 오지 않았겠는가? 더욱 일본의 비위를 건드려 반드시 조선에 그 책임을 물으려고 했을 것이다. 예로부터 통신하는 사신을 죽이는 나라가 있었던가. 비록 두 적국이 교전하더라도 사신은 그 사이에 있는 법이니 지금 조선이 일본에 대하여 불쾌한 일을 해도 일본에서 통신하는 사신을 죽이겠는가. 이는 잔단 자의 소견이다."라고 하였습니다.

1. 신들이 사개(沙盖)에 있을 때, 한 왜승(倭僧)이 묵은 종이 한 장을 보이면서 "이는 왕년에 서(徐: 徐一貫)·사(謝: 謝用梓) 두 명사(明使)가 왔을 때 의정한 조약을 베낀 것이다."라고 하였습니다. 신들이 이를 받아 보니, 그 안에는 7건의 조약이 있었으므로 그 종이

를 가지고 왔습니다.

1. 신들이 사개에 있을 때, 포로로 끌려간 우리나라 사람 염사근(廉士謹)이란 자가 있어서 일본의 사정을 모두 알려주었습니다. 또한 신들을 직접 찾아와 만났는데 신들이 그와 담화하면서 그의 사람됨을 보니, 경박한 것 같은데다 말하는 것도 매우 과장되어 믿을 만한 자는 못 되는 듯하였습니다. 그가 써서 보여준 별지는 가지고 왔습니다.

1. 신들이 대포(大浦)에 있을 때, 요시라가 박대근에게 말하기를, "어제 행장·정성(正成)·의지 등이 함께 앉아서 나를 불러 묻기를, '우리가 지금 부산에 도착하여 조선의 회보를 기다리면, 조선은 또한 반드시 중국 조정에 처치를 품달(稟達)할 것이다. 중국에 왕복하려면 내년 봄에야 돌아올 것인데 만약 그동안에 조선이 우리 세력이 고립된 것을 이용하여 부산을 습격한다면 어찌 되겠는가? 너는 조선의 사정을 잘 알고 있으니 말해 보라.'라고 하기에, 나는 답하기를, '조선은 모든 일을 감히 독단으로 하지 못하고 반드시 중국의 지시를 받으니, 그동안 경솔히 행동할 이치는 없을 것이다. 하지만 나도 또한 반드시 그렇다고는 말할 수 없다.'라고 하였다."라고 하였습니다.

1. 요시라가 또 비밀히 박대근에게 말하기를, "관백은 지금 인심을 많이 잃었고 포악한 짓을 고치지 않고 있으니, 3~5년이 지나지

않아 반드시 보전할 수 없는 형세가 될 것이다. 지금 조선은 왕자를 일본에 보낼 수 없더라도 또한 회유책으로 세월을 끈다면 끝내 후환이 없을 것이다."라고 하니, 박대근이 묻기를, "무엇을 회유책이라고 하는가?"라고 하자, 요시라가 "청정과 장정이 나오는 시기가 아무리 빠르더라도 반드시 연말이나 혹은 명년 2월 이후가 될 것인데, 마땅히 먼저 군량을 운반할 것이고 대군(大軍)은 3~4월 이후가 되어야 모두 부산에 도착할 것이다. 그러니 조선은 내년 1~2월 내에 사람을 보내어 알리기를, '왕자는 나이가 어리고 신병이 있을 뿐 아니라 지난번 북방에 있을 때 처사를 잘못하여 토민(土民)에게 결박되어 진영으로 보내졌으며 그런 까닭으로 국왕이 노하여 먼 변방에 폐치(廢置)했으니 사람들이 모두 수치로 여기고 있다. 그러기에 지금은 외국에 사신으로 보낼 수 없고 벼슬이 높은 재상을 직접 관백에게 보내어 면전에서 화친을 강정(講定)하려고 하며, 또한 매사에 서신과 폐백을 통하여 항식(恒式)을 정하고자 한다.'라고 하면, 행장이 반드시 이 뜻을 관백에게 전달할 것이고, 관백도 그 말에 기뻐하여 혹시 허락을 받을 수도 있을 것이다. 이와 같이 왕복하면서 일자를 끌어나가면 저들도 이치상 변고가 발생할 것이다."라고 하였으며, 또 말하기를, "관백은 깊은 궁궐에서 성장하여 민간의 고통을 모르는 자가 아니고, 또한 일찍이 하천(下賤)에서 나온 자이므로, 도보(徒步)의 괴로움도 알고 땔감과 쌀짐을 지는 괴로움도 알 것이며, 남에게 구타나 욕설을 당하면 화가 난다는 것도 알 뿐만 아니라 남에게 칭찬을 듣는 것이 기쁘다는 것도 잘 알고 있을 터인데, 지금 그가 아랫사람을 대하는 데 저토록 포악하고 남의 노고는 전혀 생각하지 않으므로 일본에서는 대소인을 막론하고 모두 원한이 뼈에 사무쳤으니, 결코 좋게 끝마칠 리가 없다. 그도 스스로 그런 점을 알고 있는지 항상, '내가 친조카를 자식으로 삼아 부유하고 귀하게 해주었는데 도리어 나를 해치려 한다. 내가 진실로 온 나라 대소인이 모두 나를 죽이려는 것을 알고 있으니 가만히 앉아서 화를 당하기보다는 차라리 위세(威勢)를 마음껏 부리다가 죽겠다.'라고 하였다 한다. 그 의도가 대체로 일본 사람들은 조금만 안일해지면 반드시 음흉한 꾀를 만든다 하여 해마다 노고를 가하려 하니, 반드시 전쟁을 그치게 할 리는 없을 것이고 장차 스스로 망하게 되어야 그만둘 것이다."라고 하였습니다.

1. 요시라는 또 말하기를, "어제 관백이 조선의 일로 노하니, 행장 등은 모두 감히 한마디 말도 하지 못했는데, 오직 정성(正成)만이 분발하여 관백에게 한마디 할 말이 있다고 청하자, 관백이 무슨 말인가 물었다. 정성이 말하기를, '지금 이 일은 행장 등과 처음부터 끝까지 힘써 주장했는데도 필경 이와 같이 어긋났으니 명나라와 조선이 반드시 우리가 거짓을 꾸며 속였다고 할 것이다. 우리는 무슨 면목으로 그들을 보겠느냐. 남아로서 세상에 태어나 이러한 나쁜 평판을 받기보다 차라리 이 자리에서 죽고 싶다.'라고 하니, 관백은 별로 노하는 기색도 없이 단지 '네가 하는 말이 행장의 말과 다름이 없는데, 당초에 어찌 나에게 상세히 알리지 않고 이제야 그런 말을 하느냐.'라고 하였다."라고 하였습니다.

1. 평행장이 신들에게 말하기를, "조선에서는 필시 왕자가 일본에 이르면 구류될 것이라 하겠지만 절대로 그럴 리는 없다. 왕자가 오기만 하면 다시는 아무 일도 없을 것이고, 왕자 외에는 백관이 모두 오더라도 도움이 안 될 것이다."라고 하고, 그는 또 말하기를, "왕자가 오고 안 오는 것을 분명히 회답하여 주면 내가 당연히 3~4월까지 기다릴 것이다. 대군(大軍)이 나오기 전에 통지해주면 매우 좋겠다. 만약 군대가 출동한 후 형세를 관망하여 행동하려고 한다면 그때는 시기가 이미 늦을 것이다."라고 하였습니다.

1. 평행장이 신들에게 말하기를, "장정은 청정과 한편이니, 이 두 사람이 나가면 먼저 울산·기장(機張) 등 옛 성에 자리 잡을 것이다. 관백이 조선의 회답을 기다리라는 명령을 이미 내렸으니, 저들도 감히 먼저 움직이지는 못할 것이다. 다만 저들이 혹시 때때로 몰래 행동하여 화친하는 일을 망쳐 놓을까 하는 염려가 없지 않다. 조선은 경주(慶州) 등과 같은 곳에 반드시 방비를 강화해야 할 것이고, 또한 그러한 곳에 군량을 비축하는 것이 좋은 것이다."라고 하고, 또 말하기를, "관백은 내가 처음부터 조선의 일을 주관했다 하여 전년에 나를 선봉으로 삼았고 앞으로도 다시 선봉으로 삼아 나가도록 할 것이다. 설혹 부득이 교전(交戰)하게 되더라도 만약 통지할 일이 있으면 나에게 통지하는 것이 좋을 것이다."라고 하였습니다.

찾아보기

ㄱ

가강(家康) 118, 120
가망가리(加亡加里) 62, 63, 154
가하(加賀) 212
가하수(加賀守) 118, 121
가하수(賈賀秀) 123, 126
각해산(覺海山) 55
감부로(甘夫老) 62
갑비(甲斐) 212
갑비수(甲斐守) 166, 167
강영일(姜英一) 41
경기도(京畿道) 163, 165
경성(京城) 57, 77, 83, 190, 200, 202
경운사(慶雲寺) 173, 174
경주(慶州) 16, 22, 105
경직(景直) 70, 72, 81, 170
계빈(界濱) 70, 72, 73, 149, 209
관백(關白) 42, 43, 51, 54, 56, 62,
  75, 81, 86, 92, 93, 96, 99-108,
  110-117, 119, 122-125, 128,
  129, 131, 133, 138, 140, 142,
  143, 162, 164, 165, 175, 176,
  179, 200-202, 204-206, 208,
  212, 213
국왕전(國王殿) 213
권극렬(權克烈) 25

근강(近江) 212
기내(畿內) 212
기이(紀伊) 212
김가유(金嘉猷) 75
김경원(金敬元) 86
김길손(金吉孫) 15, 18
김난서(金蘭瑞) 25
김덕원(金德元) 15, 18
김득(金得) 16, 20, 189, 190
김선경(金善慶) 27
김언복(金彦福) 15, 19
김영천(金永川) 149
김인식(金仁軾) 15, 18
김추(金樞) 90, 91
김풍금(金風金) 16
김호염(金好恬) 15, 19
김흥달(金興達) 90
김흥매(金興邁) 90

ㄴ

나급(羅級) 191
남도(藍島) 54, 160, 161
남색(男色) 219
남창(男倡) 219
남해도(南海道) 212
낭고야(浪古耶) 161, 162, 168

낭고야(郎古耶)　42, 43, 124, 164
내포(內浦)　41
녹목(錄目)　213
녹옥도(綠玉島)　55
능등(能登)　212

ㄷ

단마(但馬)　212
단파(丹波)　212
단후(丹後)　212
담로(淡路)　212
당포(唐浦)　53
대납언(大納言)　213
대마도(對馬島)　25, 28, 31, 47, 51,
　　170, 173, 188, 189, 209, 211,
　　212, 218
대수왜(代守倭)　61
대우(大隅)　212
대이(大貳)　213
대포(大浦)　183-189, 199, 204
대합(大閤)　213
대화(大和)　211
도모(都毛)　63, 64
동래(東萊)　209, 210
동산도(東山道)　212
동해도(東海道)　212
두왜(頭倭)　32, 33

ㅁ

면라(綿羅)　168, 169

명지(明智)　56, 57, 58
명호옥(名護屋)　50, 51, 209
모도야마(謀道野麻)　156
모리(毛利)　61
무로포(無老浦)　69, 150
무론주미(無論注味)　155
무장(武藏)　212
문응추(文應樞)　15, 17
미농(美濃)　212
미작(美作)　212
미장(尾張)　212

ㅂ

박대경(朴大慶)　24
박대근(朴大根)　15, 16, 18, 23, 92,
　　93, 95, 97, 106, 110, 182, 204
박응량(朴應亮)　49
박의검(朴義儉)　15, 17, 108, 112,
　　157, 159, 160
박의남(朴義男)　144
박정수(朴廷秀)　172
박정호(朴挺豪)　167
박홍장(朴弘長)　15, 17, 23, 74
반도(班島)　50, 51
백기(伯耆)　212
백운영(白雲英)　62
번마(幡摩)　212
법사(法司)　77, 80
법인(法印)　48, 49, 190, 191
변(弁)　213

별당(別當) 213
병고관(兵古關) 142, 144
병고관(兵庫關) 70, 133, 150
병고관(幷古關) 77, 81
병포(柄浦) 153
본련사(本連寺) 65, 67, 68
부사산(富士山) 211
부산(釜山) 16, 22-24, 28, 99, 102,
    125, 189, 190, 192, 194, 195,
    197, 198, 209
부중(府中) 29, 30, 35, 36, 41, 173
부중포(府中浦) 41, 45
부중포(釜中浦) 31, 33
북륙도(北陸道) 212
비란도(飛蘭島) 49, 51
비전(備前) 212
비전(肥前) 212
비중(備中) 212
비탄(飛彈) 212
비후(備後) 212
비후(肥後) 212

ㅅ

사강(沙康) 123
사개(沙蓋) 69
사고안문(沙古雁門) 23, 200
사은표문(謝恩表文) 130, 135, 139
사포(沙浦) 66
산성(山城) 211
산성주(山城州) 86, 88

산양도(山陽道) 212
산음도(山陰道) 212
살마(薩摩) 212
살마주(薩摩州) 218
삼봉행(三奉行) 131, 140
삼성(三成) 116, 119, 121, 125
삼하(三河) 212
상관(上關) 61, 154, 209
상락사(常樂寺) 71, 73, 74
상로포(霜露浦) 67, 68, 153
상륙(常陸) 212
상모(相模) 212
상야(上野) 212
상총(上總) 212
서복사(徐福寺) 28, 29
서산사(西山寺) 36, 37, 45, 173
서포(西浦) 28, 183
서해도(西海道) 212
석견(石見) 212
선수사(善修寺) 55, 57
선수사(禪壽寺) 55, 56
섭정(攝政) 213
섭진(攝津) 212
성이민(成以敏) 191
성장(盛長) 118
성정(盛政) 199, 202
성주(星州) 23
성철(成哲) 16
소경(蘇卿) 193
소납언(少納言) 213

소서비(小西飛) 107, 109, 111
소이(少貳) 213
소장(小將) 31, 70, 73
송의(宋檥) 190, 191, 194
수길(秀吉) 143
수도(水島) 65
수도도(水途島) 65
시종(侍從) 213
신농(信濃) 212
심시무(沈時懋) 190, 199
심유경(沈惟敬) 16, 20, 30, 32, 67,
    70, 73, 74, 82, 101, 115, 139,
    225, 226

ㅇ

아리마(阿里麻) 65, 66
아파(阿波) 212
안국사(安國寺) 88-90, 149
안방(安房) 212
안예(安藝) 212
안예주(安藝州) 90, 91
약협(若狹) 212
양득(楊得) 198, 199
양방형(楊方亨) 71-73, 112
양방형(楊邦亨) 138, 144
양산(梁山) 192
양한(養漢) 223
양한적(養漢的) 218
양한점(養漢店) 218
어계(御界) 92

열지(悅之) 192
염사근(廉思謹) 76, 77, 79, 125
염해일(廉海逸) 76, 77
오도(五島) 51
오명수(吳命壽) 58
오사개(五沙蓋) 93, 99, 100, 106,
    117, 207
오사포(五沙浦) 83, 86, 101, 103,
    109, 121
와다라(臥多羅) 168
왕륜(王倫) 65, 67, 78, 83, 190
왕이길(王猣吉) 194
요시라(要時羅) 93-96, 104, 162,
    164, 175, 176
요후구(要後口) 53
우대신(右大臣) 213
우대장(右大將) 213
우창(右倉) 58, 59, 65
우창(牛倉) 153
우창(牛窓) 68
우창포(牛窓浦) 67
울산(蔚山) 133, 142
웅천(熊川) 16, 21, 99, 102
원강(遠江) 212
월전(越前) 212
월중(越中) 212
월후(越後) 212
유마(有摩) 67
유방예(劉芳譽) 76, 80
유윤겸(俞允謙) 15, 19

육오(陸奧) 212
윤금동(尹今同) 16
은기(隱岐) 212
의복(衣服) 216
의지(義智) 67, 70
이국로(李國老) 144
이대간(李大諫) 30, 31, 36, 43, 44
이두(伊豆) 212
이봉춘(李逢春) 15, 19
이사시포(伊沙是浦) 160
이상(李祥) 15, 19
이세(伊勢) 212
이시도마루(利時都麻婁) 28, 29
이언(李彦) 86
이언서(李彦瑞) 15, 18, 152
이예(伊豫) 212
이유(李愉) 15, 17, 23, 85, 99, 101,
    113, 115, 157, 177, 179, 199
이유순(李愉順) 16
이장(二長) 121
이종성(李宗城) 94
이하(伊賀) 212
인번(因幡) 212
일기(一岐) 212
일기도(一岐島) 38, 40, 47, 51, 168,
    170, 209, 218
일향(日向) 212

ㅈ

자상(子常) 192

작우위문(作右衛門) 22, 204, 209
장기(長崎) 167, 184
장문(長門) 212
장사수(張士秀) 105
장성(長成) 77, 123, 125, 126
장성(長盛) 117-119
장세관(張世寬) 15, 18
재상(宰相) 213
적간관(赤間關) 56, 58, 157, 159
전라도(全羅道) 163, 165
전사복(全士福) 199, 200
전사본(錢思本) 198, 199
절영도(絶影島) 24, 25, 27
정성(正成) 42, 43, 65, 67, 90, 92,
    93, 96, 99, 100, 102, 106, 110,
    113-116, 121, 166, 184, 204,
    206, 208
제왜(諸倭) 75, 76, 78, 124
조덕수(趙德秀) 167, 172
존중(存中) 192, 193
좌대신(左大臣) 213
좌대장(左大將) 213
좌도(佐渡) 212
주방(周防) 212
주벽(朱璧) 75
준하(駿河) 212
중납언(中納言) 213
중대장(中大將) 213
중세(重世) 83
지마(志摩) 212

지방포(址邦浦) 63
진운홍(陳雲鴻) 148, 194
진주(晉州) 90, 91, 163, 165, 206

ㅊ

찬기(讚岐) 212
창동(倉洞) 77, 80
채문(蔡文) 16
천신포(天神浦) 156
천황(天皇) 212
청정(淸正) 117, 118, 120, 122, 123, 125, 131, 140
최세심(崔世諶) 27
축전(筑前) 212
축후(筑後) 212
출우(出羽) 212
출운(出雲) 212
충청도(忠淸道) 163, 165

ㅌ

태정대신(大政大臣) 213
태징(台徵) 192, 193
토좌(土佐) 212

ㅍ

판관(判官) 213
판옥선(板屋船) 144
평수가(平秀嘉) 123, 126
평수가(平秀家) 118, 121, 149
평수길(平秀吉) 56-58, 213

평위문(平衛門) 54
평의지(平義智) 29-32, 65, 72, 73, 81, 82, 91, 150, 173-175, 178, 180, 202, 206
평조신(平調信) 22, 23, 25, 29-32, 34-36, 40-45, 49, 62, 70, 81, 92, 93, 95, 96, 99, 100, 102, 104, 106, 109, 110, 114, 116-118, 121, 123, 131-133, 140-142, 150, 170, 173, 174, 176, 182
평행장(平行長) 32-34, 39, 47, 48, 65, 73, 96, 162, 164, 199, 204, 209
포은(圃隱) 202
풍기군(豊崎郡) 183
풍본포(風本浦) 170
풍속(風俗) 216
풍외주(豐外州) 75, 79
풍전(豐前) 212
풍후(豐後) 212

ㅎ

하관(下關) 57, 58, 209
하내(河內) 211
하야(下野) 212
하총(下總) 212
한감손(韓甘孫) 58, 59
행장(行長) 67, 70, 81, 90, 92, 93, 96, 99, 100, 102, 106, 110, 113-

116, 118, 121, 123, 170-172,
182, 199, 200, 201, 204
현소(玄蘇) 81
현이(玄以) 113-115
형부수(邢富壽) 151
형언길(邢彦吉) 151

화천(和泉) 212
황신(黃愼) 15, 16, 37, 65, 74, 77,
82, 97, 103, 121, 123, 124, 138,
140, 142, 143, 144, 164, 177,
189, 194, 200-202

일본왕환일기
日本往還日記

출처 : 서울대 규장각한국학연구원 소장, 표제명: 東槎錄, 청구기호: 奎7019

추포 일본왕환기초절
秋浦 日本往還記抄節

출처 : 국립중앙도서관 소장, 표제명: 資聞錄, 청구기호: 한古朝51-나189

여기서부터는 影印本을 인쇄한 부분으로 맨 뒷 페이지부터 보십시오.

秋浦　日本往還記抄節

陸奧東西六十日
出羽東西五十日
下野東西三日半
上野東西四日
信濃南少五日
美濃南少三日
近江四方三日半
山城南如方者深里
河内四方二日
播摩四方三日半
備前四方三日餘
備中東西三日半
備後東西二日餘
安藝南小二日
周防東西二日半
長門東西二日半

自□至伏見三里
自伏見至大坂十里
自大坂至兵庫十里
自兵庫至播摩室津二十里
自室津至備後□十里
自備後□
自上關至長門下關三十五里
自□至關洞景二十五里
自□津至名護屋
自名護屋至壹岐十五里

2

秋浦日本往還記抄節

萬曆丙申通信使敦寧都正黃慎副使上護軍朴

弘長隨行大小凡三百七人黃慎目去年乙未夏隨沈

游擊駐倭營朴弘長以大丘府使在任譯官朴大根

齎齎國書到慶州○八月初三日戊戌副使自慶州至

釜山道信使出迎遠程倭將平調信作右衛門等

亦迎於五里下馬拱立○巳亥正副使上舩調信亦上

舩使臣初欲乘舟倭人爭以為舩制太濶不便詳中籍

乘倭舡可保萬全逐後之倭舡底如鷄胃多設輕櫓

其行甚捷然太狹易搖舡中具極惡入者無不嘔吐

久然後乃定行中諸物分載我舡是夕宿絶影島近

地〇庚子平明發舡出洋上下俱患水疾嘔吐僵臥

午後風勢不順還泊絶影島之西初上舡時人皆以

水疾爲憂各以瘧方来言如竹瀝梨栗生薑蜜果及

酸醋之屬無不以随及到洋中遇風旋暈仆地肢體

不收臟腑迸上雖有長生之丹亦不能入口下咽矣然

4

纏吐之後生梨蜜果稍可嚼下盖飢甚則水疾盖作

湏勉喫此浮海者所當知也○辛丑風逆不得發○壬

寅夕發宿絶影嶼近地○癸卯平明發舩風利張兩

帆西行其疾如飛舩中雖有水疾並不嘔吐但見洪

濤駕山白浪掀空舩行出没髙則如在天上下則如

入地中夕抵對馬島之西浦倭言利時都麻要浦距釜山五百里

浦中人居不多泊舟廠稍平潤日暮登西福寺而宿

此寺俯臨洋海累石為礎以枝為屋居僧僅數人

副使曰疾不下舩○甲辰上舩解纜未及出洋日雨

還泊又宿西福寺○乙巳早發舩行三百里夕到府中

浦府中乃島主平義智所居調信家亦在是島主

赴都未還舍于客館堂宇特潔不留一塵諸倭齊

集以備供給接待之事頗極恭欵具饌如我法磁椀

盛曰粥覆以鍮蓋具匙以進○此島不甚廣四面山險

府中居民僅三四百户其餘八郡俱不過百餘户屋

廬殘破人皆以芋糠為飯諸小將亦不得全喫米飯

皆言兵興之後大軍出入以致如此○沈游擊檻下李
中軍等陪諧勑在此是夕往見於舡上○丙午調信屢
饋魚菜果且致酒食分遍後者島主義智妻亦致饋
且辭云丈夫適不在此妾獨居供待陳之間殊以為愧義
智妻乃平行長女○丁未調信及島主妻並有饋郡
守獻食見於庭下○戊申己酉連有兩島人餉牛○
庚戌李中軍上西山寺排酒見邀寺在府西乃精舍五
六間不華不陋佛龕左右排列神牌書物故其號禪

定門靈位歸眞其彌禪定尼靈位皆橲尼先逝者其
僧尼爲夫婦者共一牌○辛亥壬子並陰雨調信饋
松蕈餅栗修送狀㗖自發東萊至此修㗖者凡四○
癸丑朝離府中閒艎出洋風濤甚緊回泊內浦此非
府中幾二十餘里入嶽絶稀兩使同寓僧舍調信饋
梨栗銀口魚松蕈之屬○甲寅調信遣人問候且有
饋自此每日致餉○乙卯往見李中軍小歇夕還○
丙辰調信餉牛李中軍來見致祭海胙○丁巳◉

戊午曉發船還泊府中浦夕宿西山寺○己未雨調憊

及島主妻並有餉○庚申朝發船出洋風勢過猛波

濤洶怒舟行奔突落馬之顛到中洋帆索不勝風而

欲絕檣竿曲如釣竿倒曳於水浪沫雨灑舟敧欲震

舟中皆無人色正使枋為文以誓海神文行作此世今不載俄而風稍

定舩行與悉夕到一歧島距對馬五百里地大比對馬

之半居民僅三百户乃行長副將飛蘭島主洪印俀言

好五印所燕管行長遣小將迎諸勅聞日本地大震屋壞

9

壓死者萬餘人○辛酉戌阻風修狀啓○癸亥朝

發諸船皆去而正使兩來獨後船大礙風故夕泊斑

島距名護屋六七里○甲子平明發船晚到名護屋

倭言曰山爲城甚峻而固外則鑿金壕引水內則砌石

建樓五有閣曰調兵時儲守此地去一歧百三十里

興飛蘭島五島相望地廣人稠市廛樓店鱗次不絶

自此以東皆衛行舟不渡滄洋○閏八月朔日乙丑移

泊海店後口去名護屋畫○丙寅朝發船夜深

到唐浦倭言加羅郁麻豊○丁卯朝發船午後泊藍島有倭將

平衛門留守○戊辰泊蘆屋宿浦民家○巳巳阻風移

寓覺海山禪府寺て衙居民甚多○庚午阻風○辛未

乗船夕到亦間開一名下關在海路咽喉往來之船必

皆経由勢挾阻隘民居稠滶海畔兩山相對中有廣野

平秀吉嘗與明智大戰扵此勝之遂殺明智而自爲

關日○壬申船行百五十果○癸酉又到下關地右繁庶

大將毛利兩管而毛利方在其郡代守者様狩礼叢○

甲戌以兩乘船過大不便發行改乘小船午後數夕到甘

夫老宿船上修快啓○乙亥晡兩換船太狹而小動搖

不安復乘我舩夕到加上加里宿舩中守倭有饋○

兩子早數張帆約行有一鯨從船傍游過相去僅半丈

其長竟船狀如龜背二上有物如檣兩曲舟師搖手禁

人聲良久乃曰此鯨之小者也末及都毛守里逢風駭

兩交作昬蕃泊地邪浦乃小島○丁丑曉到都毛朝行

風逆止泊水景○戊寅曉穀過流游繫差官玉倫及倭

12

將行長正成義智有摩三奉行等兩遣倭五人來

接朝暫歇霜露浦夕到牛窓浦宿船上○己卯阻風

下岸宿本蓮寺○庚辰早朝發船從見西南大海中群

鯨出没不知其幾數惟見朝日照耀霏屑騰颺上下十

餘里波濤起立白沫接天礁嶼澎湃拜佯兒神恍惚

不測魂越髮疎夕到無老浦自此至沙里霧兒無語

船之兩稍遇風浪多致覆沒云○辛巳曉發昏暮到兵

庫関○壬午早發午後到界嶺行長義智等各還

13

小將迎接行長第六來景直餉酒果楊沈兩使出迎

諸勑平調信先至船頭遂下岸隨諸勑到楊使館行

禮復到沈使館請行礼沈辞使請乃許損入衆罷小

諸辞出到館于常樂寺之中傍寺在市廛中其大弥

湍一里亦不施丹艧中坊在寺之西偏文槩為軒檻飾以

銅鍚屋舎潔淨日本俗不用土床室中只舖板以處初不

安穩久乃慣習是夕義智送銀蜜及酒十桶〇癸未朝

義智玄蘇來見夕平景直送柿栢榴梨〇甲申景直

14

来見○乙酉往見兩使標下諸官仍拜沈使○丙戌錢

旗鼓来見倭將安國寺使被擄兩童子来見○丁亥蔡

錢王三千摠及項䝙理来見沈使送酒百桶乾魚百束

○戊子行長送酒食○己丑李千摠来見徃沈使舘謝

再昨致餽有晉州童子被擄在正成所来見思鄉在目

禁教以這訴正成求歸童子許諾○庚寅徐相公王千

摠来見○辛卯平義智来見○壬辰間關伯来御界

即界宿欲以九月一日與楊沈相見○癸巳夕平調信柏道事

15

朴大根謂曰行長已成即自閣白而還傳閣白言我初

欲道中國而朝鮮阻遏及至動兵沈游擊欲調戢兩

國朝鮮不可且以沈游擊為与日本同心李使之逃亦

因朝鮮恐動冊使既渡海而朝鮮不肯發使今始緩

来又不遺王子輩輕我甚矣我不可見其使今當先

見楊沈留朝鮮使者稟帖兵部審其来遲之故然

後方可見此可急告通信使請沈使往解閣白之怒

（亦事要成忽復中變甫）

向昏調信又使要時羅来言沈爺明日將往見閣

16

曰今行長已成道意候其回報當去　使朴大根自

以已意謝之曰我已將此意曰通信使通信使曰我雖

釜山時已定三計事若快則故事而歸一計此事

或變欲見拘囚則任留一年十年一計此若大不順則

雖加殺害亦所不辭一計此久知會有此等事今不旦

怳不湏見沈使且任他要時罷黙然良久遂辭去○九

月朔日甲午朝遣通事李愉往沈使館打聽消息

沈曰我今將先往五沙盖見關白彼怒甫來遲然終

17

當無事又曰昨正成行長調信輩對我說多少我
言今來使者是随我在釜山熊川他人所憚此獨不
顧李使出去又挺身入營甫所知此今又肯過海來
是不怕死者甫不頇嚇他三人皆大笑正成曰讓我曰
此正老爺事頇善辭解之非老爺親去一遭不可解
午後行長等回言請兩使先來俟面講方許見朝鮮
使者夕兩使發向五沙盖調信随行○乙未要時罷
來言即見調信書言関白與兩使相會甚喜請更留

一日明日當面話我俟講訖即囘〇丙申聞關白已受
封倭將四十人就授官慶州吏張士秀自釜山來致訝
皮幣布等物〇丁酉兩使囘自五沙盖平調信非還謂
朴大根曰昨我再見沈爺勸令從容開解關白之怒而
沈連日對關白不敢出一言天朝人感歎怕關白如此又曰
朝封關白非爲關白也爲朝鮮也朝鮮事不順則是
天朝事未完也夕沈使遣王千摠來曰昨關白對我言
我四五年受苦當初我託朝鮮轉奏來封而朝鮮不

19

肯又欲備道道貢而朝鮮不許是朝鮮慢我甚矣

故至於動兵然此則已往之事不須提說及後老爺往

來講好而朝鮮揻力壞之方小西飛刀篲之日朝鮮又

上本請兵天使已到而朝鮮不肯通信不隨老爺來

又不隨楊老爺來今始復來且我曾從還兩王子大

王子雖不得來小王子可以來謝而朝鮮終不肯遣

我甚怨朝鮮不須見來使任其去留我言尔既受封

是天朝屬國與朝鮮為兄弟今後當共敦隣好小

20

事不須挂意○戌戌朝往沈使舘有倭僧三人是閑日

而親近主書者來議回謝表文其一僧最居中用事

其去皆乘轎行行長正成芽襄裳露脚導前而去

三僧既出乃求見沈使沈辭不見謂通事李愉曰難不

來見我我已知意我來專爲朝鮮事可不盡心始畢

以俟商量向昏調信使人來言沈爺貽書閣曰且使心

成行長往謙撤兵通信明日午後當得回話○己亥

行長正成及三成長盛等目五沙盖還夜半調信至

21

舘言行長等持沈書往見關白關白大怒曰天朝則

既遣使冊封我且忍朝鮮無禮至此不可許和我方

再要戰況可議撤兵于天使豈不須久留明日便請

上舩朝鮮使亦令出去此我當調兵及冬渡海且聞已

台清正未計事清正得志則事將不測我輩死無日

笑又曰我初見關白關白闖王于何以不來我對云季

年幼且壬辰在此廢置乘宜發失人心遂被土民所擒

降故王罪之置于遠地今來使者亦是髙官蓋朝

鮮怕日本皆謂使若往必遭殺或見拘留故人々怕行

此人獨言自古無殺使之國日本雖強必無此理因目

請以來關白大笑曰然則我當速還即取筆親批寫簇

楊使則家康定沈使則平秀家定朝鮮使則加賀守定

相會旦有日矣不知誰人讒間而中變也今則關白盛怒

清正又後而搆之大事已不可成矣今夕行長亦對長盛

荐言我四五年力主此事竟無結局我寧剌腹而死

又曰此間事體宜馳聞本朝若待還則事必遲滯不

23

如先遣一人我當討小快船察送也使臣亦須與沈使
同議起程通信使者曰我未獲傳命宣可徑歸闕曰
喜歡天使之來而及其發怒猶使其還使臣雖欲獨
强安可得乎明日我當送使到釜山也○庚子地震時
倭中多言闕曰欲拘因使者又言將盡殺一行從者悚
駭多物泣者盖從行皆嶺南朴野之人妄自恇怯請
譯人稍知事情並無懼色乃合後者曉之曰爾輩嶺
南人一死於壬辰之兵鋒再死於甲午之飢饉三死於乙

未之癘疫假令汝等死於今日猶為最後死而等死死
王事死亦榮矣況今日之事決無他虞何為妄自怔挃
取笑敵人乎如再有此當興重咎皆謝曰不敢○辛丑
朝往見楊使言曰某等奉受命随老爺聽進退今聞老
爺欲起程將何以慶某等也楊曰我今明當上舡等
出宜收拾行李對曰某等奉使来致書幣会不獲傳
命□□則無以還報此由某等無狀寧欲死此楊曰没有
此理如使使者致書閣白閣白裂書辱使則此果該

25

死令使者持書來而闕曰不受只宜奉書而還行損於

公豈是隨我來者我還公亦當還又曰若謂死我早已

死耳對曰老爺須勅冊封是天朝大事已完也若某

等受命無成是以欲死耳楊曰公休說天朝事已完

也我已頒勅賜印而到今討不得表文反不如尔帶書

在身天朝事還不完了從頭至尾是一場可鑒事业

今尔雖住十年完不得事尔们三百人雖都死了幹

不得事只宜跟我同去到國共議此事須明白奏知

26

天朝君奏不明白誤了大事矣辞出徃見沈使復沓

以去留沈曰談去談去假如人家到門主人不納則安得

强留彼固難以好意相責也又曰人在井上方能抹井

中人今自家方在井裏安能抹得人郎我輩只須快

去更議些事夕調信来曰我従使臣到此而意外彼

關白之怒致令盧行一遍我甚慚恧些事唯清正一人

獨喜其餘三奉行以下皆恨昨聞清正對關白說當

初若聽我言不放兩王子則朝鮮必不敢慢我令我再

往能令朝鮮遣王子來謝彼若不肯我當再擒致
之關白已令清正等五將先往大兵繼出使臣之行必
在清正之先可以歸報朝廷商議處置但清正性快
哉還乘機直前勢有未及令使者偏可權許以緩
師乎通信使曰王子決不可來語莫不知而爲此言耶
且我國之法王子不得管事雖小任亦不可況出使
外國甚任至重而王子年幼不經事豈堪此乎雖
言之萬端無見許之理使臣有死而已所不敢出口也

調信曰我亦知此故不曾對使臣說此事非獨使臣不敢
出口難擧朝亦難言必待王廓慈愛以救萬民之命然
後方可為此我比百計思量更沒奈何其次但得閱白見
使罷兵成約或每年遣使或間年且定禮幣之數以為
常此固非難使臣難以便宜許之亦可若謂之曰若日
本撤兵修好則我自無絶信之理然欲每年遣使則不
可且非使臣所得擅也況禮幣多少在我厚薄若約定
數目是責我以方物也其厚甚矣決不可後我今惟分一

死更無可為耳調信曰我点聊甫作閒語耳闕白既不許
見使此亦難行也○壬寅楊沈上舩通信一行点上舩初
到界賓被擄男婦爭來謁見倭將如秀家等亦時還
所擄童子來每言和事若成則當隨使遣歸至探行期
給行資糧三到舘以待上舩至是見和事不成又聞當再交
兵遂改意其已到者諸主倭皆台去唯金永川女子及
男婦二十餘人偕歸及上舩被擄男婦彌泣追送者不
知其幾人一行莫不酸鼻是晚仍宿舩上○癸卯發舩

午後到兵庫關先有蔚山人被擄在腰中者私語邑子之

從行者曰關白欲盡殺一行以入多嬌其根籍都市將於

兵庫關沉之海中後有皆憂怖失措上使招而曉之曰若

有此事我當先知我非木石只惡豈得晏然如斯看

我動靜虛實可明且殺使批討此關白必校必不為此

彼之不受使本為王子之不來而今若先殺使是迂闊

王子之入此以此知傳言之誤此汝書慎無懼也〇甲辰

晴時到無老浦夕調信追到夜半義智追到〇乙巳調

31

信義智遣人來問南風甚盛下岸宿山上古寺夜大風雨

○丙午兩留○丁未書吏邢富壽有子彦吉被擄隨倭將

到此頗切歸思譯官李彦瑞以三金贖之與歸夕宿舡上

○戊申副使以上使降日說小酌二更發舡通夜張帆而

行○己酉曉到牛倉即發夜深泊霜露浦○庚戌晚發

夕到栖浦○辛亥留○壬子早發夜泊加乙加里○癸丑

早發午泊上關○甲寅留上關使通事告兩使欲先遣

人歸國不許○乙卯留○丙辰晚發風迅泊無論注味（地名）

向夕楊泚兩使下岸周覽楊俊傳轎見問既還徃謝之

○丁巳晚發泊天神浦○戊午早發夕泊謀道野麻名是夜

發舩微曉張帆而行○己未朝到赤間關昏兩楊泚追到

○庚申酉正戌癸亥甲子乙丑留赤間關凡六日○丙寅

朝移泊伊沙是浦去赤間三里○乙卯早發昏到藍島○

戊辰巳庚午三日留藍島○辛未夜半發舩張帆而行

○壬申泊浪古耶○癸酉雨留行長餉以酒食是夕要時

羅來謁要時羅能為朝鮮語目與從容談話時羅言

關白積失人心爲惡不悛不出三五年必敗朝鮮若能以

討罷縻遷延時月則終當無事矣又曰關白非生長深

宮不知民間疾苦者六曾自下賤崛起知徒步之苦知

負薪貿米之勞知被人打罵之爲可慍知受人獎勞

之爲可喜而今其遇下如此不恤□苦日本大小之人皆

怨入骨髓安能以善終彼亦自知之故常曰我以親姪

爲子富之貴之而反欲害我我固知擧國小大皆欲殺

我吾與其生而受觴簞肆志逞慾而死其意蓋以日本

34

之人稍安恍則必出興圖故欲使之連歲勞苦而不得

休息此必無鼠兵之意惟待其敗禍乃熄耳曰言曰日

本兵今當先犯全羅如前之晋州若其不利或轉向忠清

或再犯京畿亦未可知然其首攻全羅則決矣〇甲戌正

成送酒十桶魚一籃二猪十鷄閭田斐守於昨夕到此欲

往長崎倭言浪加沙市兵械〇乙亥自上關以来屢請先遣人歸國

楊沈兩使不肯聽至是始得其許遣軍官二人賫前後

状曆以行〇丙子朝發浪古耶午泊一岐島之綿羅倭言卧多羅

35

○丁丑留綿羅○戊寅朝發午到風本浦岐地亦一夕景直聞調

信朝已往對馬○己卯雨留行長送橘○庚辰辛巳留

行長餉梨九顆大如數升瓶○壬午癸未留行長餉橘此

縣素多橘千五百顆直銀一錢○甲申雨○乙酉大風

○丙戌行長餉牛○丁亥留風本凡九日○戊子曉發午

到對馬島調信義智等乘小舟來迎且請上岸楊沈

寓府中館通信使寓西山寺副使寓慶雲寺○己丑平

義智來見且言欲求一屈○庚寅雨調信使人來言明

36

日島主將小設專請光臨解之以疾名義智使要時羅

来請曰前過縶島遠會身在國都未伸禮歇今幸臨

此明日宜賜枉顧復以疾辭要時羅拜来傳意

曰巳具筵席在前来使亦未嘗見鄙顧無由拒對之

曰我之此行與在前不同既不躬致命關白豈敢私

赴島主之宴于且身有疾不可以往矣為我謝島主曰

領厚意也○辛卯雨朝沈使呼李愉傳語曰間島主欲邀

不肯此過矣彼既固請不得今又来言於我曰我則慚愧

不敢再請欲託老爺邀致須勉強一往又使李愉往對

曰若兩國結好實主得以相從宴飲令閣白既不許見俠

使既不得致王之命則固不敢受其宴樂雖老爺有命

不復奉承沈笑而止是曰義智盛說寶真終日以俟竟

不赴○壬辰留對馬○十一月朔日癸巳留○甲午留連

雨故也○乙未朝發舡未及開洋風送還泊○丙申大

風○丁酉陰昏調信餽劍槊等物報以席皮花席所

餽物盡分從者○戊戌 行長謂朴大根曰日本與朝鮮

38

終無相絶之理今難不得後必有成釁不得已不免於戰

亦須以計還就支四五年以待日本之變則可無患矣

是日發榜卅夜深到西浦○巳亥朝發午到豐蹄郡

之大浦○庚子留大浦候風○辛丑晚雨巳成自長蹄追

到○壬寅雪○癸卯甲辰乙巳丙午丁未戊申皆留○

巳酉朝發舡未及出洋風遑還泊大浦○庚戌辛亥壬

子癸丑自還對馬之後阻風留者二十六日一行皆思

歸醫、蓋渡海須得東南風而冬月難得此風故碍

滯至此〇乙卯朝發未至二十里風轉而止兩天使曰

泊丸浦我舡四艘鼓櫂而行倭人力諫我輩景慣海

行未嘗無風而涉洋儻於中洋日黑或遇逆風必將漂

到他方唯後行習水者金得言今日天氣甚清必終日

無風恭盡力榜舟可到釜山遂用其言倡檣而行夜

深抵釜山〇丙辰留釜山倭營朝遣軍官持啟入京午往

見陳遊擊及羅接伴賊營中廬舍大半撤毀在營外

此前僅十之一目成接伴潛出〜後門禁甚嚴非渡前

去〇丁巳羅接伴送詩一寒乃出京日諸友別章及梁山所

唱聲晋也子常台微悅之存中皆在其中如見其面目喜不

目勝遂步其歃曰脆知職分所當為肯效區〓世上兒憔笑

蘇郷持節曰還逢博望迎接時〇戊午巳未庚申章首壬

戊留〇十二月朔日癸亥留〇甲子乙丑丙寅丁卯戊辰留〇

巳巳朝楊沈所遣楊得錢思李等自大浦來即發去沈千聰

謂李愉曰沈爺使錢思李口報云使居到王京事幹甚夢

傳語先發去番行長自大浦來〇庚午正成自大浦來午

41

往辭陳進擊又使朴大根告去意於行長行長有聽報以
土物即以所得豐懇德者行長弄三求見是夕見於寓傍
空舍行長曰使臣遠來未得究辛我輩誠無顏面
當初閣白放還兩王子意謂朝鮮必使王子一人來謝而
後竟不來曾對沈遊擊言此沈曰我要一箇陪臣以慰吾肯
沈肯遣子于又栗楊使楊俚催々令閣曰既怒王子不
來並怒我輩故於前日受封時不敢見於閣曰使臣須
滄陳此意於本朝俾大軍渡完辛甚我且初主張此

42

事今已四五年欲終始成就之耳荅之曰王子決無來理
我固不敢開口設令言之必不可從行長又曰朝鮮必應
王子到日本或被拘留保無是理但關白之意只以我勇放
還朝鮮王子而朝鮮不肯遣王子來謝是慢我也王子之
外錐百官齎往亦不濟事王子一行則更無事矣又曰
王錐甚愛王子宜思昔日被執時斷割慈愛以救生靈
則幸矣我固知使臣雖於發言並頂明日歸報無論好
惡頂有回话回话未到我當一力撐住限三四月相待及

今大兵未出尚可以圖若至動兵之後則無及矣又曰朝
鮮無以主辰之役咎我輩搆禍端殊非實情悶日有今
不得不從耳非我倡之義智每恨此事義智曰我搆故
我尤欲致力於通信之事使屋歸國須明我心止咸伐
人帶一童子来言是晉州士人之子苦思歸鄉故今欲遣歸
須將去如有親戚生存者即可相托如無所歸幸還送我
慶便不至失所以見乃前在沙蕰時所見此童者也○章末
正戚来到门首相見言我是待折鮮田詒歸報闗白者

44

是日雖倭營行長遣小将作右衛送到東業而面〇是行
也以六月初四日乗船以閏八月十八日到界賓留二十九
日復乗船以十一月二十三日囬到金山盖自金山抵對
馬五百里對馬抵一岐又五百里自一岐抵名護屋
百三十餘里凡三渉大洋而對馬一岐之間海路最
陰波濤甚惡自名護屋以後則數千餘里皆傍
陸而行下關以西則陸地在南上關東則陸地在北
如我之有東西海難名緣岸猶遇風濤易致霞

發舩行之艱甚作詩洋 社迎皆不迎一字日催風留泊

遂至滄洋吾田名護屋從旱路抵下關又從下關

抵界賓心消費數十日可得 ○慍賃稍廣於我雲

名山大川風土物產雖不及我有富士山在國之東山矣

而略言勝觀其國在天地東南故風氣甚暖神矣

正如八九月天氣九月十月種蘿蔔雖寒 永

雲還到對馬始見微霧乍散消 可乾濕矣○其國

有六十六州 分為七道 山城州大和州河內州和泉州攝津州所

46

謂五箇内也伊勢州伊賀州志摩州尾張州三河州遠江

州駿河州伊豆州甲斐州武藏州相模州安房州上總州下

松州常陸州為東海道州十五 近江州美濃州弹州上野州下

野州信濃州陸奥州出羽州為東山道州八 若狹越前州加賀

州結登州越中州越後州佐渡州為北陸道州 丹波州丹後

州但馬州因幡州伯耆州出雲州石見州隱岐州為山陰

道八州幡摩州美作州備前州備中州備後州安藝州周

防州長門州為山陽道州八 紀伊州淡路州讚岐州阿波州

47

伊豫州土佐州爲南海道州六築前州築後州豐前州豐

後州肥前州肥後州日向州大隅州薩摩州一歧州對馬州

爲西海道州九州西一歧對馬則其屬焉也并爲六十八州○國

有天皇不與國事唯沐浴拜天而已日三沐一拜其長子取于其

族諸子諸女皆不嫁聚焉尼蓋以尊而無對故也閼曰乃其

用事大臣而稱爲國王嚴○官有攝政閼曰大政大匡左

大臣右大匡內大臣左大將右大將中大將大納言中納言

少納言寧相侍從判官大貳貳卿輔●錄目司馬中務

48

武部民部諸部刑部大藏宮內左馬左馬兵庫未工主

計主稅會人圖苎大監學雅樂織部采女市正左京右京

大史左衛門右衛門左兵衛右兵衛左近衛右近衛

姓佐衛彈正等官宦多不盡載農傚中國未而有實無愛

者如調信目不知書而稱秘書少監所謂圖書清正目稱主計品

初石領錢盡皆用虛衛也○其民有兵農工商僧品雄

傳及公廨麤解文字其餘雖貴無知書者商最當品稅

重國有大小費用咨責之扵商農民則每田收其半此外

49

無他賦役漕轉工役治給傭價故雖不及民為賣者仰食

於官○其地四面環海而無弥羊異錯其産多者唯銀魚

生鰒小螺刀尾魚長魚數種而秀魚多脊銀口魚必有

松蕈茲多牛肉膵而多筋鷄之有毛而雉色黑肉則腥而

鷄硬物性之不同如此雄猪肥腯如中國所畜而穴有土無床

豹鷹鸇及蜜蜂故其俗絶貴之黑則多有而稻橘尤佳

○其俗清淨尚素不喜紛華熱閙号以板蓋屋或坐溪

之間有尾屋而六無稀以用丹雘之餙唯務潔淨耳○

50

男子則削去鬢髮只留頂後一撮長半尺以繩括之又
裹以紙無袴褌靴鞋之屬婦人則委髮於背以為容飾而
平居以括於腦後又無裙帨之屬男女背用半幅青布護
臍下只五甚秘之男女俱着完幅褙子如我婦人所着長衣
之制無貴賤皆穿芒屩草履出入時男子則或露頂或以色絹
黑紗頭或戴箄笠婦人則以衣蒙頭而行路遇尊卑側立
笠解紒以為敬入尊老之室則解劍脫鞋蒲伏喝諾以為
禮俗無拜唯以兩手按地霹膝搶地為敬之極如平等則

或舉手或蹲地以此為禮其稱謂尊者則曰殿曰樣諸女主

曰上樣俗言殿為頓吾樣為沙馬其呼上樣為加美沙馬云

○其衣青藍紅白紫茶褐或着斑衣或以雜綵畫花

草之形達官形服皆華其裏而儉其表盖其所尚然也○

每飯不過三合米菜羹一杯豆醬魚膽蔓菁數品而已膽

極多麁如小指大一株只盛五六條以醋和之飯後輒飲數杯

故市最尚酤貧者亦不得貴者一日二飡賤者非作力皆兩

飡自有官者外飯皆用赤米形如瞿麥而色似蜀秫殆不堪

下咽盡輪之最惡者○平居用漆器盛宴則用陶素既撤

棄之净地不再用以金銀塗魚肉食麵煎餅為花或刻木

加彩為花葉之形置筵間而極精巧逼真四五步外便不能

辨真假也每進饌行酒時小將為之俱戴漆帽如緇冠之狀

而極尖長着藍紋白地單袴其長過足禮而叩地者尚

尺許○市用銀錢兩貨如米布之屬價甚賤其楜丹等物

皆轉易蠻夷中非土所有金銀出於陸奧出羽數處而金

品甚惡火銃亦本出南蠻倭中傳習而得之其來不久云○

人性輕儇易信人言言語覯褸如兒女又其俗輕生尚俠以病

死為辱戰死為榮不為室家妻子戀父子兄弟之間不甚

相愛非僧商皆帶長短刀或有帶三四刀者有寃則自割

其腹以自明有讐則必拔刀以報之○薩摩之人性最兇悍

善用長劍驍為精兵○對馬一歧諸島之倭入其國都則

為人所侮○婦人輕清伶俐貌多明瑩性深雖良家多有

外心僧或挾婦而居寺至娼婦則專以倚市為事婦人与

客戲狎無所不至其俗多鮮男子以娛客貴者亦以男子

自侍嬖之甚於娣妾其嫁娶不辟同產父子共狎一媚○

俗喜沐浴雖隆冬不廢每於市街頭設為浴室以收其

直男女混廁露體相狎而不相羞怳○其法犯眾無輕重

皆殺不用鞭扑其鞫囚也以木枷口灌之以水吐實乃已其

刑輕者斬重者立十字木於街釘其兩手及頭髻或以火

烙或以錧刺備極慘毒欲其受苦而死其癢死者亦不甚

怕惟沐浴理鬢跌坐瞑目念佛延頸俟刃間刑人於市諸

少年皆礪刃趍之爭試其䤑既刑則群刃亂下研為肉

泥□略無惻怛之色

自倭京至伏見陸行三里倭一里當我三十里伏見至大坂水陸皆

十里大坂至攝津之兵庫關水行十里左淡路右攝津

兵庫關至播摩之寶津二十里左淡路右播摩寶津

至備前之牛窓十里左四國四國謂讚岐伊豫等四州右備前牛窓至

備後之戸埼二十三里左四國右備後戸埼至周防之

上關三十五里左四國院盡陰見九州謂西海道九州之豐後

右歷安藝至周防海口極狹潮水迅疾故謂之關上

關至長門之下關即亦間關三十五里左歷豐後至豐前

右歷周防至長門海門相對廣狹如錦江口船行也

難下關至間島二十五里島居下關博多一歧之間故名右陸已盡海

接嶺南左道浩無津嶼左依豐前筑前而行自間島

直渡一歧則四十八里渡于肥前之唐津則二十一里唐

津至名護屋三里名護屋至一歧十五里一歧至對

馬之芳津四十八里府中浦芳津云芳津至豐碕三十五里豐

碕至釜浦三十八里東南北風皆可擧帆自豐碕望釜

山金海熊川昌原巨濟歷歷可數櫓張以此則海水浩
潤風稍不利必有失漂之患開山以回則水路迤遼奇

遮遏云牢錄

萬歷丙申秋浦日本往還記抄略

58

一句于紙置之床上其詩曰已將身許國猶有夢還家
王千摠倫來見喟然嘆息曰吾家益遠夢亦不到矣正
使徒見沈惟敬之迎入座既定從容打話因言向已
前後事蹟及我國薄待之事頗有憲恨之意正使再三
辭退之惟敬更留之而謂正使曰此地近有地震之憂
無日無之不可不慮出避之以免其壓也正使笑而答
曰此天之所以惡夫日本而示之以如此之變朝鮮本
無干攝陪臣無所畏也惟敬大笑曰誠是天之所爲然
以吾身言之則趨吉辟凶不可不爲　天朝人亦有多
死者可以戒謹也因又曰陪臣在此別無他事暇日可
以數來談話也正使乃辭退

66

以男色自侍嬖之甚於姬妾至於嫁娶不避娚妹父子
並淫一媧亦無非之者真禽獸也○倭法犯罪者無輕
重皆殺之而不用笞杖蓋慮其受杖之後必為報復故
也其鞫囚之法以木箱口灌之以水至吐實乃已其殺
罪人也輕則斬頭重則以十字木植於道傍釘其兩手
及頭髮或以火炙之或以鏡刺之備極慘毒欲其受苦
而死也其殺罪者臨死亦不甚怕唯沐浴理髮跌坐瞑
目念阿彌陀佛延頸以俟刃一有應斬者則諸倭爭
欲試釖莫不礪刃許鋒以趨之待其行刑縱訖百刀齊
下亂斫如饅頭餡而少無惻然之意也
閏八月二十一日乙酉夜正使夢得歸家之垂朝起書

不甚相愛僧商外男子各帶長短兩刀或有三四刀者
有寃則以刀割腹為十字以向明有讎則必援刀以報
之○薩摩之人性最兇悍善用長釼彌為精兵云對馬
一歧諸島之倭入其國都則為人所侮如我國兩界之
人工商之徒極帕將官之輩必納賂以結之○婦人輕
清伶俐貌多明瑩但性頗浥雖良家女多有外心商家
女亦潛有所私僧人亦有挾婦而居寺刹者沿途地方
例有養漢的店倚市邀迎以收僱價略無愧恥之心甚
於天朝之養漢的也○俗尚沐浴雖隆冬不廢每於
市街頭設為浴室以收其直男女混處露體相押而不
相羞媟與客戲狎無所不至或餙男倡以娛客平居亦

64

或刻木加彩以造爸草之形置諸筵席之間而極精巧
逼真四五步之外則便不能辨其真假也每進饌行酒
例使小將單為之俱戴柒帽如緇冠之狀而極尖長且
著盤紋的地單袴其長竟裸有半俚不露襪實地者幾
尺許也○市中用銀子及錢故米布綿之屬價甚賤如
胡椒丹木㲮段等物則皆非土産乃南蠻人所貨者
也金銀則出於陸奥出粟地而已金甚惡不及 天朝
與我國所産且鳥銃之制初出於南蠻矣倭國中傳習
不甚久然不及南蠻之精巧堅緻也○人性輕僄亦頗
有真態輕信人言語言曲盡如兒女且輕生任俠以病
死為辱戰死為榮不為室家妻子之慮父子兄弟之間

為頓吾樣為沙馬上樣為加美沙馬云○其衣青藍紅
白紫茶褐等色或著班衣或以裸彩畫花草之形達官
舉所服則例著革裡兩儉其表蓋其所尚然也○每
飯不過三合米粲一杯魚膾醬菁數三品兩己膾亦
極慶硬如小捔大一樣只盛五六条以醋和之飯後例
飲酒兩三杯雖小倭稍饒著者則亦不輟飯後酒故
市上最尚醋酒一日用三昑飯萃倭則例喫兩昑有役
作然後喫三昑但將官外皆用赤米為飯形如曜麥兩
色似蜀秫殆不堪下咽蓋稻米之最惡者也○常時器
四則例用漆木器海盛宴則用白木盤及陶器徹則棄
之净地不再用且以金銀鏊魚肉麴飯之上剪綵為花

62

削去髮頂髮只皆頂後一撮髮長半尺許以繩括之又以
紙裹之無綱巾駈頭笠子耳掩袴褌行纏靴鞋之屬婦
人則垂髻於背後以為容飾平居則亦括於腦後又無
袴裙帔帽之屬男女皆用半幅青巾遮護下亦不甚
秘之男女俱著完幅襖子如我國所著女人長衣之制
無貴賤皆穿葉鞋出入時男子則或露頂或著篛笠或
以色絹裹頭腦婦人則以衣蒙頭兩行路遇尊行則去
笠鮮絹以為敬入尊行之室則鮮釰脫鞋浦伏唱諾以
為禮其俗無拜禮唯以兩手擾地露睺頓地以為極敬
如平等則或擧手以代揖或蹲地以為禮其桐尊稱或
稱殿或稱樣其呼主倭亦然女主則稱為上樣盖言殿

外無它賦役傭轉工役皆給傭債故獎不及民〇其地
四面環海而亦無珎鮮異錯所賦產者唯錢魚道味魚
長魚弥叱魚生鰻小螺而已秀魚則多骨銀口魚少膏
松葷無否牛則肉燥而多觔鷄則足毛而肉硬雉則毛
黑而肉腥物性之不同如此唯家猪頰肥腩如中朝所
壽而稀罕矣果則多產而橘子石榴最佳蜂蜜不產故
所貴者蜜蠟也以茶實造燭狀如我國之牛膋燭矣鷹
子虎豹皆本土所不產故絕貴之其它綿紬白布人蔘
笒席細柳器之屬皆其國功求之物也〇其俗清淨簡
素不喜紛華熱鬧之習以板子蓋屋或以土金之間有
尾屋而亦甚稀不用丹雘之飾唯務潔淨耳〇男子則

部大藏宮內左右馬右兵庫主殿掃部木工主計主稅
勘解由藏人將監帶刀縫殿舍人圖書大學玄番
大炊監物頭助準人織部采女親內藏主水正造酒市
正佐大膳左京右京修理大史權大史進亮左衛門右
衛門左兵衛右兵衛左近衛右近衛督佐尉彈正少兩
忠外記等官皆放唐制為之兩其實別無所管職事如
調信自稱秘書少監圖書所調兩目不知書平清正自稱主
計兩初不管錢穀蓋只用虛銜也○其民有兵農工商
僧兩惟僧及公族有解文字者其餘則雖將官彈亦不
識一字兵則喫官粮商人最富室兩以其利倍故稅稍
重國有大小費用皆責於商人農民則每田收其半此

州也紀伊淡路讚歧阿波伊豫土佐所謂南海道六州
也筑前筑後豐前豐後肥前肥後日向大隅薩摩一歧
對馬所謂西海道九州兩一歧對馬則其属島也〇國
中有所謂天皇者極尊之不與國事唯逐日三沐浴一
拜天而已其長子娶于其族諸子則皆不娶皇女則悉
爲尼不嫁盖以爲其尊無對不可適人也所謂關伯乃
其用事大臣號爲國王殿者今則關伯平秀吉傳位於
其子自稱大閤兩國事則皆關於秀吉云〇官制有攝
政關伯大政大臣左大臣右大臣左大將右大將中大
將大納言中納言少納言宰相侍從弁別當判官大貳
小貳位光卿輔〇録目司馬中務式部民部治部刑

58

山兩別無形勝佳麗之可觀其國在天地東南故風氣
甚和暖仲冬之日正如我國八九月每於九十月間種
蘿蔔等菜以爲過冬之用雖窮冬無氷雪通信還到馬
島始見微雪雨亦旋消不凝乾矣○其國有六十六州
山城大和河內和泉攝津所謂五畿内也伊勢伊賀志
摩尾張三河遠江駿河伊豆甲斐武藏相摸安房上總
下總常陸所謂東海道十五州也近江美濃風彈上野
下野信儂陸奥出羽所謂東山道八州也若狹越前加
賀結登越中越後佐渡所謂北陸道七州也丹波丹後
但馬因幡伯耆出雲石見隱歧所謂山陰道八州也幡
摩美作備前備中備後安藝周防長門所謂山陽道八

57

日復乘舡以十一月二十三日回到釜山蓋自釜山抵
對馬島水路五百里對馬抵一岐島又五百里自一岐
抵名護屋一百三十餘里凡三渉大洋而對馬一岐之
間海路最險波濤極惡自名護至以後則凡數千餘里
皆傍陸而行下關以西則陸地在南上關以東則陸地
在北如我國之東西海但一邊是大洋故風濤稍緊則
舡行之艱甚於涉洋通信之往返也行舡日子則俱不
過二十日兩待風留泊之際遂至久帶偷由名護屋從
旱路抵下關又從下關陸界濱則亦須費數十日子
云○大槩倭國幅員稍廣於我國兩無名山大川之固
風土物產俱不及我國有日富士山在國之東最號大

蕈不得不從耳非我首唱此舉也平義智亦每恨此事

義智是我女壻故我尤欲致力於通信之事使臣歸國

須明我心事幸甚○正成使人帶一童男來言所帶一

小童是晋州士人之子渠苦思歸郷甚可憐愍今欲遣

歸使臣須帶去如有渠親戚生存者即可相托如無所

歸則幸還送我處俾不至失所幸甚此兒乃前日在沙

蓋時相見姓姜者也○初九日辛未是日晴朝正成來

到門首相見謂日我是待朝鮮回話歸報関伯者今姑

留此須俟三回話云通信使一行起身出營平行長差

小將作右衛送到東莱而已○通信使於是年八月初

四日自釜山乗舡以閏八月十八日到界濱留二十九

朝廷之意故如是老實說也行長又曰朝鮮必慮王
子到日本或被拘留此則保無是理但關伯之意只以
為我嘗放還朝鮮王子而朝鮮不肯遣王子來謝是慢
我也云∴王子之外雖百官齊往亦不濟事王子一
往則更無它事矣又曰　國王雖甚愛　王子須思昔
日被擄時割慈忍愛以救生靈則幸矣我固知使臣難
於發言然亦須明白歸報俺陳此間事情毋論好報惡
報須有回話∴∴未到之前我當一力撐住限三四月
相待須趂大軍未出來之前通示幸甚若至動兵之後
欲為觀勢進退則無及矣又曰朝鮮每以壬辰之役歸
咎我輩以為我輩構出釁端云殊非宗情關伯有令我

54

頗甚也當初關伯放逐兩王子之時意謂朝鮮必差
王子中一人来謝兩廐竟不為来謝我嘗對沈游擊
言之兩游擊曰我要一箇語臣亦不肯許況肯差遣
王子乎俑勿復言云我又禀楊天使：但回唯：
不肯説出我㪍亦以為只此使臣之行亦足完了事故
不為强請耳今關伯既怒王子不来並怒我㪍前日
受封時我亦不敢見面於關伯也使臣須偹陳此意於
國王俾大事得完了幸甚我自初主張此事今己四五
年欲終始成就之耳通信使答曰王子決無来理我
㪍固不敢開口於國王設今言之必不可従我㪍今
日豈可妄為無實之語耶快目前耶我雖未及歸己知

山倭營○初七日己巳是日晴雨　天使差官楊得錢
思本等自大浦來伺即為彭去沈千摠謂譯官李愉曰
沈老爺使錢思本口報云兩陪臣到　王京事幹甚多
須傳語先彭去云昏平行長自大浦來到○初八日庚
午是日晴朝正咸自大浦來到午往陳遊擊衛門告辭
且使朴大根告明日欲去之意於行長夕行長差作右
衛門送青藍花段三疋長釼一口短釼二口金扇六把
胡椒十俵以豹安花席油帝綿紬鄉扇等物報之即將
昕送各物盡賞一行譯官及各下人等齎行長再三求
見且曰使臣昕寓似煩欲相會於寓傍空舍云遂相會
於空舍行長曰使臣遽來未得完了事我甚慚愧誠無

52

駐諸公所和也子常台徵悅之存中姓名皆在其中展

來如見其面甚可喜也遂步其韻以贈之曰能知識分

所當爲肯效區三世上兒堪笑蘇卿持節日還逢博望

逶槎時○二十六日戊午是日晴留釜山倭營○二十

七日己未是日晴留釜山倭營○二十八庚申日是日晴

留釜山倭營○二十九日辛酉是日晴留釜山倭營○

三十日壬戌是日晴留釜山倭營

十二月初一日癸亥是日晴留釜山倭營○初二日甲

子是日晴留釜山倭營○初三日乙丑是日晴留釜山

倭營○初四日丙寅是日晴留釜山倭營○初五日丁

卯是日晴留釜山倭營○初六日戊辰是日下雪留釜

慣海行而未尚無風兩涉洋日黑或遇迸風
必得漂到它處唯都訓道守金得言今日天氣甚清必終
日無風若力櫓則可到釜山云遂依其言不為回舡頻
饋格軍酒飯促櫓而行夜深艱到釜山〇二十四日兩
辰是日晴朝軍官宋橚費狀啓上京午往見陳遊擊
及王沈兩千摠回與羅接伴官相見夕歸寓法印營下
倭家賊營中廬舍太半撤毀在營倭卒比前僅十之一
自成接伴官潛出之後門禁甚緊出入不得宜在吾等
昨寓門外亦有守直倭有時出入例有隨護者氣象可
惡非復前日矣〇二十五日丁巳是日晴留釜山倭營
午羅接伴送示一詩卷乃出京日諸友別章及梁山留

陰暮雨留大浦○十五日丁未是日午陰午雨留大浦

○十六日戊申是日晴留大浦○十七日己酉是日陰

朝驟雨未及出洋風不順還泊大浦○十八日庚戌是

日晴留大浦○十九日辛亥是日陰留大浦○二十日

壬子是日陰留大浦○二十一日癸丑是日晴留大浦

○二十二日甲寅是日晴留大浦待風○向回對馬之

後阻風留者二十六日一行皆思歸悶鬱度日盖渡海

湏得東南風而冬月難得此風故留滯至此可嘆○二

十三日乙卯是日陰朝同雨天使簇未至二十里許

風勢不便天使舡泊大浦唯通信使一行斯乗我

國舡四隻檣行不止揷路倭等極力諫止以為我軰最

一二分給譯官軍及牙兵砲手使令等○初六日戊戌

是日晴朝行長謂朴大根曰日本與朝鮮必無終絶之

理今行雖不得完了後當自然成就須知此意可也若

不得已相戰則亦須以計遷延支撑四五年以待日本

事變則可無患矣云○是日葵舡櫓行夜深到西浦○

初七日己亥是日晴昏兩朝葵舡午到豊崎郡之大浦

浦待風○初九日辛丑是日晴昏兩暗泊待風正咸向

昏晴天使舡亦到○初八日庚子是日朝晴暮陸暗大

長崎追到○初十日壬寅是日下雪仍暗大浦○十一

日葵卯是日陸暗大浦○十二日甲辰是日陸暗大浦

○十三日乙巳是日晴暗大浦○十四日丙午是日朝

不傳致 國王之命則使臣與以筆勢難相就宴樂老

節雖有分付 恐未敢承命也來此異國朝夕食飲之需

亦不免取辦供給固出於不得已已爲可羞況何心更

赴逢席乎沈 天使咲曰小事大固執去亦何妨是日

義智家設宴具終日以俟累請竟不赴○二十九日

壬辰是日或雨或晴仍留

十一月初一日癸巳是日乍雨乍晴仍留○初二日甲

午是日陰仍留○初三日乙未是日陰朝暮虹未及開

洋風不順逐沖○初四日丙申是日晴大風○初五日

丁酉是日陰喬調信送長釼二口島銃一串胡椒二十

四斤以席芠花席綿紬等物報之即將長釼島銃胡椒

47

主之意曰已具筵席欲謀從容畢察鄙誠幸甚在前通
信使亦嘗不鄙肯臨更乞毌賜牢距咨曰我之此行顯
在前通信使行不同今既不能傳致　王命於關伯豈
敢私赴島主之宴乎且身恙未已決不可去笑為我謝
島主已領島主辜情也○二十八日辛卯是日兩朝沈
天使招李愉傳語曰聞島主欲邀陪臣排宴兩陪臣不
肯云此甚過激夫事有經權豈可一向固滯到此外國
湏權兩行之可也渠既固不得今又来言於我曰我則
慚愧不敢再請欲托老爺邀致云湏勉強一往無妨通
信使二李愉回話曰　國王若與關伯通好則兩國使
价相從宴飲果為無妨今關伯既不許見使臣使臣既

46

風仍留○二十三日丙戌是日晴行長餫牛○二十
日丁亥是日晴仍留○二十五日戊子是日晴曉蔡舡
午到對馬島調信義智等乗小舡親来問侯仍請上岸
唘歇向夕西　天使倶下陸寓府中館舍正使亦下寓
西山寺副使寓慶雲寺○二十六日己丑是日陰呇平
義智来見且言欲請使臣於所寓一做穩話云○二十
七日庚寅是日兩平調信使人来言明日島主欲設酌
專請兩位使臣光臨萬望早枉通信使荅以氣不平不
得赴招夕平義智使要時羅来請曰通信前過斃島而
遠値方在國都有失接待今幸来此不可不請一臨明
日幸望枉顧斃寓通信使以疾辭焉要時羅再来傳島

崎倭言浪加沙其貿軍器云○十二日乙亥是日晴差
軍官趙德秀朴挺豪等齎前後狀　啓先羨去○十三
日丙子是日晴朝羨浪吉耶午到泊一岐島之綿羅倭
言臥多羅○十四日丁丑是日晴留綿羅○十五日戊
寅是日晴朝羨舡午到一岐島之風本浦夕景直送橘
聞調信朝已先往對馬云○十六日己卯是日晴行長
送橘仍留風本浦○十七日庚辰是日晴仍留○十八
日辛巳是日晴行長餉粣九顆大如數升瓢○十九日
壬午是日晴仍留○二十日癸未是日晴行長餉橘此
島素多橘銀子一錢直橘一千五百顆可知其賤○二
十一日甲申是日雨仍留○二十二日乙酉是日晴大

賊嘔起知徒步之苦知負薪負米之苦知人打罵之為
可憫知受人獎勞之可喜而今源遇下如此不恤勞苦
日本大小之人皆怨入骨髓決無善終之理源亦自知
之常曰我以親姪為子冨之責之而反欲害我二固知
舉國大小之人皆欲殺我二與其生而受禍寧肆志逞
威而死也其意盖以日本之人稍安逸則必生異謀故
欲使連歲勞苦必無戢兵之理將自取顛蕩而後已也
又曰日本兵當先犯全羅如往日之晉州若前途不能
抵當則或往忠清或再犯京畿未可知然全羅則必徃
無疑矣○十一日甲戌是日晴朝正咸送酒十桶猪二
頭鷄十隻魚一盤○聞甲斐守已於昨夕到此欲往長

43

里許倭稱伊沙是浦〇初四日丁卯是日晴早發舡倚
到藍島〇初五日戊辰是日晴仍留藍島使朴義僑以
差報事稟楊　天使不許〇初六日己巳是日晴留藍
浦〇初七日庚午是日　留藍浦〇初八日辛未是日
晴夜半發舡達夜張帆行〇初九日壬申是日陰晚雨
午到泊浪古耶又使譯官以差報使稟兩　天使不許
〇初十日癸酉是日兩仍留浪古耶行長送酒饌鷄魚
等物是夕要時羅能來謁要時羅能爲我國語曰興從容
談話時羅言關伯橫失人心爲惡不悛不出三五年勢
必難保朝鮮若能以許龜麼撐過則終必無事矣
又曰關伯非生長深宮不知民閒疾苦者渠亦嘗自下

艤舟夕泊倭稱謀逃野麻地方是夜鼓舟徹曉張帆兩

行○二十六日己未是日晴朝到赤間關皆兩兩一天

使追到○二十七日庚申是日晴午使朴義儉見楊

天使稟差人先報事 天使周止不許復使李愉往見

沈 天使稟請先遣報艤沈 天使曰楊老爺不欲你

們先報我則不敢許是日仍留赤間

是日或兩或晴留赤間關○二十九日壬戌○二十八日辛兩

赤間關○三十日癸亥是日晴仍留赤間關

十月初一日甲子是日晴又留赤間關使朴義儉差人

先報事稟楊 天使堅不許○初二日乙丑是日早兩

晚晴又留赤間關○初三日丙寅是日晴朝移泊于三

霜露浦○十七日庚戌是日晴晚駁夕到柄浦○十八
日辛亥是日晴留柄浦○十九日壬子是日曉兩曉晴
平明駁舡夜泊加亡加里地方○二十日癸丑是日朝
晴暮兩早駁船午泊上關○二十一日甲寅是日晴仍
留上關使譯官宗差人馳　啓國王之意於兩　天使
皆不許○二十二日乙卯是日兩留上關○二十三日
丙辰是日晴晚駁舡風不順泊倭言無論注味地方夕
兩　天使下陸周覽還舡楊　天使轎行過通信使所
東舡所停轎問使臣之安否及還舡後通信使往楊
天使舡問安　天使即引入舡房相見○二十四日丁
巳是日晴晚駁泊天神浦○二十五日戊午是日早

40

者不知其幾人一行莫不酸鼻莫不為發舡仍宿舡上○
初十日癸卯是日晴曉發舡午後到兵庫関泊舡○十
一日甲辰是日晴午後到倭言無老浦夕調信追到夜
半義智追到○十二日乙巳是日晴調信義智差人来
問安夕南風甚盛下陸宿山上古寺夜大風雨○十三
日丙午是日乍陰乍雨留古寺○十四日丁未是日晴
書吏那富壽之子彦吉被擄於亂初随倭將到此渠頗
切欲歸之意譯官李彦瑞給銀三兩贖之載舡通信使
舡宿○十五日戊申是日晴副使以當日賊降故為具
酒饌因設小酌而罷二更發舡達夜張帆而行○十六
日己酉是日晴曉頭到牛窓打粮後還發舡夜深到泊

為不幸而於國事甚幸何則以其無謀也今關伯不殺

信使兩遣還於我舉雖幸而其志有不可測它日國家

之憂蓋未艾也甬葷當共知此意可也○初九日壬寅

是日晴午下兩　天使上舡通信使一行随　天使上

舡先是通信使初到界濱我國被擄兒童軰来謁見如

安國寺秀家等各倭將亦時遣所擄兒童軰来謁海言

和事若完則當随使臣遣歸及聞通信使將起程或有

給行資兩遣之者稍:来到通信使所寓以待上舡之

期至是各其主使等聞和事不成當再斷殺遂改前言

已到寓所者亦皆名去唯金永川女子及男婦二十餘

人偕載卜物舡通信使上舡之際我國男婦號泣追送

38

則今日分當一死更無可為也調信曰我亦無聊兩
有此開話耳關伯既不許使臣此計亦難施行也〇是
日有蔚山人被擄者私調同鄉居軍官輩曰關伯欲殺
朝鮮使臣及一行負役以多嫌其狠藉都市故欲於兵
庫關除去云軍官輩驚懼失措通信使招行首軍官諭
之曰事體若果不煩則我當先知之矣好生惡死之情
我亦有之豈得晏然如斯乎我亦非木石人你等當着
我動靜而知其說虛實也夫關伯之不許我國通信本
為王子之不来而先殺使臣則是欲其入兩開之門
也没有其理以此決知傳言之訛也且殺信使拙計也
關伯極究狡必不為此矣關伯苟殺信使則於我輩固

此則雖言之萬無見許之理使臣有死而已所不敢挂
口也調信曰我亦知此意故不曾對使臣說此事非獨
使臣不敢挂口雖舉朝連亦須難言必須　國王割慈
忍愛以救萬民之命然後方可為我近來百計思量更
没奈何其次則但有一策若開內許見使臣善待而遣
之即今盡撤大兵仍與朝鮮相約或每年遣使或間一
年遣使且定禮幣之數為以恒式此則不難之事使臣
雖以便宜許之似為無妨也正使答曰倘日本撤兵修
好則我國自無絶信之理然欲每年定為恒式則必不
可成之事非使臣所得擅議也況禮幣多少在我厚薄
若約定數用則是責我方物也其厚甚矣決不可從我

其餘三奉行以下皆以為恨也昨聞清正對關伯說當

初若聽我言不放兩　王子則朝鮮必不敢慢我今我

再進則能令朝鮮遣王子來謝後若不肯則我當再搆

兩王子生致之云關伯己令清正等五將先往大軍則

隨後出去矣使臣之行當在清正之前可以歸報朝廷

商議處置但清正性狀或恐乘此機會直欲向前斷殺

則勢未及周旋今使臣倘可權辭曲許以緩師期乎正

使答曰　王子決不可來你亦豈不知我國之必不遣

王子乎而有此言耶且我國之法　王子雖尊貴只食

祿兩己不得管事故國內些少之任亦不許句管況出

使外國其任至重兩　王子年幼不經事豈堪遠行乎

35

頭至尾是一塲可羞事也今你雖住十年完不得事你
們三百人雖都死了幹不得只宜跟我同去到國王
面前共議此事湏明白奏知　天朝若奏不明向則誤
了矢矣通信使等仍往見沈　天使曰陪臣等受命
此来全靠兩老爺今事體不得停當未知何以處之沈
天使曰說去：：　假如人客到門主人不納則安得強
眢乎関伯所為極可惡難以好意相待也又曰人在井
上方　井中人今自家方在井裡安能挑得人耶我
肈只湏快去更議此事陪臣亦宜收拾起程也○夕平
調信来謂正使曰我陪使臣到此兩意外被関伯之怒
致令虛行一遭我甚懇恩今此一事唯請正一人獨喜

34

兩還則無以回報　國王此由小的等奉使無狀之所
致寧欲死於此也楊　天使曰没有是理設今陪臣等
費國書呈閣伯云云扯裂　國書殿寅使臣則此果該
死令陪臣持國書來兩閣伯不為接待只宜奉　國書
兩還納於　國王有何所損乎陪臣是跟随我者我若
起身則此是自然的更無它道理也又曰死是匹夫之
勇議死我早已死矣但死之無益耳通信使荅曰老爺
則已為須　勑册封是　天朝大事已完也小的等未
能竣事將為虛返故虞問欲死耳楊　天使曰你休説
天朝事已完也我已須　勑賜即兩謝恩表文至今討
未得反不如你帶國書在身上　天朝事還不完了迷

俱無懼色正使乃名軍官等曉諭之曰你們嶺南之人
一死於壬辰之賊鋒再死於甲午之飢饉三死於乙未
之癘疫假令汝等死於今日猶為最後死而等死：
王事死亦榮矣況今日之事決無他虞何敢委自輕動
過為恇撓以傷體而取笑敵人乎今姑饒你如再有如
此則當先興重棍也皆曰不敢〇初八日辛丑是日晴
朝同副使往晛楊 天使禀曰小的等當奉 國王
命跟隨老爺俾服老爺指揮而進退之今聞老爺欲為
起程小的等未知何以慮之也楊 天使曰我則今明
當上虹陪臣亦須收拾行李同我起程可也通信使答
曰小的等奉使此来賫致書幣於關伯今不獲傳命

長等言我四五年力主此事竟無結局我寧剌腹而死

也長盛曰不須如此我等亦悶嘿而已云調信又曰使

臣必欲速為馳啓此間事体若待使臣迎遷則事必遲

滯　我當討一小快舡密遣也使臣亦須與沈

天使同議起程也正使答曰我未獲傳命豈可　經

歸調信曰關伯喜歡　天使之來而及其憤怒猶促其

遷使臣雖欲獨留安可得于明日我當陪使臣送到釜

山也〇初七日庚子是日晴地震向關伯發怒之後倭

中易言關伯欲拘囚通信使或云盡殺通信一行負役

以此軍官輩惶駭疑惑漸有向隅啼泣若軍官輩中蓋

多嶺南朴野無識之徒妄自恇怯譯官輩則稍知事情

見関伯：：問王子何以不來答我言王子年幼且壬
辰在北虜置乎宜致失人心遂被土民盯擒降故國
王罪之置諸邊遠今来使臣亦是大官盖朝鮮怕日本
皆謂使臣若往則必被殺害或為拘留云故人：悻行
遲疑未央此使臣獨言自古無殺使臣之國日本雖強
必無此理仍自請而來矣関伯大笑曰然則我當速見
使之同天使儻還也即令取筆硯来親批而天使
及通信事寓館楊　天使則家康家沈　天使則平秀
家：朝鮮使臣則加賀守家使之預為修掃相會己有
日子矣不知誰人讒閒而中變也今則関伯既己盛怒
清正又從而搆之大事己不可成矣今夕行長亦對盛

去我當商量善處終必無事放心：：因今欲王千摁

下慶吃飯兩去骨調信使人來言沈老爺貽書關伯且

使正成行長等徃議撤兵通信等事明日午後當回語

矣○初六日己亥是日晴夕行長正成及三成長盛等

来自五沙盖夜半平調信来到下慶調因今日行長等

持沈天使徃見關伯：：大怒曰天朝則既已

遣使冊封我姑忍耐兩朝鮮則無禮至此今不可許

和我方再要斷殺況可議撤兵之事乎天使亦不頂

久留明日便請上舡朝鮮使臣亦令出去可也我當一

面調兵趍今冬徃朝鮮云：且聞已名清正来計事清

正得志則事將不測行長與我輩死無日矣又曰我初

也楊 天使亦謂朴義儉曰昨閱伯言你國事多有說
話然沈爺當有以處之終必無事不須憂也夕往拜楊
天使○初五日戊戌日曉雨晚晴朝往沈 天使衛
門有倭僧三人是關伯所親近堂書記者來議回謝表
文云其一名玄以最居中用事者三僧皆坐轎而行其
去也行長正成蹕露脚至膝褰裳疾趨于轎前而走
其致敬如此三僧既出通信使遂迎見沈 天使：
辭不見謂譯官李愉曰陪臣雖不來見我：已知陪臣
欲言之事不須相見我之此來專為朝鮮事況陪臣隨
我一年同處者不比它人我豈已輕去不顧乎然此則
小事也一國大事專在我身上敢不盡心乎陪
臣姑回

貢兩朝鮮不許是朝鮮慢我甚矣故至於動兵然此則
已往之事不湏提起顧後老爺住來講好兩朝鮮極力
壞之小西飛八謇之曰朝鮮上本請兵只管廝殺天
使已到兩朝鮮不肯通信既不跟老爺來又不跟楊老
爺來今始來到且我曾放還兩王子大王子雖不得
来小王子可以來謝兩朝鮮終不肯遣我甚老朝鮮今
不湏見来使住其去罷云々我再三言你既受封是
天朝屬國與朝鮮為兄弟之國今後當其敦隣好小事
不湏掛意也楊老爺亦再三分付矣我當更諶隣伯息
怒再議此事必令無事湏放心々々我之来此專為朝
鮮事若事不完我當與陪臣留此調停陪臣湏知此意

五沙盖平調信亦曰来謂朴大根曰昨我再見沈老爺
使之從容開諭關伯以解其怒而沈爺連日對關伯不
敢一言及之極可恨也　天朝天感軟怕關伯如此可
恨:: 昨行長正成謂沈老爺曰朝鮮使臣今有難
於開口老爺湏令使臣將此意呈文於老爺仍以此書
告關伯可以回此措辭云矣朴大根曰呈文事使臣必
不肯為矣調信曰　天朝封關伯也専為救
鮮朝鮮事不順則是　天朝人事未完也沈遊撃宣肯
經遠乎此事湏有結末我當兩　天使詳議處之也夕
沈天使:: 王千摠来曰昨關伯對我言我四五年受
苦當初我托朝鮮轉奏求封而朝鮮不肯又欲借道通

26

五沙盖

朝鮮使云調信来見正戌曰两　天使今當先去関伯
招我来議故我亦去矣　天使與関伯相見後必與两
議我當来迅使臣而去也且曰沈老爺非是只完　天
朝事者償朝鮮事不得停當則是大事不完也豈有此
理乎○夕雨　天使發向五沙盖○初二曰乙未是曰
下陰午晴午妥時羅来言即刻調信通書言関伯已與
天使相會甚為喜歡且請更噲一曰明曰當雨話我俟
講即囘云矣○初三曰丙申是曰晴闇関伯已為受封
諸倭将四十人具冠帶受官云慶州吏張士秀自釜山
持鷹八連及豹安学布行具褲物来盖都體府所分付
収合各官者也○初四曰丁雨是曰晴雨　天使囘自

衙門打聽消息　天使曰我為甬倜事今將先往五沙

盖見関伯関伯盖怕你們来匯然終必無事放心：：

且曰昨正成行長調信筆對我說多少話我答言此陪

臣是跟我在熊川金山為它陪臣恐懼不肯進倭營兩

此陪臣獨肯跟我到營李老爺之出去也人心騒動多

有説話此陪臣又肯挺身入營此則你們所知也今又

肯去身過海而来元是不怕死者你們不湏嚇它也三

人皆大笑笑昨正成讓我曰此正老爺事湏善辞解之

非老爺親去一遭不可解我筆則吏無容力處矣我答

之曰你不湏再説我不管朝鮮事則誰管此事耶午後

行長等回言関伯囿請兩　天使先来俟面講後許見

關伯之怒可也沈　天使明日當先往五沙蓋見關伯
勸解後迴還同楊　天使再往云矣齋調信使要時羅
來言沈老爺明當往見關伯已令行長正咸將此意先
往告關伯候其回報沈老爺當去云矣正使三朴大根
自以已意答之曰我已將此意傳於通信使三曰我
離釜山時已決三條計事體若狀則竣事即返一計也
事體或變欲爲拘留則任留一年十年一計也事体大
不順則雖加害亦所不辭一計也又知會有此等事
今不足恠不須往見沈　天使只任它可也云矣要時
羅嘿然良久遂辭去
九月初一日甲午是日兩曉晴朝使李愉往沈　天使

五沙盖也欲於九月初一日與　天使相見云〇二十
九日癸巳是日雨夕平調信招朴大根調日即剌行長
正成自關伯處回還言關伯曰當初我欲通中國兩朝
鮮遍不為通情及至動兵之後沈遊擊欲調戢兩國兩
朝鮮止本極陳其不可且以沈遊擊為與日本同心每
每惡之李　天使之出去亦回朝鮮之人恐動　冊使
既渡海兩朝鮮不肯差官跟來今始緩〰來到且不遣
王子來事〰輕我甚矣今不可許見來使我當先見
天使後姑留朝鮮使臣票帖兵部審其來運之故然後
方為許見云大事並成兩忽此生梗極為可慮須以此
意告通信使急須往見沈　天使〓之盡力措劃以解

日晴祭錢王三千摠来見項督理来見沈　天使送酒
百桶乾魚百束饋従者○二十四日戊子是日陰乍雨
夕行長送酒十桶米食乾魚等物地震○二十五日己
丑是日晴李千摠来見偕副使往沈　天使衙門謝再
昨致餽午安國寺渡使両童子来見通信使其二金栖
子金興邁其弟興達在安藝州云○夕有晉州小姓姜
者方在正成處来謁見思鄉不自禁通信使曰汝若思
歸湏長在正成而前泣懇則必許送云三對曰諾○二
十六日庚寅是日晴夕陰夜雨徐相公王千摠来見○二
十七日辛卯是日晴平義智来見夜地震○二十八月
壬辰是日晴錢旗皷送酒鷄魚等物闘閑伯来御界即

21

遂辞出寓常樂寺之中坊在市廛中央瀰滿一里房室
甚夥而不施冊轆中坊則在寺之西偏軒櫳皆以文梳
為之餙以銅錫房舍潔浄但日本之不設突房故向對
馬以後一行長在板房歇宿初不安穩久乃自然慣習
矣是夕義智送銀花及酒十桶○十九日癸未是日朝
晴晚乍雨朝義智玄穥來見午行長調信佳關伯所夕
景直送柿榴梨等果地震○二十日甲申是日晴朝景
直來見夜地震○二十一日乙酉是日晴朝徃見　天
使標下各官仍拜況　天使二迎坐内堂談話従容夕
義智來見○二十二日丙戌是日晴夕錢旗鼓來見佳
將安國寺使我國童男兩人來見○二十三日丁亥是

迎接行長弟亦來逗景直送酒果兩　天使出迎　諳

勅於津頭沈　天使差舍人同倭子來言勿停鼓吹遂

下陸平調信先到迎接於舡頭通信使遂陪　諳勅到

楊　天使銜門仍拜兩　天使二　今行禮於廳上楊

天使曰今日姑歇館舍候開再來說話遂辭退仍與副

使注沈　天使銜門則沈　天使向楊　天使銜門追

回遂請行禮沈　天使曰緫相見於楊老爺銜門則為姑

免拜也答以楊老爺銜門別為楊老爺銜門令到老爺

銜門不可不再行拜禮沈　天使受之仍擁入內堂喫

茶託沈　天使具問一路接待諸事正使問於沈　天使

曰此間事體今如何耶　天使曰再沒有別樣事云二

○十四日戊寅是日晴曉簸舡遇沈　天使差官王倫
及倭將行長正成義智右摩三奉行等差倭五負來接
朝暫歌霜露浦夕到牛窓浦宿舡上○十五日己卯是
日但風仍當下陸宿本蓮寺夜地震○十六日庚辰是
日晴早朝簸舡望見西南闊大海中群鯨一時出没奔
突作戲不知其幾千隹見朝日照耀霏屑眩旋上下千
餘里波濤起立向速接天砲匉澎湃見之精神悅惚毛
髮竦然真天下奇觀也夕到倭所言无老浦夜地震○
向此至沙盖并無泊舡之所稍遇惡風覆没可畏云○
十七日辛巳是日晴向曉簸舡昏到兵庫闊○十八日
壬午是日晴早敭午後到界濱行長義智等各差小將

18

昨乘舡過大難於快行遂換乘小舡午後簽舡夕到倭

所言甘夫老地方宿舡上軍官向雲英賣狀啓去○

十一日乙亥是日晴早簽昨所換舡太狹兩小動搖不

安午換乘我國舡夕到倭所言加此加里地方留泊宿

舡止是處有關伯茶房極精潔云守倭呈酒饌○十二

日丙子是日朝晴午陰早簽舡張帆兩行有一鯨從舡

傍奔突而過相去僅半丈許其長竟舡狀如龜狀之上

有物如檣兩曲舟人搖手禁人聲良久乃曰此鯨之小

者也夕到都毛未及二十里許迷風領緊驟雨交作乘

昏艱泊小島名址邦浦○十三日丁丑是日晴曉始到

都毛地方泊舡朝發舡夕風不順泊宿小島其名水島

馬移寓覺海山之禪壽寺二傍民居極盛○初六日庚
午是日晴風勢不順仍留○初七日辛未是日晴朝向
禪壽鼓乘馬到舡而遂乘舡到赤間關一名下關二在
海路咽喉之地各慶性來之舡必皆經由是慶形勢極
阻隘民居赤稠盛海畔兩山相對中為廣野前日平秀
吉與明智對陣於此大戰得勝遂殺明智自為立關伯
云○初八日壬申是日晴晚發舡達夜行一百五十里
○初九日癸酉是日晴晓發舡又到上關二與下關一
樣繁盛館舍甚宏敞守倭毛利是大將位高者方在國
都代守倭接待頗盡心呈酒餞甚豐享倍於它慶乃毛
利而分付云○初十日甲戌是日晴朝調信以通信使

16

二十九日甲子是日晴平明發舡曉至名護屋倭言浪
耶地方是處有關伯調兵時館宇因山為城甚峻兩周
環其城鑿壕引水貯之城中四面累石為階上為五層
樓此距一岐一百三十餘里與飛蘭島五島相望地方
須廣濶人居極稠其市廛樓店鮓次咸村非對馬一
岐之比○自此以東則緣陸行舡更不涉大洋云
閏八月一日乙丑是日陰又上舡移泊五里許海店倭
言要後口地方○二日丙寅是日晴朝發舡穩行夜深
到唐浦倭言加羅郡麻姜也留宿○三日丁卯是日晴
朝發舡午後到泊鹽島：有關伯館宇倭將平衡門留
守云○四日己巳是日雨風勢不順不得發舡又遂來

15

且不肖如使隕命失身亦何益伏賴聖靈俯鑒忱誠
幸斯言之不誣天有知也倘一念之或怠神其殛之謹
告俄兩風勢偶稍定舡行無恙夕到一岐島此距對馬
五百里周日比對馬之半而見居民僅三百餘戶也是
平行長手下副將飛蘭島主法印倭言好吾印所兼管
云行長差小將來此迎候諧勅喎日本國畿甸各處地
大震屋宇壞頹壓死者至萬餘人云○二十六日辛酉是
是日晴大風不得發舡調信送梨○二十七日壬戌是
日晴阻風仍留牙兵朴應虎費狀啟去○二十八日
癸亥是日晴朝縠舡皆先去而以風勢不順正使所乘
舡體大不能快行又泊班島二距名護屋六七里云○

14

朝飲舡出洋風勢過猛驚浪洶湧到中洋帆索不勝風
幾欲絕舡歃幾霞檣竿上頭曲如鉤竿頭與海濤相接
浪沫噴濺舡中如兩舡行奔突有如舟中之人莫不
失色正使乃作誓海文以誓海神曰維萬磨二十四年
兩申八月二十五日庚申朝鮮通信使某敢昭告于東
海之神伏以豺虎叢中既持二季之節蛟龍窟上又乗
八月之槎指驅是甘稽首自誓伏念某遭時極湯許國
驅馳雖險阻艱難僑崇之矣然州里靈颷可行乎哉賴
有袞赤之不渝可質上蒼而無娩四千里行役何敢一
毫憚勞三十年工夫正宜今日得力固王事之靡盬
抑臣職之當然直掛風帆遄揩日域尚可安社利國旀

浦此距府中幾至二十餘里人家極稀罕僞副使寓僧
舍調信餉梨栗銀口魚柏蕈之屬○十九日甲寅是日
下陰風勢不順調信凡七八遣差人問候且連續餽魚
肉菓果等物○二十日乙卯是日晴午往見李中軍等
設小飲夕罷還調信餽餅果臭又送酒餞○二十一日
丙辰是日晴調信送餅牛魚菓塩醬等物李中軍來見
午調信再餽餅魚李中軍祭海致胙肉○二十二日丁
巳是日晴調信送酒餞請分餽四艘格軍等○二十三
日戊午是日晴曉發舡還泊府中浦夕宿西山寺調信
送魚果栗○二十四日己未是日陰雨夜半始晴調信
送餅魚菓島主妻兩送魚菓○二十五日庚申是日晴

肉等物齎見於庭下〇十三日戊申是日陰仍留府中
〇十四日己酉是日陰酒兩島主管下人輩呈餞牛〇
十五日庚戌是日陰李中車下船上西山寺排酒見邀
遂偕副使往焉〇寺在府西精舍五六間不華不陋中
設一龕安一小佛像左右排列神牌皆是僧尼先逝者
或書物故其號禪定門靈位或書歸真其號禪定尼靈
位盖僧尼為夫婦者共一牌倭俗然也〇夕罷還調信
餽松簟沈柿〇十六日辛亥是日朝晴晚雨平調信餽
松簟及宗〇十七日壬子是日陰兩調信餉餅〇軍官
姜英一賚前後狀　啓發還本國〇十八日癸丑是日
陰朝離府中浦開舡出洋風濤甚緊不得已回泊于內

11

鍮盖兩進之且具飥子○沈天使標下李中軍等亦倍
誥勑留泊於此待吾行時往拜李中軍於舡上同島不
甚廣四面山險府中居民僅三四戶其餘八郡居民
俱不過百餘戶屋廬殘破家:窮乏皆以芋糠為飯雖
小将軍亦不得全喫米飯皆言兵與之後大軍出入以
致如此云○十一日丙午是日晴風勢不好因留調信
累次餽送餅果魚菓等物且致酒餅分餽從者遍及格
軍等○島主妻亦送酒餅魚菓之屬頗多且致辭云家
翁適不在此妾獨在家接待之事俱不成禮心甚慚愧
云島主妻乃平行長之女也有狀　啓○十二日丁未
是日晴調信餉餅島主妻送魚鮑八郡守使呈酒餅魚

10

矣夕抵對馬島之西浦倭言利時都麻妻者是也同浦

去釜山五百里云浦中人居不甚多泊舡處稍平潤正

使臣乘轎登徐福寺而宿同寺俯臨大洋累石為磴以

板為屋居僧僅數十人副使目寒疾不下舡○初九日

甲辰是日或陰或雨朝下舡解纜未及出洋日兩還泊

又宿徐福寺○初十日乙巳是日朝陰晩晴早朝發舡

行三百里夕到府中乃島主平義智所屋調信之家亦

在是慶也島主則方赴國郡矣調信引通信一行寓島

主客舍舘距義智家僅二三里堂宇不甚華侈而精緻

潔淨不留一塵島中諸倭集外廳以倫供給凡接待之

事頗極恭欵其餽品亦依我國之制沙梡盛白粥覆以

9

運昏仆肢體不得收開目兩直視張口兩不能言嘔吐

不止臟腑逆上當此之時雖有長生之册不死之藥亦

不能入口下咽矣然終吐之後生梨蜜果則稍可嚼下

蓋飢甚則水疾益作故須黽勉而喫此浮海者之所當

知也○初六日辛丑是日乍晴乍陰西風連吹不得發

舡設幄於絶影島正使下陸與一行入關話暮乃還舡

狀金慶持○初七日壬寅是日曉兩脫晴晴風留泊崔

世諶狀咨賚去○夕宿絶影島之越偏○初八日癸

卯是日晴平明發舡風勢極順張兩帆兩行其疾如飛

一行之人雖作水疾並無嘔吐者但見洪濤駕山白浪

掀空舡行出没則如在九天之上下則如在九地之中

渡海倭人箪爭以爲本
請乘倭舡可保萬全云遂乘倭舡分載卜物於舟
舡盖找國舡=底太廣不便於出入風濤倭舡則舡
底如鷄胸多設輕櫓其行甚捷然太狹易搖中設板房
舡與極惡入其房者無不嘔吐惡心久然後乃定○有
状倅朴大慶賞去○是夕宿絶影島=在釜山越偏
○初五日庚子是日飞陰飞晴平明發舡出洋一行俱
惠水疾嘔吐顛仆唯軍官權克烈金蘭瑞安坐如常午
後風勢不順還泊絶影島之西○通信使上舡時人皆
以水疾爲憂各以治療襪方來言者如竹瀝醶酷生薑
生栗生梨蜜果之屬無不倫賞英及到洋中遇風也眩

匠二名冶匠二名格軍成哲等一百五十名譯官奴子

十三名軍官奴三十名惣計一行員役三百九八

正使則向乙未夏因 皇上望旨跟同沈遊擊來駐熊

川釜山等慶佐營副使則以大丘府使方在本府故

朝廷使譯官朴大根李愉順賫 國書向京城到慶州

○八月初三日戊戌副使向慶州奉 國書具儀衛到

釜山正使帶一行軍官以下迎於遠程仍陪 國書入

營使將平調信作右衛門等亦出迎於五里外下馬拱

立禮頒恭順○初四日己亥是日陰夕正副使一行

上舡平調信亦上它船○是行慶尚左水營舡一隻右

水營舡三隻並俱件物遣来通信使初欲乗我 國舡

6

萬曆丙申秋冬通信使一行日本往還日記

正使敦寧都正黃□副使行上護軍朴弘長漢學行上

護軍朴義儉李愉前判官文應樞前直長金吉孫倭學

同正朴大根司猛金德元前奉事金仁軾前衛李彥瑞

醫員前僉正張世寬正使軍官前府使李祥訓鍊院正

李逢春等十六員副使軍官立切自効前郡守金好怡

訓鍊院判官俞先謙等十五員小通事金彥福等七名

陪吏二名牙兵八名砲手十七名通引三名羅將八名

吹螺赤十二名驛子五名刀尺六名官奴六名正使伴

倘奴三名副使伴倘奴二名手把赤二名都訓導金得

鎮撫蔡文無上尹今同等四名沙工金風金等三名舡

4

東槎錄

全

2

日本往還日記

(서울대학교 규장각한국학연구원 소장)

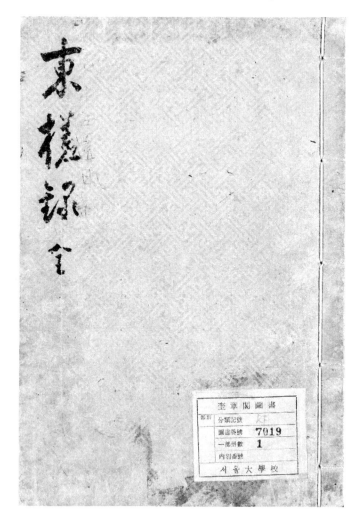

1

일본왕환일기
日本往還日記

추포 일본왕환기초절
秋浦 日本往還記抄節

여기서부터 영인본을 인쇄한 부분입니다. 이 부분부터 보시기 바랍니다.

역주자 신해진(申海鎭)

경북 의성 출생
고려대학교 국어국문학과 및 동대학원 석·박사과정 졸업(문학박사)
전남대학교 제23회 용봉학술상(2019) ; 제25회 용봉학술특별상(2021)
현재 전남대학교 인문대학 국어국문학과 교수

저역서 『청강 조수성 병자거의일기』(보고사, 2021), 『만휴 황귀성 난중기사』(보고사, 2021)
『월파 류팽로 임진창의일기』(보고사, 2021), 『검간 임진일기』(보고사, 2021)
『검간 임진일기 자료집성』(보고사, 2021), 『가휴 진사일기』(보고사, 2021)
『성재 용사실기』(보고사, 2021), 『지헌 임진일록』(보고사, 2021)
『양대박 창의 종군일기』(보고사, 2021), 『선양정 진사일기』(보고사, 2020)
『북천일록』(보고사, 2020), 『쇄일록』(보고사, 2020), 『토역일기』(보고사, 2020)
『후금 요양성 정탐서』(보고사, 2020), 『북행일기』(보고사, 2020)
『심행일기』(보고사, 2020), 『요해단충록 (1)~(8)』(보고사, 2019, 2020)
『무요부초건주이추왕고소략』(역락, 2018), 『건주기정도기』(보고사, 2017)
이외 다수의 저역서와 논문

추포 황신 일본왕환일기 秋浦 黃愼 日本往還日記

2022년 2월 22일 초판 1쇄 펴냄

역주자 신해진
펴낸이 김흥국
펴낸곳 도서출판 보고사

책임편집 이경민
표지디자인 김규범

등록 1990년 12월 13일 제6-0429호
주소 경기도 파주시 회동길 337-15 보고사 2층
전화 031-955-9797(대표)
02-922-5120~1(편집), 02-922-2246(영업)
팩스 02-922-6990
메일 kanapub3@naver.com/bogosabooks@naver.com
http://www.bogosabooks.co.kr

ISBN 979-11-6587-298-4   93910
ⓒ 신해진, 2022

정가 24,000원